珞珈之子文库

文学·艺术

出版的艺术

周百义 著

中国言实出版社

图书在版编目（CIP）数据

出版的艺术 / 周百义著 . -- 北京 : 中国言实出版
社，2020.4
（珞珈之子文库 / 刘道玉主编）
ISBN 978-7-5171-3448-0

Ⅰ.①出… Ⅱ.①周… Ⅲ.①出版业—产业发展—研
究—中国 Ⅳ.①G239.2

中国版本图书馆 CIP 数据核字（2020）第 053806 号

出 版 人　王昕朋
责任编辑　王建玲
责任校对　崔文婷
封面肖像　赵崇星

出版发行　**中国言实出版社**
　　　　　地　　址：北京市朝阳区北苑路 180 号加利大厦 5 号楼 105 室
　　　　　邮　　编：100101
　　　　　编辑部：北京市海淀区花园路 6 号院 B 座 6 层
　　　　　邮　　编：100088
　　　　　电　　话：64924853（总编室）64924716（发行部）
　　　　　网　　址：www.zgyscbs.cn
　　　　　E-mail：zgyscbs@263.net
经　　销　新华书店
印　　刷　北京温林源印刷有限公司
版　　次　2021 年 1 月第 1 版　　2021 年 1 月第 1 次印刷
规　　格　710 毫米 × 1000 毫米　1/16　21.75 印张
字　　数　350 千字
定　　价　65.00 元　　ISBN 978-7-5171-3448-0

总　序

在 20 世纪 80 年代，借助解放思想的强大动力，武汉大学率先揭开了教学制度改革的序幕。为了营造自由民主的学风，我们首创了一系列新的教学制度，充分调动了广大学生们学习的主动性、积极性和创造性，因而从他们之中涌现出了各学科领域的大批杰出人才。

十五年前，我写过一本书，名叫《大学的名片——我的人才理念与实践》。我认为，一所名牌大学，固然不能光有名楼，但光有名师也还不够。归根结底，最终还得培养出一批优秀学生，成为国家栋梁、社会精英。这样的学生，也可以叫作名生。所以名师、名生、名楼，是一所名牌大学的三宝。

武汉大学自创建以来，名师云集，名生辈出，名楼日兴，可谓集三宝于一身。尤其是新中国成立以后，自 20 世纪 50 年代以来，武汉大学培养的人才，遍布祖国各地，各行各业，为国家的建设和发展，作出了无可估量的贡献。改革开放四十多年来，更因为锐意革新，砥砺精进，而使学校的发展和人才培养，上了一个新的台阶。我担任副校长和校长的十五年间，正是武汉大学革故鼎新、励精图治的蜕变时期。我倡导和主持的各项改革措施，集中到一点，就是既出人才又出成果，着力把武汉大学建成既是教学中心又是科学研究中心，二者是相辅相成的辩证关系。

归根到底，人才兴校是至关重要的，没有高水平的人才，何以有高水平的科研成果呢？同理，如果学生只是死读书，而不善于从科学研究中学习，那也绝对不可能成为杰出的人才。因此，我在任职期间，秉持"不拘一格降人才"的思想，把发现人才，选拔人才，培育人才，保护人才作为学校改革和发展的一项战略措施来抓。所幸的是，我们的这些努力都没有白费。如今，我们培养的这些人才，有些是蜚声海内外的著名哲学家、经济学家、文学家、艺术家、科学家、发明家。另外，从各系的毕业生中，涌现出了诸如田源、陈东升、毛振华、雷军、阎志、艾路明等享誉全球的著名企业家群体。在2020年武汉遭遇新冠肺炎的肆虐中，他们挺身而出，一人捐建十所医院者有，竞相捐赠亿万之资者有，武大企业家联谊会从韩国购买一百八十一吨防疫用品和医疗设备，租用四架专机运抵武汉，捐给武汉抗疫指挥部，充分体现了他们赤子之心和奉献精神。

同样，在这次罕见的疫情中，毕业于武大医学院的学子挺身而出，其中有最早发出疫情预警的艾芬、李文亮，第一个确诊新冠肺炎并报告院领导的张继先；更有多位医生献出了宝贵的生命，他们是李文亮、刘智明、肖俊、黄文军、徐友明……毕业于武大新闻与传播学院的学子或直逼现场，实情播报，或联袂发声，建言献策；毕业于武大其他院系的学子无论身在海内外，万众一心，英勇无畏，纷纷在自己的专业、专长和岗位上倾心尽力。

大学是思想启蒙之地，是一个人的人格和精神的养成之所，是一个社会的智识和思想的孵化器。大学培养的人才，不光要有高深的专业知识，还要有高尚的人格，深邃的智慧。武汉大学培养的人才，不是那种书呆子式的人才，而是要有求异、求变和求新的创新精神，在人格方面有道义担当，在思想方面有独立思考的人才。从武汉大学毕业的学生，走出校门以后，在各自的专业领域戛戛独造，在经济社会发展的重要部门，都有独特建树。他们都在各自的星座上闪烁着耀眼的光亮。他们都是武大一张张靓丽的名片，是武大的光荣和骄傲！

编撰"珞珈之子文库"，目的在于以文字的形式反映这些杰出校友们的成就。这套文库是一项巨大的文字工程，其编撰的指导思想是，要有真实性、思想性和前瞻性，为后人留下一笔思想财富。文库收入的范围，主要集中展示自20世纪50年代以来，七十年间武大优秀毕业生的人生经历，精神旅程和事业成就。"珞珈之子文库"由这些优秀毕业生"夫子自道"，或随笔精品，或选辑佳作，或记录人生感悟，或接受采访，或自述经历，或总结经验，或集合演讲，总之都是他们人生全部的直接展示。

"珞珈之子文库"将分为五辑，即"哲学·教育""文学·艺术""史学·法律""经济·企业""科学·技术"。鉴于出版、发行和读者的面向，这套文库暂时不包括专深的科学与技术学术论著或论文集，此类学术成果，将会以其他形式奉献给读者，也一定要载入武汉大学的史册。

长江后浪推前浪，一代新人胜旧人。时代在前进，科学教育日新月异，相信武汉大学未来将会培养出更多杰出人才。因此，"珞珈之子文库"是一项滚动计划，希望一代又一代地传承下去，使她成为母校的一个品牌，将历届毕业的优秀珞珈学子的成就收入这套文库，通过这种直接的展示，我们不但能得见其人，而且能得闻其事，能领略其思想人格和精神风貌，实在是一件功德无量的大好事。

也许，五十年甚至一百年以后，当我们再回望她的意义时，她将会是一部记录人才成长的史料库，一部表现独立思考的思想库，一部具有前瞻性的信息库，充分展现"珞珈之子"的精神风采，是一座熠熠生辉的文字丰碑。

　　我的学生野莽是从中文系首届插班生走出的著名作家，迄今他已著作等身，现在正处于创作的黄金年龄。去年秋天，他和几位作家倡导准备编撰"珞珈之子文库"，拟邀请我担任总主编，我已垂垂老矣，而且还要照顾病重的老伴，自知力不从心。但鉴于我们都经历了那个改革的黄金时代，于情于理又都不能拒绝，故只能勉力为之。

　　是为序。

刘道玉

2020 年 3 月 9 日

于珞珈山寒成斋

自　序

　　编选这本小书，我颇费踌躇。选哪一类作品呢？小说，还是散文？野莽说，你就选出版类的文章，你是出版家。

　　其实，我和野莽一样，都是受刘道玉校长的改革之惠来到武汉大学做插班生的。当时喜欢舞文弄墨，考试的时候文学作品算一半的分，结果过了三十年，我从作家的行列里被拨拉出去了。

　　其实，这不怪别人，是我自己给自己选择了一条为他人做嫁衣的活计。

　　出版这项工作，我出了校门就爱上了。与文字打交道，与作家打交道，编学相长，我感到从中学到了不少知识与智慧。何况历史上很多作家，如叶圣陶、巴金、茅盾，包括当代的贾平凹，最初还不都是当编辑！不过我这人不行，虽然当编辑时也写了些小说、评论之类的，但后来在出版社当了个小负责人，就全没有心思去想自己的事情了。后来成立出版集团，又到了半行政机关，每天会开个没完，留给自己的零碎时间，一会儿也拽不回来自己的思绪，于是我也就将歪就歪，开始关注出版了。

　　研究出版其实是刊物和报纸的编辑催的。他们今天约我写一篇，明天约我写一篇，先是谈自己编辑的书，如何营销呀，如何对待作者呀，接着谈出版社管理，如何调动编辑积极性，如何重视人才队伍的培养，然后我就开始关注出版的宏观管理，从出版体制到民营书业，从转企到上市，从传统出版到数字出版、融合出版，我顺着中国出版发展的脉络，一路走下来，就有了一百多篇文章，也曾结集出版了四个集子。

出版是一个中介，一头连着作者，一头连着出版社。其实，出版更是一个社会的聚焦点，它既是一个产业，更是意识形态的阵地。从中国出版七十年的发展来看，中国出版就是中国社会的缩影。中国出版的起起伏伏，不仅在出版物上都有所反映，在出版社如何办，朝何种方向办上，都打上了中国特色的烙印。在这些文章中，不少体现了我的一些思考。如我曾一度呼吁应当将出版社当成企业来办，提倡出版企业上市，但我也强调出版企业的文化使命与责任。我的这些讨论，其实都是在一定的语境下展开的。

我本来是做出版实务的，在一线打打拼拼，后来做出版研究，不是很系统和学理化，但有些在出版一线的人却很喜欢，有些文章也获了几次国家级的奖，现在承蒙刘道玉校长关爱，将我列入其主编的"珞珈之子文库"的人选之一。诚惶诚恐之余，我将这些年写的关于出版的文章精心挑选一番，当成作业呈上。这份作业的内容，一类是对出版发展趋势的展望；一类谈出版管理，包括宏观管理与企业管理；一类是出版实务；还有一些是对当下互联网技术和信息技术飞速发展背景下出版如何突围的思考。关心出版的人也许是一个小圈子，出版虽然体量小，但于国家民族却十分重要。应当说，这本书基本代表了我多年来对中国出版的思考，包括我自己的一些主要出版实践活动。考虑到出版在某种程度上，也是一门艺术，是经济与文化结合的艺术，是技术与知识结合的艺术；艺术的水平如何，就充分地体现在图书的质量上。所以，我将这本谈出版的书谓之"出版的艺术"。

是为序。

周百义

2020 年 1 月 8 日

目　录

第一辑

出版瞭望

中国出版业与其他行业的差距在哪里

姜汝祥先生所著《差距》一书，分析了海尔与GE、联想与戴尔、华为与思科、方正与惠普、波导与摩托罗拉、格兰仕与沃尔玛等国内外知名企业各个方面的差距。中国的文化产业，也正在分为公益型事业单位与经营型企业单位，出版社除少数仍保留为公益型事业单位外，大多数马上就要转制为企业，成为市场竞争的主体，与国内外出版企业在市场上一决雌雄。如此，我们不能不思考这样一个问题，成为企业后，我们的出版社与其他企业相比，特别是与其他领域成功的企业相比，又有哪些差距呢？思想观念、管理团队、运营流程、员工素质、战略布局，等等，诸如此类。也许，我们只有正视这些差距，在转制后才不会手忙脚乱。只有找到这些差距，我们才能转变观念，改变思维方式，调整战略战术；才能在第一轮袭来的市场经济的大潮中不被呛昏；才能做到可持续发展，做大做强，不违背我们改制的初衷。

我们的差距在哪里，我们又怎样来弥补差距呢？

一、思想观念

不少人认为，出版单位是舆论阵地，意识形态属性强，如果转制为企业，出版社就会把追求经济效益放在首位，这样，有社会效益的图书就没人愿意出版，党的方针政策就得不到贯彻，腐朽没落的思想观念就会泛滥，最好的办法，就是出版社仍然由国家作为特殊事业对待，不要全面推向市场。

尽管图书作为特殊商品具有其二重性，但首先它是一个商品，具有商品的一般属性。无论是域外发达的市场经济国家，还是新中国成立之前的若干岁月，出版社本来就是一个既承担文化传承责任同时又创造财富的机构，目前提出让出版社从事业单位转制为企业，不过是回归了出版产业的本位，而不是什么创新的举措。大家存在这种观念，主要是新中国成立后，出版业沿袭苏联的管理政策，把出版社当成了一个重要的宣传阵地，放大了它的意识形态属性而忽略了它的商品属性。所以，出版社在政策的保护下，几乎丧失了参与市场竞争的所有能力，虽然从20世纪90年代开始实行事业单位企业管理，从没有竞争发展到有限的竞争，从完全的计划经济向混合经济过渡，但由于出版行业属于特殊行业，准入门槛高，具有一定的比较竞争优势，所以相对其他行业而言，管理水平不高，劳动效率较低，员工敬业精神参差不齐。出版社主要凭教材教辅垄断经营赚得丰厚的利润，职工平均收入水平一般高于其他行业，目前，出版社转制为企业，实际上是"拨乱反正"，还出版社的本来面目。

出版的社会效益与经济效益并不矛盾，有社会效益并且适合读者需求的出版物，一定会拥有广大的市场，同时，有发展远景的出版企业，绝不会为一时的蝇头小利而降格以求。出版社转制为企业，把文化当作一种产业来经营，是党的十六大报告中已经决定下来的，也绝不会是一时的权宜之计。我们已经看到，今天中国的企业，只有极少数还拥有部分垄断资源，绝大多数已经完全跨入了市场经济，不少的企业因经营不善而破产，不少的工人因为工厂倒闭而失业，对于政府保护、计划经济他们已感到陌生，因此，他们知道市场的竞争是残酷的，优者胜劣者汰。改革开放之初曾经一度辉煌的品牌，如湖北的"沙松""莺歌"，北京的"香雪海"等，已经销声匿迹，而海尔、格兰仕、方正、联想、华为、娃哈哈等已经崛起。如果出版业坐以待毙，那么，那些曾经辉煌但已经销声匿迹的企业就是我们的未来，如果我们奋起，海尔等就是我们的榜样。我们应当正视现实，而绝不是去寻求保护。

二、管理团队

在现代企业里，谈董事长，谈首席执行官，谈管理团队，而在出版社里，沿用的仍是亦政亦商的管理体制。出版社有对等的行政级别，社级领导有对等的行政级别，中层干部有对等的行政级别。综观出版社的管理团队的来源，不外乎几个渠道：一是从本单位培养的，这些人大多是编辑出身，懂编辑业务但很少懂经营管理。近年来，我们的管理团队"在战争中学习战争"，经营管理经验有所增强，但与其他企业相比，大多数出版社的负责人还是在"摸着石头过河"。二是从上级派来的，如宣传部、出版局等机关里的"德才兼备"或资历深的同志，他们有行政经验但缺少业务知识。三是系统内调配的，即从一个单位安排到另一个单位。而在所有成功的企业里，绝不会为了"落实干部政策"而派一个平庸的人去做首席执行官。一个首席执行官的选拔是十分慎重的，他关系到企业的生死存亡。做路由器起家的思科，当初的风险投资商唐·瓦伦蒂尼提出的条件是，他必须对管理层的人选有权介入。他挑选了曾在霍尔维尔工作过的约翰·莫格瑞德做 CEO，这个人帮助思科建立了一个职业管理团队。

出版社如果作为一个企业，必须十分重视管理团队的整体素质与管理水平，特别是首席执行官的整体素质。办好一个企业不容易，但办垮一个企业只需一个人就行了。我们必须改变过去选拔出版社负责人的做法，不要把选拔公务员的程序照搬到选拔首席执行官上来。这里需要我们培育职业出版经理人市场，按照市场规律，挑选出版社的首席执行官。

三、员工素质

对于任何一个企业来说，员工的素质都十分重要。这种素质一是教育背景，二是实践技能。特别是出版社这种文化企业，产品的差异性十分大，每一种产品都有着自己的文化内涵，都体现着自己的特殊价值，这就对从业者提出了很高的要求。日本的讲谈社，每年招聘二十五人左右，这二十五人是从上万个报名者中反复遴选出的，而且这些从业者都要经过不同部门的适应才开始独立工作。而中国的出版业，特别是20世纪80年代成立的一些出版社，很多人员缺少良好的教育，一个出版社里，真正受过正规大学教育的人大约在三分之一。

一家成功的出版社，必须把住入口关，充分认识到在企业竞争中人员素质的重要性。同时，利用出版社转制之机，对于一些不适应出版社工作的人员，或通过开办具有独立法人资格的辅助产业使之分流，或通过末位淘汰裁减冗员，或按照社会人力成本降低这部分人的工资收入，使一线人员与辅助人员的结构比例协调。人力资源往往一时很难达到合理程度，需要通过三五年时间使之逐步趋向合理配置。

四、经营策略：核心竞争力

很多时候，企业的经营战略、管理水平、市场环境基本是相同的，如果一个企业想要在竞争中立于不败之地，或者说保持一定的生存能力，必须具有自己的核心竞争力。所谓核心竞争力，就是你具有的别人无法复制的那部分能力。这部分能力可能是你拥有知识产权的产品，或者是运营流程，或者是你的市场策略，或者是你的企业文化。如海尔在家电产品的竞争中具有领先优势，并不在于它的家电产品功能上有多少特点，它的"五星级服务"才是它领先一步的发展战略，当然，还有它"日清日高"的管理制度。沃尔玛的核心竞争力，主要是勤配送系统和吸引客户忠诚的经营能力。我们国内的出版社，大多没有自己的核心竞争力。出版社缺少拥有知识产权的重要产品，缺少良好的员工队伍，缺少有前瞻性的发展战略，目前不具备核心竞争力。

出版社在竞争中，必须明白核心竞争力的重要意义，在与对手的角力中，找到一两件利器。核心竞争力究竟在哪儿呢？这就需要出版社的首席执行官分析自己的优劣得失，有意识地寻找自己的优势，强化自己的优势，将其培养成企业的核心竞争力，并且根据形势的发展，不断调整充实完善自己的核心竞争力。

五、运营流程

出版社的编、印、发过程并不复杂，从事出版的人都知道是怎么一回事。但正是这种并不复杂的过程，社与社之间却能见出高低。有些社，编、印、发之间缺少协调，编辑抱怨发行不努力，图书没能发好，发行抱怨编辑，说没有出好书，让我们到哪儿去发！其实，从成功的出版社来看，特别是市场依存度很强的企业，编辑、出版、发行每一环节都必须像机器的齿轮一样，啮合十分紧密。一个产品，从确定选题，到编辑修改、润色，确定体例，到版式设计，纸张选用，都要从市场考虑；出版环节根据编辑的建议，要预算成本，选择工厂，确定交书时间；发行环节更要根据产品的进度，让市场部安排宣传营销，销售部联系销售渠道，介绍产品，寄送宣传材料，图书发送时，要考虑发货的时间安排，要搜集图书上市后的销售动态，校正宣传策略，考虑调货或者重印。一本书的成功不仅是环节之间的配合，更重要的是细节的安排与实施。有一本经营管理图书的书名就叫作《细节决定成败》，此话道出了管理的精髓。

当然，如果是一个小出版社，实行扁平化管理，各部门之间还好协调。如果是一个大社，就必须设立专门机构进行协调，保证生产流程不受阻滞；或者划小生产单位，实行事业部制，独立核算，减少生产流程上的障碍。北京外研社、法律社、机工社、电子工业社等大型出版单位，正在采取事业部制的办法，以改善大型出版社的管理，使之运作方便、高效。

六、企业文化

许多成功的企业都认为，其成功的秘诀在于有了自己的企业文化。企业文化是凝聚员工的要求，也是持续性发展的动力。香港的一家船务公司，专门成立了东方文化研究中心，每年拨款用于出版研究成果。他们认为，企业竞争的方法是相同的，但企业有没有文化则是不同的。一个具有竞争力的公司一定有自己的企业文化。如惠普建立在社会价值基础上的人性理念，戴尔建立在客户基础上的价值理念。联想的杨元庆将他们的企业文化分为四个阶段：第一阶段是创业文化，第二阶段是目标导向文化，第三阶段是规则导向文化，第四阶段是团队亲情文化。他们的核心理念是：把员工的个人追求融入企业的长远发展之中。它的企业精神是：求实、进取、创新。如海尔"敬业报国、追求卓越""海尔只有创业没有守业"等。

而我们的出版企业本来是一个有文化的企业，但很多企业没有有意识地形成自己的企业文化。一是对企业文化在凝聚人心，鼓舞士气，持续发展中的作用认识不足；二是忙于日常事务，没有刻意去根据企业特点提炼具有代表性的企业文化口号；三是有企业文化但没有注意贯穿在日常生活与事务中，没有将企业文化用在管理与发展中。因此，员工没有主人公精神，没有为企业忠诚服务的意识，没有为自己的客户服务的意识。从目前的状况来看，有些企业的员工不是考虑企业的可持续发展和企业的财政支持能力，没有考虑国家、集体与个人三者之间的关系，而是过多地考虑自己的收入。对于企业的未来、企业的状况，他们并不关心。这样的企业，从竞争的角度来看，是没有希望的。

总之，出版社与国外成功的出版企业相比，与国内成功的企业相比，各方面都存在十分大的差距。缩小这种差距的方法，一是从体制上解决现有出版单位的产权归属，解决所有者失位的现象，要大胆借鉴企业的成功发展经验。二是彻底改变选人用人的机制，通过组织推动，市场化运作，培养职业化的管理团队，特别是要选好首席执行官。三是建立完备的企业管理制度，通过制度保证企业可持续发展。

原载于《编辑之友》2005 年第 3 期

出版业如何进一步提升市场竞争力

随着出版行业中计划经济成分的逐步减少，整个行业的市场意识在不断觉醒，市场适应能力在不断提升，这是大家公认的事实。但是，从客观实际来看，整个行业与其他行业相比，因为进入市场的时间相对较晚，再加上出版的特殊性，所以，无论是观念上，还是操作能力上，整个行业的市场竞争能力都还有待进一步提升。今天，探讨如何提升市场竞争力，不仅有其理论意义，更有其现实意义。不过，提升市场竞争力是一项长期而系统的工作，需要我们全方位地努力。我试从如下几个方面探讨其提升竞争力的路径。

一、转变观念，牢牢确立以市场为中心的思想观念

以市场为中心，从表面上看，几乎已没有人再提出异议，但是对何处是市场，市场的需求在哪儿，并不完全清楚。或者说，对笼统的市场知道，但对细分市场、对特定读者的需求并不知道。

因此，提高出版业的市场竞争力，从业者要彻底摒弃头脑中的计划经济残余，确立以市场为中心，以读者为服务对象的思想观念。只有时时刻刻想着读者，时时刻刻想着服务读者，才能在实际工作中一切以市场的需求为行动的指南，为努力的方向。如随着科学技术的发展，各种新产品层出不穷，这就需

9

要我们为读者提供最新的使用手册，最新的维修手册。如随着农业科学技术的发展，我们需要为农民兄弟提供最新的普及性的实用的读物。如随着金融市场的发展，人们对股市、基市的关注，此类图书就应运而生。如随着人们生活水平的提高，大家对生活质量的关心，有关休闲养生类图书的需求就大增。总之，只有调整思路，把关注点移到市场上，关注社会生活的发展变化，才能成为市场的胜者。

当然，我们在这儿谈到关注市场、服务读者，并不是说出版工作者要摒弃自己的社会责任，一味地迎合不健康的趣味。实践证明，真正受大众读者欢迎的，是积极向上、健康有益的出版物。我们要适应市场，但还要引导市场、开拓市场，让人类社会的基本价值观、让民族的优秀传统在出版物中得到弘扬。

二、流程再造，企业与市场实现零距离

提高市场竞争力，转变观念是前提，但绝不仅仅是转变观念就可以代替实际的操作。适应市场，我们首先必须在组织机构上，在流程上，以市场为圆心，重新进行设计，实现与市场的零距离。譬如在计划经济时代，出版社的机构是按照准行政的级别来设立的。社长、总编辑、副总编辑、编辑部主任、副主任、编辑，从上至下，是一个金字塔形。如果编辑有一个好的创意，要在最短的时间内实现并投放市场，就必须通过层层的上报与审批，就必须按照一个固定的时间大家来讨论，这可能会在某一个环节被卡住，或者因时间的延误而夭折。即使选题被通过，也可能会因一个个辅助部门的不积极配合而失去投放市场的机会。

适应市场，就必须缩短与市场间的距离。首先，在出版社的机构设置上，要考虑减少决策层次，降低决策成本，以便更快捷地对市场信号进行反应。目前，一些较大型的出版社里，实行事业部制，从选题到产品的上市，均由事业部自主决策，其效益进行独立核算。这样既减少了很多环节，提高了效率，也提高了经济效益。在一些中型的出版社里，也相继成立了策划部、营销部，负责搜集信息，研究市场动态，在产品的全流程中，实行营销管理。同时，通过现代科技手段，建立内部办公系统，将金字塔形管理体系变成扁平化管理，减少了决策层次，缩短了时间。在出版产业链的各个环节上，通过制度化和计算机技术，实现无缝对接，减少摩擦和阻力。也许，作为一家传统的出版单位，

希望在某一天突然实现与市场的完全对接还做不到，但是必须明白，要想驾驭市场，就必须改革一切不适应市场竞争的机构与流程，一个环节又一个环节地加以调整，使之与市场完全接轨。

三、锻造团队，勇做市场弄潮儿

出版业要提高市场竞争力，关键是要有一批了解市场、会经营的团队。因此，锻造一支能征善战的管理团队和业务团队，是取胜的关键性一步。

在一个企业里，掌舵人是企业能否成功的重要因素。在现有的体制下，企业负责人的产生有各种不同的途径，我在《论出版社可持续发展》一文里曾经分析过，这些负责人一种是从本企业里成长起来的，一种是从上级机关派来的，一种是从其他业务单位调来的。目前，相当多的出版企业负责人是以选拔公务员的方式产生的。这些按照公务员选拔方式产生的掌舵人，在观念上、实际经验上，往往与竞争激烈的市场需求还有些差距。其中也有一些同志经过多年的实践，积累了丰富的经验。同时，管理团队中的其他成员，也基本是以选拔公务员的方式选拔的，他们只对选拔的上级负责，并不需要完全对主要负责人负责。这在管理团队中埋下了不和谐的因素。而业务团队中，有部分人是过去接班的家属子女，由于出版社的特殊要求，他们很难完全适应这种对文化素养要求很高的出版业。即使是分进来的大学生，如果出版社缺少必要的培训机制，成长也需要很漫长的时间。

因此，锻造一支合格的出版团队，是提高市场竞争力的关键。首先，出版业要改变过去干部选拔的方式，引进职业经理人制度，将有理论修养、实践经验、成功经历的优秀管理者选拔到领导岗位，要克服管理团队凝聚力、向心力不够的弊端，组建以首席执行官为领袖的管理团队。出版社要通过改革，逐步减少辅助人员与业务人员不协调的局面，要加大培训力度，提高业务人员掌握市场主动性的能力。出版社只有具有一支思路开阔、反应敏锐、业务娴熟、精干高效的出版团队，才能在竞争中立于不败之地。

四、品牌塑造，抢占市场制高点

随着图书市场供大于求的局面的出现，图书同质化的现象日益严重，在这种不可避免的竞争环境下，只有通过差异化经营、走品牌化之路才能保证自己产品的市场占有率。品牌的价值与作用，在我们的生活中随处可见，吃、穿、住、行、用，不同行业都有不同的品牌，我们每一个人也都有自己喜爱的品牌。图书市场的竞争原理与其他商品并无二致，只有提高产品的知名度、美誉度，进而影响读者的购买习惯，才能在激烈的市场竞争中取得先机。

关于品牌的重要性，出版从业人员，特别是管理者对此并不陌生。但关键是如何在现有的基础上，有计划、有步骤地确立品牌，并通过持续不断的营销，让品牌在读者心目中树立起来。

品牌的确立，不是单方面的主观行为，其必须受制于所在出版单位的专业分工、特色定位、人员素质、经济状况，以及竞争对手的力量。品牌的维护与确立同样重要，投入人力物力打造的品牌，如果不注意维护、创新，同样也没有生命力。

五、不断创新，永做市场排头兵

市场是变化的，竞争的环境、条件也是变化的。出版业要想保持可持续发展，必须加大创新的力度，以适应市场的挑战。因此，我们要注意体制创新、机制创新、技术创新、产品创新，以及服务创新。目前，体制上的创新虽然比较缓慢，但已经提上了议事日程，有些正在付诸实施。如全国范围内的出版单位由事业单位转变为企业，使其成为真正的市场主体，就是从根本上解决束缚出版社生产力发展的体制上的弊端。虽然此次的转企改制较之以往是革命性的变化，但目前还仅仅是将国有事业单位变成了国有企业，其原有的所有者缺位与经营者动力不足的问题还没有得到彻底解决。让人欣慰的是，目前正在试行的出版单位上市已经提上了议事日程。上海新华书店借壳华联超市上市、四川新华文轩在香港上市，辽宁出版集团、知音传媒集团也即将上市，尽管上市的出版单位还是少数，但其昭示着中国出版业正在由过去的封闭走向开放，由过去的宣传阵地成为文化产业。这些体制上的创新为全面迎接市场挑战奠定了基础，一切不适应市场规则的羁绊都会被无情地荡涤，这是一个不可逆转的发展趋势。

当然，创新不仅仅只是搭建一个舞台，其实舞台周边的环境已经发生了很大的变化，台下的观众也已经不是过去的观众了。读者消费方式已经随着新材料、新技术的变化在变化，纸介质媒体阅读率的降低是一个"不祥"的信号，但也预示着新的机会的诞生。光、声、电、磁，载体不断地变化，新的阅读方式也在变化。尤其是随着数字化技术、互联网技术的不断更新，出版的内容与形式也有了革命性的变化。出版工作者不要把新技术革命看成洪水猛兽，而是要努力学习，掌握新技术、新材料，并将其转化为出版生产力。当下的掌上阅读器、手机小说、手机报纸、无线阅读，正显示着新的出版方向的产生，如果不跟上新技术、新材料发展的步伐，出版的竞争就是一句空话。

出版产业是内容产业，无论是纸介质媒体，还是数字化阅读，都需要丰富的内容。提高市场竞争力，需要我们在内容上不断地创新，满足不同读者的阅读需求。而内容创新不是空穴来风，不是生产者的一厢情愿，而是对社会生活发展变化的密切跟踪与研究。近年来，经济管理类图书的热销，文史类图书的热销，健康保健类图书的热销，都证明了经济生活与出版的互动关系。当然，创新不仅仅局限于内容，也体现在形式上。如以山东画报社《老照片》为代表的图文本图书的持续热销，反映了经济发展、人民收入增长后阅读的新趋势。上海文艺出版社的《话说中国》一书，在图文本的基础上融入了网络化时代的表达方式，在前者的基础上又有了新的拓展。

提高市场竞争力，需要我们注重服务创新。互联网技术的使用，为网上订阅与网上销售提供了便利，使消费者与供应商消除了时空距离。出版社要重视自身网站的建设，不仅要把网站当成一个宣传的阵地，还要办成与读者、作者交流的平台，办成销售的平台。例如当当网、卓越网等免费送货上门，先送货后付款的网上销售模式已经成熟，年轻的消费者已接受并习惯。以贝塔斯曼为代表的俱乐部销售模式，给中国的消费者提供了新的服务方式，他们在中国已拥有了几百万年轻的会员，而中国人也从中受到启发，各种本土的俱乐部如雨后春笋。《长尾理论》一书则揭示了网络时代和数字化时代商品销售的新变化，人们在重视畅销商品的同时，也开始重视长尾部分的个性化消费者。这些，都为我们开展服务创新提供了新启示。

2007 年闽浙赣鄂四省出版研讨会演讲稿

商业化时代出版人的文化追求

　　随着中国加入世贸组织过渡期的结束，中国的出版产业正在并将继续发生深刻的变化——外资进入，出版社转企改制，教材教辅降价与招标发行，教材免费发放与循环使用，新技术、新材料不断涌现，市场的无序竞争，中国的出版人正面临一场前所未有的挑战。在市场经济的大潮袭来之际，如何坚守出版的文化品格，保持出版对民族文化、民族精神的塑造与传承功能，成为我们的一个新命题。

一、让人隐忧的出版误区

　　继 1979 年"长沙会议"之后，中国出版业出现了一个前所未有的大发展局面。出版社从 1978 年的 105 家增加到 2005 年底的 573 家，图书品种从 1979 年的 17212 种增加到 22.2 万余种。出版业作为精神文明建设的重要阵地，不仅丰富了亿万人民的文化生活，而且对中国的经济发展也作出了卓越的贡献。但是，随着中国市场经济时代的降临，人们更多地关注码洋、利润等可以量化的数字，对出版业的精神属性渐渐遗忘。出版社早已成为事实上的企业了，实现利润的最大化也没有什么可非议之处，但是，出版界越来越多的急功近利甚至见利忘义的行为不禁让国人担忧。诸如出版社一窝蜂争出教材教辅，原创图书比例偏低，跟风出版现象严重，少数图书格调不高，娱乐化读物过度泛滥，编校质量低劣等，已经成为社会诟病的焦点。因此，有学者指出，出版在某种程度上已经陷入了一个新的误区。

据统计，2005 年，全国中小学课本及教参销售 80.02 亿册，占销售数量的 50.7%。其中，教辅的文化教育类出版物 47.54 亿册，340.92 亿元，占销售数量的 30.1%。两者相加，此类读物占全国图书销售总额的 80%。另据 2006 年度图书零售市场报告显示，不包含中小学教材，教辅码洋占整个图书市场的 18.95%，册数比重已达到 30% 以上。出版经济成了教材经济，这已是不争的事实，尤其是一些县级市的新华书店，70% 的利润都是靠发行教材。实际上，各省出版发行利润的 70% 甚至 85%，都是由教材教辅产生的。每一个省的出版社，无论是什么专业分工，大多数产品都与教育有关，或者希望与教材有关。而这条教材教辅供应链的驱动力，理由是十分的堂皇，其实大家都不言而喻。千军万马争抢这块蛋糕，没有谁考虑这样的结果对教育、对学生有没有益处。很多身为家长的出版人，自己也在抱怨学校给孩子的书包里塞了太多无用的材料。事实上，1999 年《中共中央、国务院关于深化教育改革全面推进素质教育的决定》就指出："减轻中小学生课业负担已成为推行素质教育中刻不容缓的问题，要切实认真加以解决。"之后又多次下发此类文件，但收效甚微。

与教材教辅泛滥同样让人担忧的是，图书品种在不断增长。据统计，2005 年全国共出版图书 22.2 万种，其中新书 12.8 万种。这是有关部门根据书号使用情况对国有出版单位的统计，但由于书号限制使用，结果和初衷相反。"目前在流通领域当中存在着'一号多书'现象，即多种商品使用同一 ISBN。"如贵州省罗甸县为完成义务教育阶段普九全县中小学图书馆配书，进行了 26 万余册大宗图书招投标工作，指定购买近年出版的新书，码洋为 461 万元。贵州省新闻出版局对罗甸县两所学校进行抽样查验，共抽样书 3733 种 6774 册，发现这些样书普遍存在一号多书的非正常出版现象。少则一号几十种，多的达 200 余种。由此类推，全国出版图书并不止上述的统计数字。

中国有 13 亿人口，一年出版几十万种图书并不奇怪，关键是这几十万种图书中，真正有学术含量、文化价值、创新精神的作品所占比例并不大。重复出版、跟风现象、注重实用而缺少文化含量的同质化图书大量充斥市场。有研究者指出："重复出版可谓是中国出版近年来一大顽疾。模仿某畅销书、克隆其话题、封面、文字……其中尤以财经励志类为甚……某些世界名著或经典文章，反复出各种不同版本，虽大多换汤不换药，出版社却乐此不疲。"由于出版界盲目追逐利润，不断扩大生产规模，图书的编校质量也不断下降。《光明日报》的郭扶庚在调查中发现，"时隔两年不仅上述问题没有得到缓解，教辅图书粗制滥造、质量低下的问题更加使人触目惊心。知识错误、字词错误、插图错误随处可见"。2007年1月，《中华读书报》刊发了一位普通读者就图书质量问题致新闻出版总署有关领导的信和该领导对此的回信。读者在信中写道："这次给您寄去两本ｘｘ出版中心发行的书：《鲁迅评传》《文坛五十年》……出现《鲁迅评传》这种不说'绝后'，也属'空前'的问题书，可见一些人对图书质量是如何地不当一回事。这当然是个案，但也可见情况的一斑。"有关领导在回信中写道："出版物质量的高低，不仅关系到千千万万读者的权益，而且关系到我国出版业的繁荣，关系到社会主义和谐文化的发展。"因此，新闻出版总署将2007年定为"出版物质量管理年"。

本土原创的作品乏善可陈。2006年末，不同的媒体组织评选了十大好书。人民网组织网友与有关专家评选的是：《大碰撞：中国改革纪事》（马国川著）、《一代名士张伯驹》（任凤霞著）、《列侬回忆》（扬·温纳著）、《品三国》（易中天著）、《周恩来的晚年岁月》（刘武生著）、《20世纪思想史》（彼得·沃森著）、《于丹〈论语〉心得》（于丹著）、《八十年代访谈录》（查建英著）、《长征》（王树增著）、《我的名字叫红》（奥尔罕·帕慕克著）等十种，其中三种为引进版。由几十家纸质媒体评出的十大好书是：《我的名字叫红》（奥尔罕·帕慕克著）、《八十年代访谈录》（查建英著）、《世界是平的》（托马斯·弗里德曼著）、《伶人往事》（章诒和著）、《这个世界会好吗》（梁漱溟口述）、《上学记》（何兆武口述、文婧执笔）、《哥伦比亚的倒影》（木心著）、《追风筝的人》（卡勒德·胡塞尼著）、《为什么读经典》（卡尔维诺著）、《太平风物》（李锐著）等，其中引进版有四种。年度好书中，只有一本李锐的小说入选。而这些本土原创的作品中，也缺少对当代人的精神生活产生重要影响的作品。而大量的无厘头搞笑、网络准色情出版物，恐怖灵异、奇幻魔幻类出版物，占领了很大一部分青少年读物市场。

二、出版的本质与使命

出版是一种经济活动，是一种具有二重性的经济活动，我们无形的精神追求是附着在可触可感的经济活动上的。实际上，经济效益与社会效益并不是对立的，中外出版史上将二者结合得很好的不乏先例。

近代中国，一大批知识分子相继投身于出版事业，将出版作为自己实现人生理想和价值的寄托。早年的书局，都是私人资本，实行股份制，但无论是创办者还是直接参与出版活动的知识分子，始终把出版作为传播新思想、振兴中华民族的阵地。中华书局的创办人陆费逵有一段名言："我们希望国家社会进步，不能不希望教育进步；我们希望教育进步，不能不希望书业进步。我们书业虽然是较小的行业，但是与国家社会的关系却比任何行业为大。"（《书业商会二十周年纪念册序》）。商务印书馆的创始人夏瑞芳与其早期的创办者都认为，出版是"开发中国的急务"。商务印书馆的创办人之一高凤池认为出版与银行、报馆是当时社会最为重要之事业。"这三种事业与国家社会民族有极大关系，力足以移转国家社会的成败、兴衰或进退。"实际上，中国的近代出版不仅成为开启民智、改造国民性的重要工具，还成为思想文化革命的先锋。如汪孟邹创办的亚东图书馆，出版发行了陈独秀、胡适之等主办的《新青年》杂志。《新青年》高举科学与民主的两面旗帜，成为近代中国思想文化革命的策源地，整整影响了一代知识分子。近代中国出版对中国社会的变革与发展之所以作出如此巨大的贡献，关键在于有一大批"拥有社会良知和人文素养，意识到自己的文化责任，是关心社会政治、文化、国家与民族前途的高人和文化人合一的新一代出版企业家"。他们敢为天下先，善于经营管理，取得较为丰厚的利润，然后又将其中的部分利润回报给社会，出版了一大批开启民智的时代急需的读物。他们不仅是出版人，同时也是作者，如开办过七个出版社的鲁迅，著述等身，是新文化运动的领袖。如叶圣陶、巴金等，他们是中国近代文学史上的翘楚。这些作家为了扶持作者，传播新知，宁肯暂时放下手头正在进行的创作，也要做出版家，为中国的进步传播科学文化。翰林出身的出版家张元济，在中华民族的危难之际，自己拿起笔来，从《史记》《左传》《战国策》中撷取八篇故事，亲自动手编写了有强烈针对性的《中华民族的人格》一书。书中所选择的十几个人物，无一例外都属于慷当以慷、勇于就死、舍生取义的豪杰。张元济在每篇文章的后面加以点评，指出这些豪杰人格力量的所在。这本小书在抗日烽火燃遍神州之际起到了号角与鼙鼓的作用。

中国近代的出版家当属于有文化追求与文化责任的先驱，国外的出版人中也不乏一些理想主义者。当下日本有一批编辑，他们在职时曾经为日本的出版作出了杰出的贡献，退休后，为了促进东亚三国书籍文化的交流，由日本丰田公司赞助，每年轮流在日本、中国、韩国三地召开一次东亚出版人会议。会议的宗旨是，"通过这个平台进行有关书籍、编辑、出版的对话，相互推荐和交流图书出版信息，跨越地域界限在东亚再发现并分享书籍文化的公共性……企盼这个尝试能够有助于拥有悠久书籍文化历史的东亚地区创建新读书共同体"。七十高龄的日本平凡社原董事、编辑局局长龙泽武，日本 MISUZU 书房原董事长、社长加藤敬事先生等，不取分文报酬，每年亲自组织会议。我曾参加在日本东京举行的一次会议，七十高龄的加藤敬事先生乘坐交通车到成田机场亲自接送我们。会议简短、务实，大家讨论的是共同关心的书籍与文化建设。

世界上不少出版人都为构建民族精神，塑造文明社会作出了杰出的贡献。德国的苏尔坎普出版社尽管在规模上不及那些超大型的出版社，但在战后德国文化建设中同样发挥了重要的作用。第二次世界大战不仅摧毁了德国的建筑，而且摧毁了德国人的信仰和精神。在这样的历史时刻，以翁泽尔德为社长的苏尔坎普出版人倾全社之力重建战后联邦德国的思想文化之"厦"。他们在 20世纪 60 年代推出了"彩虹计划"，用赤橙黄绿青蓝紫七种颜色标识出七个系列，试图为战后新一代德国人系统地普及全世界和德国的优秀文化，提升整个德意志民族的思想文化水准。到目前为止，"彩虹计划"已经出版了两千多种图书。与此同时，苏尔坎普出版社还培养了全德国几乎所有的大师和著名学者，包括黑塞、阿多诺、布洛赫、普莱斯纳、霍克海默、哈贝马斯等。正是坚守文化建设的理念，苏尔坎普出版社才奠定了今天在德国出版界的地位。

三、我们应当坚守的底线

市场经济的浪潮席卷中国出版界，拜金主义纷扰着出版人的价值判断，以利润论英雄在某些局部成了硬道理。出版社是一个企业，没有利润无法维持生存与发展，但是有没有文化理想，有没有文化追求，则是一个出版家与一个出版商的区别。中国现代著名出版家张静庐先生曾指出："钱是一切商业行为的总目标，然而，出版商人似乎还有比钱更重要的意义在上面。以出版为手段而达到赚钱的目的，和以出版为手段而图实现其信念与目标而获得相当报酬者，其演出的方式或许相同，而其出发的动机完全两样。我们—— 一切的出版商人——都应该从这上面去体会，去领悟。"

首先，出版人的文化追求体现在办社的发展战略上。目前，出版界大多数出版社都变成了为教材教辅服务的机构，学生负担过重不完全是出版界的责任，但出版界充当了不可或缺的角色。当我们驱赶编辑夜以继日地编写出堆积如山的这"达标"那"练习"，采取各种手段将并无多少教益的教辅塞进课堂时，当我们窃喜可观的财富流进出版社时，我们可否想到"责任"二字？诚然，国有的出版社，由于体制性的矛盾，都存在着负担过重的局面，获取必要的利润是当务之急。但是，作为一个有责任感的出版决策人，应当具有文化人的追求，应当坚守自己的文化操守，在思想上应当明确出版与一般商业行为的区别。在选题的安排上，在资金的使用上，应当考虑那些可能并不畅销但确有文化价值的图书。退而求其次，哪怕每年只出版一定比例的具有文化积累价值的图书，年复一年，也会给后人留下一笔可观的精神财富。何况由于国家对教育投入方式的改变，教辅市场一夕三惊，在国有与民营的不平等竞争中，国有出版社的教辅已几乎没有利润可言了。鉴于此，我们更应合理优化出版结构，思考产业发展的方向与赢利的模式。

其次，出版人的文化追求体现在产品的创新上。由于竞争的加剧，商业化时代作者队伍的流变，出版资源显得捉襟见肘，出版界跟风与"浅出版"现象受到读者的批评。这是一个客观存在但短期又无法解决的矛盾。"深度出版"需要内容的创新，而内容的创新需要整个社会的努力，特别是知识阶层的努力。这就需要我们关注社会生活的变化，关注思想文化领域、科学技术方面的新进展，不放过一部有创见有新意的作品和研究成果。通过出版这种文化活动，做思想文化变革的同行人，做普及科学文化知识的助产士，为民族文化建设提供支持。同时，我们要面向世界，撷取人类文明的精神成果，通过出版这种有创见的文化活动，将世界文化遗产转化为中华民族的精神食粮，丰富我们的文化存量。商务印书馆的"汉译世界学术名著"，四川人民出版社的"走向未来"丛书，漓江出版社的"诺贝尔文学奖获奖"丛书都曾开拓了国人的视野。但新时期发轫之际那种西风东渐，海纳百川，蔚为壮观的局面已经成为过去时，一篇文章吸引全国人眼球的氛围已不复存在，出版的创新在某种程度上是继承与发展，创造性的"推陈出新"。20世纪初，商务印书馆与中华书局在竞争中各自扬长避短，在内容与形式的创新上都取得了成功的经验。如商务印书馆经过八年时间的编纂，于1915年推出了《辞源》。它将古代字书释义、韵书读音、类书罗列词汇等最早出现的工具书编纂方法结合在一起。它以语词为主，兼收百科词汇；强调实用，收字收词以常见为主；结合书证，注重溯源。出版后受到市场欢迎。中华书局虽然刚推出《中华大字典》，但与《辞源》相比，还稍逊一筹。《中华大字典》的主持者徐元诰就决心编一部胜过《辞源》的辞书，后定名《辞海》。《辞海》的主编舒新城对商务印书馆的《辞源》进行了认真的研究，发现了其不足之处，决定补充新词新意，收录小说、词曲中的词语，注明书证来历。终于于1936年上半年出版了《辞海》上册，次年出版了下册。目前，无论是《辞海》还是《辞源》，都是中国出版史上工具书出版的典范与丰碑。

创新也还体现在有创意的编选与整理上。孔子收集鲁、周、宋、杞等故国的文献，加以整理，汇编出《易》《书》《诗》《礼》《春秋》《乐》六种书，因系统总结了商周文化的精华，继承了西周"六艺"的传统，使之成为儒家的经典文献。《唐诗三百首》编选者较多而且新编者众，但真正流传并为世人认可的还是清人蘅塘退士编选的版本。中国出版集团正在组织编选的"中国文库"，收选20世纪以来我国出版的哲学社会科学研究、文学艺术创作、科学文化普及等方面的优秀著作和译著。这些著作和译著，对我国百余年来的政治、经济、文化和社会的发展产生过重大积极的影响，至今仍是具有重要价值的经典性著作。上海世纪出版集团从2003年起，开始筹划出版一套思想体系完整，能够全面反映人类文明精华的人文丛书。至今该套丛书已经出版210种，在知识界、学术界引起了很大反响。目前各地出版集团都在筹划出版类似的大型丛书，如湖南出版集团计划出版规模上千种的"湖湘文库"，长江出版集团计划出版规模达500种的"荆楚文库"等。

同时，出版人的文化追求还体现在出版物的质量上。出版主要是一种文化的选择，选择什么质量的书稿，体现了出版决策人与编辑的文化追求与审美旨趣、精神境界。同是教育出版社的河北教育出版社，尽管也出版教材与教辅，但在前任社长王亚民的领导下，出版了世界文豪书系等一批有传世价值的文学艺术类图书；同是师范大学出版社，广西师大出版社却在肖启明的领导下，出版了一大批人文社科类图书。同样，一些有价值的书稿，在没有遇到伯乐前，也曾经明珠暗投。阿来的长篇小说《尘埃落定》，曾经辗转到过十二家出版社，最后被人民文学出版社的知名编审何启治先生选中，该书出版后获得了茅盾文学奖。钱锺书的《谈艺录》，在周振甫的认真编辑下，提出了很多有建设性的意见，周振甫为此与钱锺书建立了深厚的友谊。同样，在编校质量上，也体现了编辑的责任感与抱负。孔子读《易》，韦编三绝，并且说，"假我数年，若是，我于《易》则彬彬矣"。意思是多给我一些时间让我审订，我一定让《易》编次妥当、义理分明些。古人所说的"校雠"，就是说校对者对错字要像对待仇人，必见而歼之，毫不留情。宋原放先生在《中国出版史》中分析明代出版的功过时曾指出："是急功近利，使坊间书肆发达起来，造福文化；又是急功近利，使坊间书肆邪出正道，给文化事业造成了一定后患。"坊间书肆编校粗疏，以致明代图书错误百出。后人评价说："明人好刻古书而古书亡。"

因此，在商业化的时代，出版人要保持清醒的头脑，认清哪些是出版上的文化误区，哪些是我们应当坚守的底线。我们要做有良知的出版商，更要做有理想的出版家。

参考文献

①中国出版年鉴（2006）[M].北京：中国出版年鉴社，2006.
②图书市场2006年年度报告[R].北京开卷信息技术有限公司.
③张青梅，罗广喜.新华书店只靠垄断教材发行迟早关门[N].广州日报，2006-07-23（4）.
④潘明青.打通发行信息流通的瓶颈——《图书流通信息交换规则》的出台和存在的问题[N].中国计算机报，2006-01-09.
⑤新华网贵州频道.2005年10月9日专电.
⑥张子辉.中国图书出版热现象之冷思考[EB/OL][2004-11-17].中图在线.
⑦郭扶庚.教辅图书令人心忧[N].光明日报，2005-08-03.
⑧中国新闻出版报，2007-01-17.
⑨王建辉.出版与近代文明[M].开封：河南大学出版社，2006.
⑩陈昕.出版人的文化追求与经营之道[N].文汇报，2007-01-28.

出版集团公司治理现状分析及对策研究

　　随着出版发行企业改制时间表和路线图的推进，全国绝大多数出版单位转企改制工作已经有了实质性进展，中央和省级出版单位按照《中华人民共和国公司法》（以下简称《公司法》）相继成立了有限责任公司和股份制公司，有些已经成为上市公司。公司制的建立，不仅是对原事业单位体制的重大突破，更是对国有企业体制的一种超越。但是，据我观察，尽管"某某出版公司"的牌子已经挂出，但在公司治理上，还存在很多虚化的痕迹，这些尚不成熟的公司治理将对我国出版企业的健康发展产生负面的影响，或者说将制约着我国出版企业的顺利成长。

　　公司治理不仅是现代经济理论界的一个重要研究课题，更是现实经济生活中一个需要不断完善的机制。在美国这种市场经济比较成熟的国家，人们普遍认为公司治理比较成功，但随着华尔街金融危机的暴发，也充分暴露出其法人治理的缺失。如2009年11月美国曾经出现一天倒闭九家银行的纪录，倒闭的主要原因是经理人一意孤行，追求短期的高利润，没有考虑股东的利益。而在此之前的2002年，美国安然公司、安达信公司、施乐公司等都曾暴露出公司治理缺失导致的丑闻。并且，公司治理问题不仅存在于发达市场经济体，在新的市场经济体公司治理问题更为严重。公司治理主要指公司在处理股东、董事会、监事会、经理、债权人、员工等各相关利益主体之间权、责、利关系的一种制度安排，目的是保证公司决策、运营的公正与效率，这是广义上的公司治理；狭义上的公司治理仅限于公司股东、董事会、经理之间有关权利、义务、激励与控制等一系列的制度安排。我国出版企业公司治理，由于公司化时间短，加之大多数出版企业是从事业体制和行政体制混合的出版管理机构分离而来，在公司治理方面不仅经验不足，而且带有很强的行政化色彩，因此，在新的形势下探讨公司治理显得尤其重要。

一、我国出版集团公司治理现状及存在的问题

近十年，我国出版产业市场化改革开始深化，"最终导致体制的深刻变革"，这种深刻变革的特征之一就是建立现代企业制度，而完善的公司治理是现代企业制度的重要标志。现代公司治理，就是依据《公司法》，设立股东会、董事会、监事会，并对三者之间的权利与义务进行规范。通过对部分出版集团公司进行的调查来看，绝大多数出版集团公司治理结构尚待完善：一是有的出版集团公司没有按照《公司法》设立股东会、董事会、监事会；二是有的董事会、监事会并不健全，只设置董事长、监事会主席职位，并没有董事会和监事会的具体成员；三是董事会、监事会成员组成不够合理，基本上是由党委会成员兼任，缺少独立董事；四是董事会、经理层职责权限不明确，有些出版集团公司的党委书记、董事长、总经理一人兼任，或者担任其中的某两个角色；五是部分出版集团尚未进行公司制改造，但也设立了董事会、监事会主席。相对而言，已经上市的出版企业公司治理比较完善，但在实际运作中，由于控股股东的地位和影响，也还存在国有企业中"一把手说了算"的局面。出现这种现象的原因，大致分为以下几种情况：

1. 多数是国有独资公司，并取得国有资产授权经营

《公司法》规定："国有独资公司不设股东会，由国有资产监督管理机构行使股东会职权。国有资产监督管理机构可以授权公司董事会行使股东会的部分职权，决定公司的重大事项……"国有独资公司是指国家单独出资、由国务院或者地方人民政府授权本级人民政府国有资产监督管理机构履行出资人职责的有限公司。如北京出版集团有限公司是北京市政府出资的国有独资公司；中

国科学出版集团有限责任公司取得了中国科学院国有资产经营有限责任公司的授权，对下属企业的国有资产依法进行经营、管理与监督，并承担保值增值责任；广东出版集团取得了广东省政府的授权，经营国有资产。

这种规定，一方面，给国有独资公司的治理带来了灵活性。另一方面，在所有者缺位的情况下，出版集团公司治理链条中就缺少一个制衡的环节——股东会。上述公司中虽然有国有资产管理机构"履行"出资人的权力，但靠行政制衡在一定程度上也是鞭长莫及。从目前来看，大多数省出版集团公司的监管机构是财政厅，财政厅并没有像国资委那样有专门的机构设置，多数管理职能放在行财处或者科教文处。政府监管机构不可能像严格的现代企业的股东会或者董事会那样对公司提出明确的要求，致使监管不力。再者，授权经营，意味着出版集团公司本身具有相当大的资产经营、处置等权力。至于如何处置，处置是否合理，监管部门只能知其然而不知其所以然。所以，依靠"政府制衡"存在多种弊端，在实际工作中必须加以改善。

2. 董事会、监事会不规范

董事会、监事会不规范，从某种意义上说，很多出版集团公司董事会、监事会的设立只是为了满足工商登记法律形式上的需要，导致这种现象的原因有三：一是改制过于仓促，缺乏系统性制度安排；二是不重视公司法的约束力；三是公司治理建设能力欠缺。这种不规范实际上就是董事会、监事会缺位，公司缺乏法律意义上的责任主体，这与我国出版业建立现代企业制度的目标相差甚远。

3. 党委会、董事会、监事会、经营管理层高度重合

目前的出版集团公司，党委会、董事会、监事会、经营管理层基本上是一套班子，并全部由政府主管部门直接任命。如广东省出版集团公司和中国科学出版集团公司，党委会成员都是董事会成员或者监事会成员，同时，经营管理层也是由党委会成员或董事会成员兼任。

关于党委会在公司治理结构中的角色问题，前两年在国有银行改制中遇见过，但没有过分强调，在工商银行股份有限公司信息披露材料中，是看不到党委会的。根据《中国共产党章程》第三十条："企业……都应当成立党的基层组织。"同时，《公司法》第十九条规定"公司应当为党组织的活动提供必

要条件"。（人民出版社 2007 年版）党委会理应在公司治理中发挥"政治核心作用"，这是我国公司治理中颇具中国特色的内容。

这种治理结构的后果，就是"一把手体制"下的"一把手说了算"。很多地方，党委书记、董事长、总经理三者集于一人之身，或者兼任其中的两个职位。即使是几个国有利益主体之间的股权多元化的企业，由于是国有的股份制，也依然是"一把手"在完全控制。有些集团公司，尽管这些角色由不同的人分担，但由于党委书记、董事长由一人兼任，大小决策还是由党的"一把手"说了算，或者由董事长说了算。这种高度重合的治理模式，可能会带来公司运作上的高效，但造成不良后果的概率会大得多，这是有前车之鉴的。其实，这种模式并不符合党的十六届三中全会通过的《中共中央关于完善社会主义市场经济体制若干问题的决定》中"完善公司法人治理结构，按照现代企业制度要求，规范公司股东会、董事会、监事会和经营管理者的权责，完善企业领导人员的聘任制度。股东会决定董事会和监事会成员，董事会选择经营管理者，经营管理者行使用人权，并形成权力机构、决策机构、监督机构和经营管理者之间的制衡机制"的相关要求。

4. 外部监督缺位

外部监督主要指政府、中介机构及利益相关者等对企业运营效率的监督。应当说，此次公司制改造的主要目的之一，就是要将公司运营纳入全方位监督之下。改制前，我国出版单位由政府行政部门直接管理、经营，政府与企业合一，利益趋向一致，无所谓监管——政府监督缺位；尽管当时的企业是全民所有，但社会公众缺少监督的动力，"事不关己"，并且缺乏监督的途径和手段——社会公众监督缺失；市场化程度不高，与外界金融市场联系松散，资本市场参与度低，公司控制权市场不存在，缺乏因经营不善而被兼并的环境——市场监督缺位。

改制后，外部监督缺位的情况沿袭下来，已改制的出版集团，很多公司依然缺少外部监督，封闭的运行系统并没有打破。即使是上市公司，由于国有资本处于绝对控股地位，部分参股股东依然是国有成分，股东代表也是奉命行事，而从二级市场上购买了股票的小股民，由于信息不对称原因，对公司情况了解有限，尽管有"用脚投票"的权利，实际上仍然左右不了公司的日常经营，公司内部人事安排和生产经营基本还是由"一把手"决定。

5. 激励机制待完善

激励机制是公司治理的重要组成部分，是公司治理有效性的保障。狭义上的激励机制一方面是指对董事会、监事会、经营管理层的监督与考核，另一方面是对董事会、监事会、经营管理层的激励。在董事会、监事会尚未完善的情况下，对董事会、监事会的激励制度设计尚未起步，缺乏系统的制度安排。

我国出版业市场化改革，改变了"事业单位，企业化管理"模式，相应"两边靠"的分配基础不复存在。旧的分配制度已经打破，新的分配制度尚未建立，在这过渡期间，很多出版集团公司的激励制度主要针对中层管理人员和业务员工，对经理层激励不足。譬如，有的出版集团公司高层经营者实行年薪制，年薪水平是参照同级别的政府公务员或者事业单位年薪水平，既不参考市场化同类人员的收入水平，又不与经营绩效挂钩。与此同时，激励手段很单一，缺乏其他方面的激励措施。

我国出版集团公司当前治理水平参差不齐是出版业转型期的必然现象，改革伊始，百废待兴，公司治理也是亟待解决的问题之一。

二、完善出版集团公司治理的对策及建议

在中国三十年的经济体制改革进程中，很多国有企业在公司化过程中的成功经验，为出版集团公司的治理提供了借鉴。从当前出版集团公司存在的问题来看，我们认为目前应从以下几个方面来加以完善。

1. 继续深化出版文化体制改革，构建出版市场主体

出版文化体制改革的主要目的是重塑市场主体，而市场主体最高管理者其实是市场本身，"物竞天择，适者生存"，只要是市场能够解决的就应该交给市场解决，应该说这是出版文化体制改革的终极目标。但在出版市场化尚未建立的过渡时期，政府主导部门依然要引导改革的深入：一是严格按照公司法的要求，建立规范的市场经营主体；二是规范行业行政管理，建立市场游戏规则，推动跨行业、跨部门、跨地域并购重组；三是规范投融资体制，积极推进市场主体融入资本市场等。当前的重点，不仅是转企改制，由事业单位转为国有企业，最重要的，是通过市场和资本的力量，通过建立规范的上市公司，促使出版企业转换经营机制，完善公司法人治理。

2. 建立和完善董事会

作为国有独资或者控股的出版集团公司，如果不是上市公司，一般不设置股东会，经国有资产监督管理机构授权，其董事会可以行使股东会的部分职权，这样出版集团公司董事会在出版集团公司治理中的作用就显得尤其重要。从目前的情况来看，凡是转制为公司的，一定要建立和完善董事会，一是真正赋予董事会法律职权，改变集团公司经理层高管由政府主管部门直接任命的现状；二是强化董事会成员的选派机制建设，特别是注意外部独立董事的选派与结构比例；三是加强董事会内部建设，包括内部议事规则、内部办事机构建设等；四是强化董事会监督机制建设。

宝钢集团公司是我国公认的经营管理做得非常出色的公司之一，其董事会建设是国有大中型企业的首家试点。宝钢集团董事会共有11名成员，董事长1名，副董事长1名，董事总经理1名，7名外部董事，1名职工董事。7名外部董事是国务院国资委选派，职工董事兼任工会主席。宝钢集团董事会成员组成非常具有代表性：董事长、副董事长、董事总经理被认为是所有者代表；职工董事是职工利益代表；外部董事具有双重身份，既可以看作是所有者代表，又能充实董事会的专业能力。宝钢集团董事会决议的表决实行一人一票制，董事长与其他董事表决权是平等的。宝钢集团这种董事会构架，既避免了董事会成员与经理人员高度重合，又避免了决策权的集中，实现决策权与执行权分开，明确了董事会与经理层的权利与责任界限，保障了董事会的集体决策。

国外市场经济国家国有企业董事会的选派，一般是由主管部门领导选拔，议会批准，或者由主管部门选派。为保证董事会决策的科学性及对高层管理团队监督的有效性，一般都按照经济合作与发展组织的法人治理结构标准执行。国外企业重视董事会成员的结构，对董事会成员的专业知识、性别结构及独立董事、外部董事的组成，都要加以考虑。在董事会中，特别重视独立董事与外部董事的比重。对于董事会成员的任职资格，据郝臣先生的调查研究，新加坡的国有企业强调要有商业经验，有战略思维能力；在意大利和法国，公职人员不得担任国有企业的董事长或总经理；在波兰，董事会中的政府代表必须参加一系列考试才能担任董事职位。董事的任职年限各国不同，但都有任期，最短的2年，最长的不超过9年。

从中国的当前实际出发，董事会成员虽然还不能完全摆脱行政化的色彩，但在董事会的选派上，应当充分考虑董事会成员的结构比例与知识结构。一是绝不能以党委会代替董事会，凡事以党委决定来推行，这与构建市场经济主体的意愿是背道而驰的；二是董事长必须要有战略思维能力与人际协调能力，最好要懂出版，还要知晓一些法律、会计常识；三是董事会的成员组成要具有广泛性，要考虑董事会人员的知识结构，管理经验，性别比例等；四是要有一定数量的负责任的独立董事与外部董事。

3. 强化监事会建设

监事会是我国借鉴日德公司治理模式的产物，希望能达到与董事会相互制衡的目的。监事会引进我国后，产生了变异，职能虚化了，经常被认为是摆设，这在我国出版集团公司治理中有所体现。从调查情况看，监事会主席一般由党委纪委书记兼任，这种下级监督上级的格局是从党政机关复制而来的，其作用效果可想而知。

因此，公司治理中必须强化监事会的建设，一是健全监事会决定机制，解决由谁产生监事会的问题；二是健全人员选择机制，解决什么人参加监事会的问题；三是健全制度保障机制，保证监事会发挥作用。既然监事会的法律职责是监督，那么，在公司治理中，监事会应该是独立于董事会与经理层的，其产生机制也应该具有独立性，一般应由所有者委派或者聘请中介机构行使对董事会的监督权力；监事会成员组成也应有多方利益代表，如政府代表、职工代表等。这些代表还要具备履行职责的能力，而不是一味地去"讲团结，讲和谐"；在保障机制方面，对监事会成员履行职责提供必要的制度保障，如对董事会成员的评价机制，评价标准。

4. 注重经理层的选派

经理层作为经营管理机构，对董事会负责，其职能是依照董事会授权和法律规定的职权，开展具体的经营活动，负责资产的增值。本质上说，董事会与经理层之间的关系，是一种委托与被委托、代理与被代理的关系，即董事会是委托人（被代理人），经理层是被委托人（代理人）。既然如此，经理层的选派应当由董事会决定，能够完成董事会受托责任是选择的唯一标准。

我国出版业市场化改革之后，出版集团公司经营环境比以前复杂得多，市场竞争、导向把握、内部管理、资本市场变化、公众监督等都会对出版集团公司的发展产生影响。为应对复杂的内外部环境，经理层配备应该具有互补性和弹性：一是高层管理人员要复合化，业务素质、政治素质、经营管理能力、职业能力、专业能力并举；二是经理层的选派应当与市场化接轨，要有必要的淘汰机制。从已经成立的出版类公司的总经理人选来看，大多数是在出版单位基层的经营管理实践中成长起来的优秀人才，他们的不足是缺少宏观管理的视野与经验。也有很多出版单位将其他行业或政府部门多年从事行政管理工作的人员提拔到公司担任经理人，这些人视野开阔，有丰富的行政资源，有宏观管理的能力，但在出版这种特殊行业中，显得不那么游刃有余。出版集团公司首席执行官的选拔，在一定程度上决定着公司在一定时期内的兴衰存亡，在某种程度上比任命谁担任董事长都还重要。国外出版公司一般都通过"猎头公司"在大范围内寻找合适人选，或者从内部找在不同岗位上都担任过重要职务的专家担任。因此，出版集团公司总经理的人选不能用选拔行政干部的标准和程序来挑选，而应当通过市场机制，按照企业的要求严格遴选优秀经理人。

5. 建立健全激励机制

有效的激励机制应该是全方位的，形式也应当是多样化的，主要包括：报酬激励机制、经营控制权激励机制、剩余支配权激励机制、荣誉激励机制、聘用与解聘激励机制、知识激励机制等。建立激励机制有两个层面的内容，即政府主管部门与企业自身，可以通俗地说由政府出政策、企业出对策。在已经上市的出版公司中，应当由董事会报请股东会通过激励方案。

在高层管理人员中，对董事会成员的激励与对企业高管的激励应有所区别。董事会成员中，专职的董事与独立董事、外部董事又有区别。在国外国有企业中，董事的薪酬低于私营企业30%左右，其原因在于在国有企业的董事会任职是一种荣誉。对于高管人员，应当通过董事会的薪酬委员会制定标准。一般而言，首席执行官的薪酬是普通员工的几十甚至上百倍。企业为了留住这些优秀人才，还会用期权奖励使他们长期效忠本企业。

在建立激励机制时，作为国有独资公司的出版集团公司与已上市公司之间有所不同，国有独资公司产权是唯一的，在报酬激励机制设计时就少了一项

29

重要的选择权——股权激励。上市公司本身已经产权多元，存在股权激励的前提条件。但是，从我国已上市的出版企业来看，有关部门在对上市公司高管是否给以股权激励的问题上，仍然顾虑重重，认为这些高管是组织上委派产生的，担心股权激励会"摆不平"，产生负面作用。其实，在欧美公司治理的过程中，不仅给高管以期权，而且要求他们必须用自己奖金的一部分来购买本公司的股份。这是体现高管对企业忠诚度的一种表现，也是董事会留住关键人员的手段。

6. 完善外部治理机制

相较于内部治理而言，外部治理更多是宏观层面的，包括产品市场机制、资本市场机制、经理人市场机制等。这要求我国出版文化体制进行更深入的变革，提高出版文化产业市场化水平，让出版企业融入资本市场，培育机构战略投资者，完善职业经理人市场及聘任机制等。

三、结 论

由于公司治理在我国还是比较新的研究领域和实践课题，而且出版单位已经习惯于长期以来的运作模式，因此，完善出版单位内部治理使之适应公司化运作需要，并不是一朝一夕的事情，但我们应当研究国外公司治理比较成熟的案例，研究已经成功转型的国有企业，研究已经上市多年的股份制企业，结合中国出版改革的现状，未雨绸缪。只有当有效的公司治理结构建设完成，才可以说真正建立了现代企业制度，这中间并没有一个固定的、唯一的成功治理模式，与公司的背景、发展历程、公司监管者及公司经营者密切相关，只有经过市场洗礼的治理模式才是成功的模式。

参考文献

①王建辉. 最近十年出版业的三大变革 [J]. 中国出版，2008：10.

②陈伟. 从转制看我国出版业内部治理问题 [J]. 大学出版，2007：1.

③张美娟，张海莲. 关于我国出版上市企业发展的思考 [J]. 出版科学，2008：4.

④李雨龙，朱晓磊. 公司治理法律实务 [M]. 北京：法律出版社，2006.

⑤高明华.公司治理学 [M].北京：中国经济出版社，2009.

⑥宁向东.公司治理理论 [M].北京：中国发展出版社，2006.

⑦郝臣.国外国有企业董事会建设比较研究 [J].新华文摘.2009（23）.

原载于《出版发行研究》2010 年第 1 期，与肖新兵合写

论出版社可持续发展

打造中国出版的百年老店，在世界性的竞争中成为一支重要的力量，这是中国众多出版人一个久远的梦。因为人人皆知，日本的、美国的、英国的、法国的、荷兰的，有多少百年老社，有多少跨国出版集团，他们在诱惑着我们，在挑战着我们。我国所有的出版社年销售额加起来不及一个贝塔斯曼集团，真是让我们从业者感到汗颜。中国近代出版史上，我们也出现过以中华书局、商务印书馆为代表的可以与洋人媲美的优秀出版企业。但今日的中华书局与商务印书馆又能如何呢？是的，我们今天有了销售30多亿的人民教育出版社，有了销售10多亿的高等教育出版社、外研社，有了销售近10亿的机械工业出版社，但这些与国外的大出版社比较，就显得个头儿发育不良。我们的不少出版社，也可以说是绝大多数社，往往是进三步退一步，呈波峰式发展趋势，或者踌躇不前，或者濒临破产的边缘。究其个中缘由，尽管十分复杂，但我认为，追根溯源，可用现在一句使用频率最高的话来概括：没有坚持科学发展观，实现可持续发展。

那么，在当今中国出版企业，科学发展观体现在哪些方面呢？造成上述结果的原因何在？我以为，关键在如下几个方面：

一是出版社的产权制度设计。中国的出版社，因为属于意识形态领域，一直都实行严格的审批制。偌大的中国，只有573家出版社（包括副牌）。物以稀为贵，出版社实际是半官半商的境界。说是半官半商是因为干部由省部级宣传组织部门考核任命，即"事业单位企业管理"，既享受事业单位的保护又享受自我决定分配的优越。目前，根据中央文化体制改革的文件，出版社必须改制为企业。从实际来看，一些地方已经在一夜间变成了某某公司，或者某某集团，但究其实际，主要还是形式上。出版社的组织结构、分配制度、人事安排仍然难以完全按生产需要取舍。所谓的集团，大多还是物理变化而没有实质性的进步。一些大的机构，如中国出版集团，公司牌子挂了许久，如何按企业来运作也还在酝酿之中。实际上，按照现有政策，即使所有的出版社都转制为企业，说到底还是一个国有企业。何况大多数出版社二十年来早已没有财政拨款之说，早已都是企业。但话说回来，即使都转制为企业，与我们早些年普遍存在的国有工商业又有何区别呢？我们回顾一下，在工商业中，目前还有多少是采取这种国有企业的体制呢？所以，我认为，为加快文化产业的发展步伐，我们必须吸取国有企业改革的经验教训，在产权制度上进行大胆革命，在大多数出版企业实行股份制。

从中国国有企业的兴衰来看，主要弊端是所有者缺位，经营者职责不明，动力不足，员工普遍自认为是"主人公"但又缺少"主人公"精神。所以，中国的国有企业改革走了一个又一个怪圈，最终才悟出必须"探索公有制的多种实现形式"。那么，在中国的出版企业启动转企改制的时刻，我们是否要反思一下中国国有企业所走过的道路呢？

实际上，从世界上所有真正"做大做强"的出版企业来看，绝大多数都是股份制这种形式。如日本的4487家出版社中，有2632家为股份制公司，346家为有限公司，254家为个人，其余为社团法人所有。美国大众出版销售商的前五名，兰登书屋、哈珀科林斯、企鹅、西蒙舒斯特以及时代华纳图书公司，都采取的是股份制公司的组织模式。在法国占据垄断地位的阿歇特图书集团、德国的贝塔斯曼集团、英国的桦榭图书集团、培生集团、新闻集团等，无不是实行股份制的组织形式。何况，在中国近代出版史上，最为耀眼的双子星座中华书局、商务印书馆也皆是以股份制的形式发展壮大的。

目前，中央文化体制改革的有关文件中首次提到了可以实行股份制，但前提是必须是国有企业之间的股份制。与过去相比，这是前进了一步，但是，从中国已经上市的许多国有企业来看，如果是国有之间的股份，实际上在某种程度上仍然是国有企业的集合与拼盘，仍然存在所有者缺位的现象，仍然存在短期行为，存在谁都负责谁也都不负责的局面。也许出版在今天来看是一个特殊行业，大家都害怕承担政治责任而不害怕出版社不能做大做强，不能跻身于世界出版业的前列。实际上，出版物出不出政治问题，从以往的个案分析，并不是因为企业的所有制问题，而是认识与责任心的问题。如果出版社与经营者个人的利益有关系的话，企业的兴衰存亡势必会引起个人的极大关注。所以，我认为，中国的出版业要跻身于世界大的传媒集团行列之中，把中国的文化产业做大做强，就必须从现在开始，实行股份制改造，引进资本，引进人才，从制度上保证可持续发展，而不是在"三项制度"改革这种内部机制上耽误时间。这样，在若干年后，中国才会出现贝塔斯曼、企鹅、培生那样的大型跨国集团。

二是出版社的战略构想。战略关乎全局和长远发展，办什么社，怎么办社，必须有比较明确的规划与办社思路。作为出资人，作为总经理或社长，要有一个较为清晰的战略规划。当然，任何规划都不是一成不变的，在实践中还有需要校正的时候，但无论是新办一个社，还是新上任的社长，都必须在调查研究的基础上充分论证，制定一个比较切实可行的战略规划。这个规划应当包括发展的方向，不同时期的任务与目标，采取的措施与对策。在这个战略规划中，还应当分为经营战略、产品战略、人才战略等。如经营中是仅仅局限于出版环节还是向出版的上下游延伸，是实行一元化经营还是向相关产业发展？在产品的定位上是立足本专业还是向相关专业拓展？在本专业中，是仅仅围绕某一种产品作出特色还是开发几条产品生产线？在人才的使用上，是自主培养还是向社会上积极招揽人才？是分批次引进还是大规模扩张？诸如此类的问题，都要根据实际与发展作出决策，要考虑三年五年甚至十年二十年的计划。如在中国近代出版史上曾产生了重大影响的商务印书馆，当初也是一个以印刷账册为主兼有少量印刷品的作坊，后来由于张元济的加盟，商务印书馆由当初的印刷为主向出版大步迈进。但商务印书馆在围绕主业的同时也没有放弃相关产业的发展，如文具、玩具、教学影片、幻灯片的制造以及中文打字机、印刷机械的研制，都取得了不菲的成绩。商务印书馆还从仅仅在上海一地发展到全国上百个分支机构，从仅仅是一个民族企业发展到跨国经营。商务印书馆的发展与所有制结构的设置及高层管理人员的素质有关，他们因地因时抓住发展机遇，成为中国最为成功的出版企业。当代外研社的成功也与他们正确的发展战略有很大的关系。用李朋义的话说，他们的战略是：以出版为中心，以教育培训和信息服务为两翼，产学研结合，数字化出版，打造一个综合性的教育平台。围绕这个发展战略，他们对人员结构、组织结构、产品结构甚至产业结构都进行了调整。在产品的布局上，他们保持传统的外语出版，涉足汉语出版，进军儿童读物出版，考虑科学出版；同时，与国外大出版公司进行项目合作，借船出海，参与国际出版竞争。

但据我观察，中国出版业中的大多数出版社缺少发展战略。一方面是出版社还没有成为真正的市场竞争主体，还只是一个准行政化的组织机构。这个机构的所有者虽然存在但是一个模糊的概念，因为所有者本人都还只是临时存在的符号。所有者对经营者提出的要求也是模糊的，甚至是短期的。一方面是出版社的发展缺少内在的动力。有些出版社经营状况较好或许是因为垄断经营或许是因为拥有行政资源或许是因为经营者本人的责任心，但这些都不是内在的动力，这种动力是暂时的而不是持久的。体制性的弊端导致短期行为已是不可克服的障碍。垄断也正被逐步打破，行政资源也在进行不断地调整，经营者的责任心也或许会因为内因或外因而发生改变。因此，出版社也就谈不上可持续发展了。

三是出版社的团队建设。在以知识经济为特征的出版社中，人是最为重要的竞争元素。要保证出版社可持续发展，团队建设至关重要。在管理团队中，如果是一个大型的出版社，实行母子公司制或者事业部制，首席执行官的工作重点在于战略的制定和监督执行上，不需要直接参与具体工作。但在一个中小型的出版社中，首席执行官不仅要制定战略，还要直接参与经营与管理，参与产品的研发与市场营销，要对出版流程中的每一个关键点进行控制。因此，出版社能否有长期的发展战略，做到可持续发展，如上所言，社长、总编辑，或者是总经理的人选至关重要。作为一个文化企业，负责人必须精通所在出版社的专业，并且具有一定的经营管理能力，这样才能制定出符合出版规律的发展战略，并且在纷繁复杂的市场竞争中不断调整产品结构，使之永远保持强劲的竞争力。

目前，在出版社负责人的选拔上，至少应有三个基本条件：懂专业，有实践经验，正派。懂专业，并不要求其是某一方面的专家，但至少必须具有所在出版社的专业背景，如果对出版能有一定的研究或者具有一定的造诣更好。有实践经验，就是要在出版社中担任过具体工作并在相关岗位锻炼过。出版是一个实践性很强并十分个性化的行业，只有身在其中摸爬滚打才能悟出其中三昧。正派，即必须是一个文化人，是一个具有文化理念、出版精神的人，是一个能团结读书人一块为之奋斗的人。

当然，在一个企业中，一个负责人不管如何重要，但仅仅靠他一个人是不行的。还必须有一个管理团队，有一个配合默契的管理班子。除此之外，还要有一批有实践经验的专业人才队伍，一批经营管理队伍。这个团队不是一朝一夕就能培养出来的，需要出版社在持续的发展中积累下精英。留住这些精英，我们要对其中的骨干许以期权，或者给以丰厚的待遇。或许因为出版社的收入与社会相比还算比较丰厚，或者部分人还有自己的出版理念与文化追求，出版社的人员虽有流动但还不至于出现人才危机，但随着转企改制，员工成为"社会人"，对单位的忠诚度随之降低，人才与可持续发展的矛盾就会突出。

从国内到国外的优秀出版社来看，选拔首席执行官是一件十分慎重的事情。外研社的李朋义从一个普通编辑做起，一步步地将出版社带向了辉煌，他不仅在国内受过良好的高等教育，而且留学英国，有着开阔的视野；人民文学出版社的刘玉山社长是吉大中文系的研究生，在中宣部文艺局工作，多年从事作家作品研究，具有很深的文学造诣与理论修养。而且他是在出版社工作几年后才升至社长的位置。从中国近代出版史来看，无论是鲁迅、叶圣陶，还是张元济、陆费逵，都是学养深厚之人。保持出版社可持续发展，没有一个与之相匹配的团队是做不到的。

四是产品线的构建与更新。在市场竞争中，产品能否根据读者的需求，根据新技术新材料的变化不断进行产品创新，也是出版社保持持续发展的关键。在美国电脑行业曾经拥有第十一把交椅的王安公司，因为在新产品的开发上步伐缓慢，结果被 IBM 等一举打垮。在出版业内，国外并不乏出版社破产与被兼并的先例，特别是一些小型的出版社。国内虽然还没有退出机制，但一些在某些专业曾经领先的出版社，因为产品老化、同质化而被同行远远地抛在后面。他们空壳化现象十分严重，如果按照经济规律或者实行登记制，现有的出版社至少有二分之一会被淘汰出局。何况中国的出版经济在某种程度上是教材经济，约 500 亿的利润有 250 亿是教材创造的。随着国家关于教材免费赠送和招标购买政策的推行，加上学生人数的自然减员，依靠教材过好日子的时代将一去不复返了。因此，一个具有一定规模的出版社，要想保持出版社的稳定发展，不能将鸡蛋都放在一个篮子里，必须具有几条产品线支撑出版社的经济。而在这些产品线中，与同行相比，必须要有一些具有自己核心竞争力的产品群。远者如解放前的商务印书馆，他们大部分的业务是放在教科书的出版和发行上。他们出版的教科书包括幼儿园、小学、中学、大学、师范、职业学校以及补习学校、民众识字班用书。另一重点是科学技术书籍的编辑和翻译，如伍光建先生编译的《物理学》，谢洪赉编译的《生理学》等。除此之外，还出版了工具书和大部丛书，如《新字典》和《辞源》，还有《万有文库》《汉译世界学术名著》等。同时，还办了几十种报纸杂志，最有影响的如《东方杂志》和《小说月报》等。商务印书馆在五十年间能有如此影响，得益于其完备而合理的产品线。近者如目前在业内发展迅猛而比较稳健的外研社，他们从外语工具书、教科书发展到少儿类图书的领域，从外语类图书向汉语领域进军，从纸介质媒体向光电介质出版物迈进，形成了自己的覆盖整个外语图书市场的产品线。

即使暂时拥有了一定的产品优势，也不可掉以轻心，因为任何产品都是有一定生命周期的。这主要取决于知识的更新，新技术的出现，以及同行的模仿与竞争。在图书市场上，某一类产品如果具有一些比较优势而占领了较大的市场，而这些产品又不是独家拥有知识产权的，那么其他同行就会进行模仿与跟进，这块市场很快就会被瓜分直至无利可图。按照产品的开发规律，必须生产一批，开发一批，研究一批，形成自己的梯形结构。特别是一些长线产品，如教材、工具书的出版，就需要比较长的时间。我曾供职的长江文艺出版社，1995 年开始与中国作家协会合作开发《中国文学作品年选》，当时全国唯此一家。1998 年，漓江出版社开始跟进，现在全国不下十家出版社出版这种"年选"。但《二月河文集》因为属于原创产品，至今仍是独家所有。

目前，国内出版业的纸介质读物阅读率下降的问题，实际上是新技术出现的结果。对于出版者而言，加大对新媒体的重视不能说不是一个提醒。

五是渠道开发与维护。中国由于缺少一个统一的中盘，目前出版社必须把相当多的精力放在渠道的开发与维护上。现有的渠道包括新华书店、民营、邮政、图书馆、直供、网站、读书俱乐部等。对于一个中小型的出版社而言，发行与编辑几乎处在同等重要的位置。如何开发自己的渠道，形成覆盖全国的销售网络，需要出版社的负责人和负责销售的同志认真分析。对于一个具有产品优势的出版社而言，网络的开发相对容易些；对于一个希望有所发展的中小型出版社来说，就需要用产品和服务争得渠道的信任。现在一些规模较大的出版社，如高等教育出版社、机械工业出版社、电子工业出版社、外研社等，已经注意到了在各地设立自己的销售中心，或者在当地聘请销售代表，但对于一

37

个中小型的出版社而言成本代价就太高了。

渠道的建设相对而言比较容易，但渠道的维护与管理则是一件长期的工作。如客户经营能力的大小，经营状况的变化，客户对自己产品的了解与重视程度，都是一个动态的发展过程。特别是一些民营渠道，不少经营者素质良莠不齐，经营规模较小，缺少品牌意识，风险系数较大。出版社就必须注意选择并观察这些经营者的经营状况，随时调整经营策略。从我曾供职的出版社来看，目前民营的销售量或除新华书店以外的渠道呈上升趋势，"国退民进"在图书分销市场已是必然。

当然，出版社的销售还与出版社销售人员的整体素质有关，相当多的地方出版社销售人员多是前些年进社的家属子女或者军队转业人员，这其中不乏优秀者，但整体素质还有待提高。他们必须了解个性化的图书产品，必须向客户介绍自己的产品特色并说服他们，进而通过他们影响读者。这项工作，如果在转企改制中得到解决是最为理想的境界，但辞退人员是一件相当艰巨的任务，除非对企业实行股份制改造。

目前，保持中国出版业的可持续发展，建设几个覆盖全国的销售或连锁店是至关重要的，如日本的东贩、日贩，美国的英格西姆、巴诺等。目前，国内这种连锁的端倪已经出现，浙江、江苏、四川的省级新华书店已跨地区设立分店，但从实际情况来看，形成全国范围内的中盘尚待时日，这需要我们改革的不断深入与时间的积累。

当然，实现出版社的可持续发展，也不仅限于上述几个方面。在出版社的发展中，流程再造，投资融资，资金的控制与利用等，也都是十分关键的环节。做好一个出版企业不是一朝一夕的事情，需要假以时日，正鉴于此，我抛砖引玉于斯。

原载于《编辑之友》2006 年第 2 期，获第二届中华优秀出版物论文奖

创新：出版社永恒的追求

——长江文艺出版社发展道路回顾

创新，是管理科学的一个术语，但今天，被广泛地运用于各个行业，其中，包括出版行业。创新的同义词，就是变革、突破，是否定之否定。如果我们分析一下会发现，任何一个成功的企业，一个成功的首席执行官，其创新的实质就是敢为天下先，敢于不断地否定自己，超越自己。因此，创新是一个民族不竭的动力，是成就天下英雄的利器，更是一个企业永恒的追求。下面，我结合长江文艺出版社的发展谈谈对创新的思考。

一、观念创新

人的一切行动受思想的支配，人的思想观念如果不能与时俱进，其行动必然受到制约。中国的出版业，几十年来都是计划经济的体制，这个烙印深深地嵌在一些出版人的心坎上。而同时，出版社又是事业单位、企业管理，官商不分、政企不分，存在种种弊端。不少人守成有余，创新不足。究其原因，保位子的思想，多一事不如少一事的思想，等靠要的思想均存在。如果说长江文艺出版社这几年有所发展的话，在业内还有些声音的话，我个人认为，关键是实事求是，按经济规律办事，借鉴国内外成功出版企业的经验。用邓小平同志的话说，发展才是硬道理。我们在考虑问题时，在办事时，创新思想观念在实践中不断地摸索，不断地前进。

我所说的观念创新，就是要以敢为天下先的精神，放下种种本本，放下思想包袱，实事求是，以实践来检验我们的行动。

二、机制创新

1995年底，我刚到出版社时，账上一度只有两万元钱，而外面债台高筑，所有的印刷厂都不给长江社印制书刊，可以说是人心涣散，矛盾重重，大家从失望转为观望、等待。这时，我们提出的目标很简单，就是恢复生产，正常运转。没有钱，我就与职工商量，集资先恢复生产。等到喘了口气，第二年，我们开始建立各项规章制度，统一行动，规范管理。第三年，我们就开始了三项制度的改革。这时，湖北省没有一家出版社这样做，也没有上级要求我们这样做。但我们感觉到，出版社尽管是文化企业，但在本质上和所有国有企业一样，具有共同的毛病，特别是出版社，还有很多人的观念与工作模式都还停留在计划经济时代，部分员工的素质不能适应文化企业的需要。现有的干部人事制度与分配制度不仅不能调动干部职工的积极性，反而成了影响出版社发展的障碍。虽然我们也清楚在现有的体制下，任何一项改革的举措都不会一帆风顺，改会有阻力，但不改只会半死不活。一个有利条件是，由于出版社前几年经济效益与社会影响跌入低谷，因此希望通过改革改变现状的人居多。

三项制度改革的第一步，是从干部人事制度上开始的。考虑到可能出现的阻力，我们在程序上、策略上也进行了周密的部署。

经过层层讨论与向上级报批，我们出台了改革方案。第一步，是公布中层干部正职岗位。通过公开报名、竞选演讲、答辩、组织考察，最终确定中层干部。这种改革从根本上还只能是借鉴政府与事业单位干部制度的一种改良，并不符合现代企业中层干部的任命方式，但在现阶段，这种方法确实解决了我们国有企事业单位内部的一种干部能上不能下的问题。第一次的中层干部聘任，就有刚入社不久的年轻人担任了总编室主任，也有从未担任中层干部的留学归国人员一步就跨上了编辑室主任的岗位。当然，也有一批年龄偏大、缺少进取心的中层干部回到普通员工岗位。

中层干部确定后，社法人代表与中层干部签订聘期为一年的责任状。接着，职工与中层干部实行"双向选择，择优上岗"。未被组合上岗的员工，由社根据需要分配工作，重新进行双向选择。再次落岗且又不服从分配者，按待岗办理。第一次竞争上岗，社里有九个人在第一轮选择中没有找到岗位，对这些同志触动很大，后来尽管有七位同志在半年后陆续上了岗，但还有两位同志因为不愿选择到社里指定的岗位去，而有一年没有上岗。这两位同志本来是家属，其中一位是前任社领导的子女，但由于这次改革是按程序来的，无论是他们本人，还是家属，都没有找社里理论。同时，有三位同志因为违反社里规章制度，被我们开除或要求自动辞职。其中有一位不服气，加之当时我们下文不规范，与我们打了六年的官司。但无论如何，我们改革的决心始终没有动摇。

三项制度改革的第二步，是实行全员聘用。我在会上对职工讲，我们砸破铁饭碗，换个泥饭碗，为的是今后有个金饭碗。当然，目前这个泥饭碗我也不会随便砸的，只要大家不过分，我们同舟共济，如果违反纪律并且屡教不改，我只有将你这个饭碗砸了。结果大家顺顺利利与我都签了聘用合同。

三项制度改革的第三步，就是在分配上打破大锅饭。除了工资单上的工资，社里没有平均奖金，实行低福利政策。而对于奖励部分，根据不同的部门实行不同的奖励政策。奖金上不封顶，下不保底。对于优秀员工，我们除了物质奖励之外，还从精神上予以鼓励，如送到海外考察出版社或者随旅行团考察，近九年来共送了二十余位普通员工出去。

当然，这种公开选拔干部的方法，我们后来又用在社级领导干部的选拔上。1998年，我们通过采用公开报名、演讲、答辩、考核等步骤，有两位具有实践经验的青年编辑经过层层选拔，担任了出版社的副社长。

在三项制度改革的过程中，我们做到了充分发挥思想政治工作的作用，对方案上下讨论，广泛发动群众，形成了一种改革的气场；我们做到政策无情、操作有情的原则；我们贵在坚持，多年不变。

三项制度的改革，从今天来看，可能已经不算新鲜，特别是出版社即将转制为企业的情况下，有些问题可能会迎刃而解，但在当时的情况下，在湖北省内孤军奋战，还是有一定压力的。但实践证明，任何革新，只要能为员工描述出一幅愿景并且付诸实践，能够保证员工收入的提高，尽管在过程中会有这样那样的阻力，员工都会拥护的。九年来，我们坚持了这些改革措施。如中层干部每年聘一次，职工每年双向选择一次，聘用合同每年签订一次。有些中层干部三上三下，久而久之，大家都习惯了这些做法。于是，在出版社内形成了一个激励机制与约束机制，成为一种企业文化，这种文化无形中成了大多数员工的自觉行动。对于想做事的员工而言，对于年轻人而言，他们觉得自己的才能在这种制度下不会被埋没，所以心情舒畅，干起事来，能够发挥主观能动性。社里目前个人创造效益最多的，不是老编辑，而是一位到出版社刚两年的青年编辑。用他周围人的话说，他每天都十分亢奋，从早到晚，想的做的都是社里的图书。像他这样的青年编辑，社里有好几个，有了这样几个青年编辑，社里充满了生气，上上下下比学赶帮，不仅青年编辑不愿懈怠，老编辑也不甘示弱。

三、流程创新

如果把出版社当成一个企业来看的话，社长就是 CEO，是首席执行官。企业的生存与发展，与这位首席执行官的领导能力是密不可分的。但首席执行官怎样来通过自己的管理达到企业所追求的目标呢？在实践中我们感觉到，应当以市场为导向，以效益为准则，以生产为中心，改进组织结构，理顺生产流程，这样才能保证企业的执行力。尽管我们社只有70多人，属于一个中型出版社，但过去为什么走了一些弯路呢？就是主要领导在管理上抓而不紧，抓而不力，缺少执行力，错失了很多市场机遇。因此，我们先是改变机构设置，改掉计划经济时按文学体裁设置的编辑室建制，允许编辑在社内就出版物的体裁选择自由竞争。同时，设置了市场部，增加了总编室的宣传人员，把营销放在重要的位置上。其次，按照图书生产的特点，加强流程控制，特别是把握住图书编、印、发的几个关键点，我们把这种控制分为前期控制、同步控制与反馈控制。社里的选题决定，过去比较分散，副社长就可以签合同，可以决定，现在所有的选题都必须经过反复论证，最后由社长一人签字决定是否上马。图书付印前的控制同样十分重要，图书的效益，很大程度体现在印数与定价上。为此，我们设计了一个图书付印单，每一种图书付印时，从总编室、出版科、发行科、责任编辑到社长都要对是否付印加以审核。审核的主要内容，一是成本，二是定价，三是印数。同步控制，指的是书稿在生产过程中跟踪控制。如编辑在三审过程中发现书稿的问题，需要修改或者退稿；图书封面文字编辑与美术编辑的协调；编辑与发行的沟通。同时，我们通过每月的生产调度会协调各个环节，保证图书生产的流程畅通。反馈控制，主要指图书向外发行前的检查，图书发出后搜集各地媒体及客户的反映，决定是否加印。总之，生产流程的控制是保证图书生产按计划进行并纠正各种偏差的过程，计划越周密，控制标准越细致，控制的绩效就会越好。我们社有一个内部局域网，对于编印发的环节，可以在网上了解各种信息，同时由于我们出版社并不大，实行扁平的管理模式，出版社的主要领导全面掌握编印发的动态，每月的生产调度会编辑与发行都参加，让大家了解全社生产进度。调度会由我本人来主持，在会上当场协调编印发各方的工作，这样，社里编印发各个环节，都能紧密衔接，保证了图书按照市场的需求及时供给。图书什么时候付印，什么时候加印，基本都不会耽误时间。

流程创新中，我们注意了调整，注意了总结。凡是影响生产的环节，我们都改掉；凡是实践证明行之有效的制度，我们都坚持不懈；对于可以分权的环节，我们先紧后松，逐步让下级自主决定。

四、产品创新

新书品种不断增加，退货率不断攀升，货款支付出现危机，这不是日本版的《出版大崩溃》里所描述的景象。中国的年出版新书品种已经达到十九万种，图书的同质化现象越来越严重，货款的支付由过去三个月账期向半年甚至一年发展。因此，出版社要想在竞争中不断发展，就必须重视产品的创新。

产品的创新就是同中求异，就是推陈出新，就是根据市场的变化调整自己的姿态，任何一个成功的企业莫不如此。图书选题的选择与实施，就是一个创新的过程。但是，我们必须注意到自己的市场定位，并赢得市场份额，才算是实现了创新。

产品的创新与图书品牌的建设并不矛盾，品牌的建设本身是创新的结果，同时，已经得到消费者认可的品牌，也同样需要不断地创新，才能保持品牌的魅力。如海尔，仅洗衣机就有上十个品种，如美国的安利产品，在中国市场仅洗涤剂品种就有十余种，它们是在一个企业的品牌下的衍生，因此充实并扩大了品牌的影响。

长江社于1992年推出的"跨世纪文丛"，是港台言情、武侠小说泛滥时推出的一套反映当代作家中短篇小说创作成就的丛书，这套书先后出版了67位作家的作品，被专家称为是新时期一部形象的文学史。这套丛书前三辑最多的印了30万套，出版时间之长之多，也超过了其他文学丛书。在此基础上，

43

1995 年，在各种文学选本销声匿迹时，我们与中国作协又联合开发了《文学作品年选》，这套书既继承了过去少量文学选本的传统，又开了类似图书的先河。目前这套书出了近十年，已发展到 20 个品种，成了长江社的一套看家品种。长江社在历史小说的出版上，既有原创的二月河的《雍正皇帝》，又有集大成的《二月河文集》，既有杨书案的《孔子》《老子》，熊召政的长篇历史小说系列《张居正》，又整合了获首届姚雪垠长篇历史小说奖的其余作品，如颜廷瑞的《汴京风骚》，唐浩明的《曾国藩》《杨度》，凌力的《梦断关河》等。我们希望能成为历史小说出版的重镇。

图书产品的创新不仅指内容，也指形式上的创新。文学类图书在全国图书零售市场只有 9%，而全国出版文学类图书的出版社有 500 多家，完全意义上的原创并拥有较大市场份额的产品并不多，所以，我们注意图书产品的结构，注意常销书与短版书的比例，注意图书的推陈出新。文学艺术类图书中，我们除了注重当代作家作品外，也相继推出了现代文学系列、外国文学系列，同时，也向音乐图书进军，目前已出版了五十余个品种。我们在重视一般图书的开发中，也向与本专业相关的教育类图书进军，目前我们已经向教育部申报并经批准立项编写全国中小学艺术教材。

在图书产品的不断创新中，我们注意打造自己的产品品牌，进而塑造出版社的整体品牌形象。

长江文艺出版社出版的"九头鸟长篇小说文库"目前已出版了 4 年，相继推出了 30 余部原创的长篇小说。长江文艺出版社在确定这个图书品牌的内涵与外延，确定这套文库的定位时，研究了"布老虎"这个在市场上已具有影响的长篇小说品牌的定位，决定另辟蹊径，将这个品牌做成内容上兼收并蓄，不限题材的长篇小说文库。这套文库出版的前两年，已有七八部作品获得各种奖励，其中有的获得中宣部"五个一工程"奖、国家图书奖，还有三部入围了这一届的茅盾文学奖。

五、体制创新

如前所述，长江文艺出版社经过几年的努力，在文艺图书出版的格局中已经有了自己的一席之地。但我们感到，与国内发展较快的出版社以及与国外的大出版社相比，我们还有很大的差距。三项制度的改革尽管我们已经坚持多年，但从稳定出发，人员能进不能出的问题尚未得到彻底解决，分配在"兼顾公平"的同时也不得不稍稍有所"兼顾平均"，等等。出版社如果要想实现快速发展，做大做强，就必须进一步深入改革，在人员分流下岗等问题上须取得较大的突破与进展，国有企业员工的传统思维方式和整体素质也须彻底转变。因此，我们根据党的十六大关于发展文化产业的精神，借鉴国内外文化企业的成功经验，积极探索新的发展之路，决定实施"走出去"发展战略，实现跨地区经营，从根本上摆脱传统体制的束缚。

我们的具体做法是：

2002 年 4 月，我们与中国报告文学学会合作，将《报告文学》杂志上半月的编辑组稿工作移到北京，在京设立了组稿中心。

2003 年 4 月，我们在北京注册成立了长江文艺出版社北京图书中心，公司业务主要是选题策划与图书发行。

2004 年 1 月，我们在上海注册成立了上海长文图书有限公司，主要业务是选题策划、图文制作及图书发行。

2004 年 5 月，我们与北京硕良文化发展有限公司达成战略合作关系，以此为基础成立了长江文艺出版社北京外国文学编辑部。

长江文艺出版社目前设置的这些机构虽然时间不长，但运作都呈现良好的发展态势。如北京图书中心在短短一年多时间内已连续出版了《我把青春献给你》《心相约》《手机》《靠自己去成功》《狼图腾》《告诉孩子你真棒》等多种畅销书，2003 年半年实现利润 130 万元，国有资产的增值为 150%，人均创造利润 12 万元。2004 年上半年人均产值达到 155 万元，全年实现销售达 3000 万元。前不久出版的长篇小说《狼图腾》得到了各界人士的称赞；上海长文图书文化有限公司已经推出了《离别曲》《琼瑶文集》等市场表现良好的图书；新成立的北京硕良文化发展有限公司推出的第一本图书《长河孤旅》刚出版就受到了各界，尤其是知识界的广泛关注与好评。多方的共同努力，使长江文艺出版社形成了南北呼应、东西联动的态势，"四轮驱动"的发展格局已初步呈现。长江文艺出版社的图书市场占有率，已从 2002 年的文艺类全国第五名、2003 年的第四名上升到 2004 年的第二名，仅次于拥有 500 名员工的人民文学出版社。同时，通过本部与北京和上海等地分支机构的共同努力，长江文艺出版社的知名度进一步扩大，品牌形象进一步得到提升，长江文艺出版社的图书远销到海内外华人市场。

通过一年多的跨地区经营，我们体会到这种运作模式有如下几个方面的优势：

首先，异地经营可以使出版社避开原有单位存在的种种弊端，按照生产力发展的要求，重新设置机构，配备人员，解决旧体制下形成的人浮于事、因人设事的状况。大部分工作人员可以根据需要在当地招聘最合适的人选，既可以解决"人员能进不能出，干部能上不能下，收入能高不能低"的矛盾，同时还能优化资源配置，吸纳当地的优秀人才，最大限度地发挥他们的才能。

其次，在分配上，可以打破原有的分配方式，真正实现"多劳多得"，解决现有体制下无法完全解决的"大锅饭"问题。

再次，新成立的机构，必是设在经济、文化、信息最发达，人才与出版资源相对集中，同时也是最接近主要市场前沿的地区，有利于出版社降低成本，减少投入，从而实现两个效益的最佳结合。

当然，还有一个最重要的收获是，通过与国内出版界较有影响的这批专家的合作，我们不仅扩大了出版社的影响，提升了品牌形象，获得了一定的经济效益，更重要的是，他们以市场为导向的运作方式，在出版诸环节上的把握，对我们武汉本部的图书出版，是一个极大的促进，也是编辑发行人员零距离的学习机会。

在外设立机构时，我们注意做到以下几点：

首先，人才是一个出版单位成败的前提与关键，是我们真正的核心竞争力。在分支机构的人才与合作对象的选取与任用上，我们高标准，严要求，宁缺勿滥。如北京图书中心以"金黎组合"为核心的团队，运作一年多来出版了大量超级畅销书；与《报告文学》（上半月刊）合作的是中国报告文学协会；刚成立的北京硕良文化发展有限公司的领头人则是著名的出版家刘硕良先生。国内出版界顶尖人才的加盟，保证了所设分支机构的健康发展，真正实现与武汉本部的优势互补，良性互动。同时，我们对聘用的这些国内顶尖人才以充分尊重，给予他们一定的政治待遇。如我们请示上级，聘任金丽红、黎波为长江文艺出版社的副社长，刘硕良为长江文艺出版社的社长顾问，便于他们在外开展工作。

其次，在向外进行扩张时，我们牢记出版社的性质与肩负的社会职责，在出版导向与质量把关方面采取了必要的监督措施，以防止因跨地区经营而失控。一方面，优秀出版人才的加盟是出版高质量、高品位图书的保证之一。如北京图书中心的金丽红是华艺出版社的原副社长，大校军衔，全国百佳出版工作者；北京硕良文化发展有限公司的刘硕良先生是著名的老出版人，韬奋出版奖获得者。另一方面，我们严格履行选题报批制度，坚持三审制。要求分支机构在选题策划时就必须向出版社本部上报，经省新闻出版局批准后方可实施；同时，按现行政策，出版环节仍由本部统管。鉴于上海长文图书文化有限公司的力量相对较弱，我们专门委派了一位退休的副总编到上海担任总监，对运行环节严格把关。

尤其重要的是，我们进行的向外扩张，是突破原有体制的束缚，积极推行双效前提下的规模扩张，因此从一开始就必须按照现代企业的要求来组建与运作，使新成立的机构产权明晰，权责明确，自我约束，自我发展。最早成立的北京图书中心作为长江文艺出版社的全资公司，已经报上级批准，正准备改造成股份制公司；上海长文图书文化有限公司已基本按照股份公司运作，相信会越来越规范。出版社本部作为主要出资人，还必须设置必要的监督机制，履行监督职能，防止由于跨地区经营而出现财务漏洞，导致国有资产流失。如我们在对《报告文学》（上半月刊）驻京办事处进行财务审计时，发现该刊经营不善，而及时解聘了刊物的有关人员。

但我们相信这只是刚刚开始，我们希望通过分支机构的成功运作，进而推动社本部的体制改革与创新，在做大做强母体的前提下，互相配合，四轮驱动，经过一定时间的努力，乘中央关于文化体制改革的熏风，将长江文艺出版社建设成为有一定国际、国内知名度的准集团性质的出版企业。

总之，创新是一个民族兴旺发达的标志，是一个企业基业长青的保证，也是一个企业从优秀到卓越的前提，我们只有坚持除旧布新，不断开拓前进，才能从胜利走向胜利。

原载于《编辑之友》2004 年第 5 期

民营书业相对国有出版业的比较优势

目前，我国经过政府审批成立的出版社有573家，但实际上，各地都有一批非公有的出版公司在灰色状态下生存。据中国出版科学研究所发布的《中国民营书业发展研究报告》称，这些公司的经营规模已经占据了全国书业的半壁江山。这些公司在工商登记时主要经营内容是图书发行，但实际上有"相当"一部分已经涉足图书出版的上游。"在全国每年出版的17万种图书中，由2000多家文化公司和民营发行公司进行选题策划或组稿、编辑出版的品种已经占到30%，而在考研、自考、中小学教辅等图书及一些政府部门专业图书的编辑、出版、发行中，民营图书公司早已成为主体。"但目前，这批出版公司对中国出版业的贡献，由于某些统计的原因或者民营出版公司自身的原因，对其总结分析并不够全面，使得民营出版业在中国文化产业的发展历程中的贡献没有客观地呈现出来。

对于中国出版业如何评价，是仁者见仁智者见智的事情，但我认为，在中国国有出版业的转型之期，我们客观地来分析一下目前已经存在并且日益做大的民营出版，对此加以客观的考察，并将其与国有出版业进行比较，这于我们做大做强中国出版业是大有裨益的。

一、明晰的产权结构，是新型出版公司发展的原动力

困扰我们国有出版社发展的根本性原因，恰恰是我们最引以为自豪的"国有"身份。出资者单一，很多时候这个出资人处于一个"虚拟"状态。对于管理团队而言，缺少监管，缺少激励机制；对于员工而言，在"主人"不到位的前提下，则意味着自己就是主人翁，企业就是大锅饭。由于所有者的缺位，管理者压力不够或者说责权利不分明，在劳动、人事、分配上缺少自主权，大多数出版社处于一种十分尴尬的境地，人浮于事，劳动效率低下，矛盾重重，多短期行为。尤其是地方出版社，随着教材教辅的降价，生存之虞日益显现。很多出版社依靠出卖专有出版权而生存，少数出版社的策划、发行能力弱化，几乎成了一个空壳。

而民营的出版公司，从一开始在体制上就克服了国有出版单位的弊端，产权是十分明晰的。一是独资，私人资本，所有者要实现利润的最大化，要实现自我的价值，原动力可想而知；二是合资，合伙人之间共同成立的公司，或者是由民营资本与法人单位合作。公司在公司法的约束下，在共同利益的支配下，在董事会、监事会的制约下，既赋予经理人一定的经营自主权和收益权，又必须得到全体股东的认可，所以公司健康发展的概率就显而易见。在国内比较有影响的知己文化有限公司、紫图文化有限公司、北京人人地平线文化发展有限公司等，都是民营出版业的代表，而九久读书人文化有限公司，机械工业出版社的华章文化有限公司，湖北长江新世纪文化有限公司、湖北海豚传媒文化有限公司，则都属于国有资本与民营资本的合作。也有民营资本与外资的合作，如2003年初，上海季风图书有限公司与台湾联经出版公司共同组建了"上海三辉咨询有限公司"，从事出版咨询服务。2004年，开始出版"三辉图书"系列。2003年上半年，上海季风图书有限公司与上海外文图书公司共同组建了"上海外文季风图书有限公司"，2004年底，上海季风图书有限公司与台湾联经出版公司共同组建台湾"上海书店"。这些公司的资本结构，与国有独资的出版单位比较，由于体制上的优势，在市场竞争中，则显得更有活力。

49

二、灵活的运行机制，保证了公司的高效率

在国有出版单位中，特别是成立时间比较久的出版社，因为离退休职工多，辅助部门员工与业务部门员工比例不协调，干部年龄老化，所以缺少竞争活力。为了改变这一局面，出版系统曾在劳动人事、分配制度、干部任用上，实行"人员能进能出，收入能多能少、干部能上能下"的"三项制度改革"，但在推行中，阻力很大，让负责人对改革望而却步。

在民营公司或者股份制公司中，这种困扰经理人的事情基本不复存在。他们用很简单的方法来处理被国有企业认为是十分复杂的干部人事与分配问题。机构可以设立也可以撤并，干部可以上也可以下，员工的流动相对比较宽松。湖北海豚传媒有限公司在年终时，要求各个部门必须实行末位淘汰，比例是现有人员的15%，以便为来年重新招聘更为优秀的员工腾出位置。一位销售公司的负责人私自扣留了应当支付给客户的奖金，总经理立即解聘了这位负责人。公司在推进动漫制作时，成立了一个二维动画部，招聘了四十余人，后来从发展战略考虑，暂时放弃这部分业务，就解散了这个部门并辞退了所有的部门员工。这在现有的国有企业中，是根本做不到的。

三、经理人的任命与部门负责人的选拔

出版社的负责人都有相应的行政级别，厅局级、处级，个别的还有省部级的领导。这些干部的选拔与任命，基本上参照公务员的选拔程序。这些同志有些是在出版单位成长起来的，比较熟悉业务，但相对缺少管理经验，还有一部分是从党政机关派下来的，熟悉业务往往需要一个过程。这种选拔经理人的路径、方法是不符合一个在市场参与竞争的企业的发展规律的。

在民营出版企业中，经理人一部分是在市场中摸爬滚打出来的，一部分是过去从国有单位"突围"出去的，如湖北海豚的夏顺华，世纪天鸿的任志鸿，是自己一点点摸索，积累经验后闯出来的。如广州学而优的陈定方、上海季风书园的严搏非，都是从国有出版社走出来的。如国有与民营资本合资的上海九久读书人有限公司的总经理黄育海，北京长江新世纪文化传媒有限公司的金丽红、黎波、安波舜等，则是从出版社老体制中走出来的佼佼者。试想，在一个

由不同资本构成的股份制公司中，无论是董事会还是股东会，都不会聘请一个没有把握的操盘手，不会同意拿自己的企业去做试验，他们一定会竭尽全力寻找一个在行业内有过成功从业经验的职业经理人。

在国有出版单位中，除了经理人选之外，副职的选拔也是由上级来决定的，这就从制度上造成副职只对上级负责，而不需要完全对主要负责人负责。这些副职如果不全心全意地投入工作，主要负责人一般情况下还没有办法撤换副职。而在民营出版公司里，无论是个人资本还是合资公司，总经理绝不会挑选一个与自己配合不好的副职，也不会为照顾副职的情绪而影响工作。

在国有企业中，副职的选拔，注重考虑资历、年龄，综合各方面的因素，但在非国有的出版企业中，这些因素会放在比较次要的地位，副职有没有能力是很关键的。管理团队往往会因为总经理的去职而集体更换，这就保证了副职的忠诚度、副职作用的发挥。

四、发展战略与企业定位

在国有出版单位中，由于体制、经理人本身素质、主要负责人经常更换、队伍老化负担过重等原因，随着计划经济成分和比重的不断减少，除了一些中央级大社外，相当多的中小出版单位为了生存而疲于奔命。因为生存问题的压力，出版社没有精力去考虑更长远的发展。有些社也制定发展战略，但计划赶不上变化。过去一些出版教材的出版社利润丰厚，还会投资别的行业，如金融、证券、房地产之类的，近来由于教材限价等因素，利润锐减，出版社只好退守主业，他们眼看着手中的流动资金不断减少而无能为力。很多出版社负责人把希望寄托在出版社转企改制上，实际上一些已经宣布转企的出版单位，也不过是从国有事业转变为国有企业，仍然面临着诸多困惑。

而在做得好的一些民营出版企业中，它们已没有在国有企业中所残存的束缚生产力发展的诸多因素，经理人的精力主要放在发展上。他们考虑的是按企业的规律，如何做大做强，如何增强核心竞争力。山东世纪天鸿书业有限公司从一个小规模的图书制作发行单位，成为我国第一家获得出版物国内总发行权和全国连锁经营权的教育集团，成长为图书发行净额达到 12 亿元的大型出版发行企业，这得力于公司负责人任志鸿的战略规划。他确立发展方向，专注于教育产品的开发与销售，现已成功打造了"优化设计""志鸿作业""优化全析"等 17 个子系列的"志鸿优化"品牌图书；实行战略联盟，与全国 28 个省市 78 家省级联盟商共同打造销售平台；他着眼于未来，前瞻性地抢占数字出版先机。在探索教育数字出版产业模型方面，世纪天鸿走过了专业数据库建设、网络平台成型和终端开发三个阶段，顺利实现了产业升级，成为全国最大的数字教育资源提供商，数字出版物收入占到了公司总收入的 5% 以上。世纪天鸿作为一家年轻的出版发行企业，其成功取决于他的人才战略。他较早引入高级职业经理人，较早通过了 ISO9000 认证，并注重人才和企业文化的培养，形成了良性的产业化发展之路。

五、品牌、产品创新的速度与力度

由于多年的积累，国有出版企业拥有的品牌优势是勿庸置疑的。但是，由于上述诸多因素的制约，近年来，国有出版企业在打造图书品牌的速度上，在产品的创新速度上，明显落后于民营出版企业和股份制出版企业。特别是在教育类图书市场上，同质化竞争激烈，在市场中拼搏的民营出版人最先感觉到品牌的价值。他们着力推出某一类教学读物，通过市场运作，形成较有影响的品牌。前述任志鸿的"志鸿优化"系列成为畅销全国的品牌自不用说，仅以湖北省一地为例，孟凡洲的"三点一测""黄冈学霸"，王迈迈的英语系列、张鑫友的英语系列，此类图书都占据了教辅图书市场中的较大份额。而出版社中，还缺少这样有持久生命力的品牌教辅读物。

实际上，当初在图书市场上占有较大份额的还是国有出版企业。但是，随着教学内容的变化，国有出版企业对产品的修订与更新的速度赶不上民营出版企业，对品牌的维护意识不强。加之出版社人事更迭，对企业如何运作，对品牌的认同前后任各有千秋。在这种背景下，这部分市场此消彼长也就在情理之中。

除了教辅之外，一些致力于大众图书出版的民营出版人也渐露强烈的品牌意识。如北京人人地平线文化发展有限公司的"光明书架"，紫图文化有限公司的旅游类图书，聚星中文网的总经理路金波，打造"亿元女生"郭妮——郭妮的作品一年码洋达到1亿人民币。而日前，作为"包装出品"郭妮计划的负责人路金波宣布，把郭妮品牌推向世界。事实上，路金波2006年做的畅销书远远不止郭妮一个品牌。在2006年文艺类畅销书前三位中，有两本都是由他策划推出的，分别是韩寒的《一座城池》和安妮宝贝的《莲花》。"路金波"这三个字本身已成了畅销书的"金字招牌"。而成立北京人读书文化艺术公司的汤小明，也在很短的时间内推出了《穷爸爸富爸爸》《谁动了我的奶酪》等超级畅销书。据统计，目前在全国畅销书排行榜上，由民营或股份制出版企业出版的畅销书占了2/3以上。

六、结　语

综上所述，作为曾经为中国出版事业作出过巨大贡献的国有出版企业，在这轮国有与民营及股份制企业的博弈中，已经明显表现出自身在诸多方面的劣势。我们是视而不见还是共生共荣，这是不容回避的问题。我认为，无论是管理者还是从业者，都应当正视这种不断发生的变化。

第一，作为管理者，我们要从发展民族文化产业的高度出发，继续大力扶持民营出版发行业的发展。在规范、管理的前提下，为它们提供尽可能多的支持。在出版环节，即使现阶段采取登记制的条件还不成熟，也应当允许它们与国有出版单位采取多种形式合作，将双方的优势互补。目前，国家已经允许少数出版社与期刊社上市融资，国内外各种经济成分也马上要参与其中，我们不如在试点的基础上扩大范围，加快国有与民营出版业的融合。相信生产关系的调整，一定会带来出版生产力的大发展，中国近年经济高速发展的路径证明了这种理论的正确性。

第二，作为具体的从业者，我们一定要放下架子，向民营出版业学习它们的管理模式、运营模式，积极推动改革，在条件成熟的情况下实行股份制改造，将民营资本、管理经验、人才引进到国有出版业，真正增强我们的市场竞争力。

第三，我们的民营出版业尽管在一定程度上具有其鲜活的生命力，具有

53

敢于冒险的创业精神，但从整体上来看，无论是在人才储备、管理规范上，还是在业务素质、法治观念上都有待提高，国有与民营只有优势互补，才能使中国的出版业真正做到可持续发展。

参考文献

①规范整合 互利繁荣 [N]. 中国新闻出版报 .2007-06-12.

原载于《编辑之友》2007 年第 5 期

出版社应确立自己的品牌图书战略

　　市场经济条件下，商品由过去的短缺变为相对过剩，消费者在选择购买何种商品时，引导他们购买行为的，首先是商品品牌的吸引力。品牌作为一个领域一个时期标志性的产物，不仅体现了企业的有形价值，还蕴含着巨大的无形资产。有人曾这样概括，品牌是一种感受，是一种评价，是消费者心目中的偶像，是企业文化的结晶，更是历史的缩影。"从消费者的角度来讲，品牌是一个企业、一个产品所有的期望；从企业的角度来讲，品牌是企业向目标市场传递企业形象、企业文化、产品理念等有效要素，并和目标群体建立稳固关系的一种载体、一种产品品质的担保及履行职责的承诺。"（见李光斗著《品牌竞争力》，中国人民大学出版社出版）因此，中外成功的企业无不重视塑造自己企业的品牌，实现资源的最佳配置，而图书出版的领域也莫不如此。国外如英国的企鹅丛书，日本的岩波文库、角川文库，德国斯普林格出版公司的学术著作；国内如商务印书馆的"汉译世界学术名著"丛书，双语、汉语类辞典，清华大学的计算机图书，外研社的英语系列图书等，都是为读者和出版界认可的图书品牌。作为一家地方文艺出版社，我们在适应市场的变化中，也注意到了图书品牌在扩大市场销售，塑造出版社形象中的作用。通过多年的摸索和实践，我们从不自觉走向了自觉，并在出版发行的实践中，尝到了品牌战略带来的甜头。如果说我们在品牌营运中还有些成果值得一提的话，那就是在文学图书出版领域逐步培育了诸如反映新时期以来中短篇小说创作成就的"跨世纪文丛"，检视长篇小说创作新成果的"九头鸟长篇小说文库"，总结校园文学创作新发展的"白桦林"系列读物，普及中华传统文化的"圣贤人生"丛书，以及二月河作品为代表的历史小说系列。这些图书经过近十年的培育，不仅得到了读者的认可，而且经受住了时间检验并保持着其健康的生命力。我认为，随着出版界市场化的全面推进，随着中国加入 WTO 后国际化的竞争，图书市场之间的竞争越来越激烈，一个出版社要想在竞争中站稳脚跟，立于不败之地，就必须培育具有鲜明特色的品牌产品，打造核心竞争力。

也许，铸造品牌是任何一个出版人所希望的，但是，培育出真正能为业界认可、为读者所接受的品牌并不是一件容易的事。我认为，在形成自己的品牌特色时，有如下几个方面值得注意：

一、领导者要确立打造精品名牌的战略指导思想

是不是需要打造有个性的图书品牌，并进而形成一个社的图书品牌群，铸造出版社的整体品牌形象，作为出版社的负责人，必须对此有清晰的认识。因此，在确定出版社的发展方向及图书出版战略上，必须将其纳入自己的思考范围。《孙子兵法》云："夫未战而庙算胜者，得算多也；未战而庙算不胜者，得算少也。多算胜，少算不胜。"因此，出版社的负责人，必须理清自己的思路，充分重视打造品牌的重要性，必须制定长远的战略规划，必须对品牌的确立、CI 形象设计、品牌的维护与推广有自己的通盘考虑。有些品牌是领导者的自觉行为，有些是在出版实践中不自觉地凭借市场之力露出端倪，由出版社的负责人着力栽培而形成的，但无论何种情况，领导者的重视都是至为关键的一步，特别是实行了社长负责制的出版社。如长江文艺出版社的几个图书品牌，"九头鸟长篇小说文库"是事先谋划并有意实施的，但"跨世纪文丛"是在出版了第二辑之后才看出它的价值的。同时，一个品牌的塑造也许需要几代领导人的努力，无论是倡导者还是继任者，都必须以出版社的最高利益为行动准则，薪火相传，将图书品牌的培育延续下去。像"跨世纪文丛"，是我来到这个社之前由前任领导开始出版的。我到了长江文艺出版社后，这套书是否继续出版有两种观点，一种是就此打住，见好就收；一种是继续出版，扩大影响。我认

为这套书在严肃文学走入低谷时脱颖而出，在新时期出版史上已经显示了其价值，我出于对文学出版的热爱，在大家的支持下，决定逐年出下去。目前这套书已出版了 7 辑 67 本书。从 1992 年始，这套书已经出版了 16 年，在同类文学丛书中，出版时间之长，辑纳作家之多，应该说是比较突出的。

二、打造品牌必须考虑自己的专业分工

我国的出版社根据出版管理的要求都有自己的专业分工，这种分工尽管是通过行政手段形成的，但无形中也为出版社铸造品牌创造了条件。因此，电子工业出版社形成了自己的电子出版物、信息出版物方面的优势，外研社在外语图书的出版上形成了自己的品牌特色，大百科全书出版社在工具书方面形成了自己的品牌。但也有些出版社在共同的分工中，又细化凸现出自己某一方面的特色，形成自己的品牌。如商务印书馆，本来分工是比较宽泛的，但他们着重在工具书方面形成了自己的特色。如清华大学出版社有很多院系，有自己众多的出版资源，但他们的特点还在于机电类图书、计算机类图书上。人民大学出版社也同样有很多资源，但他们的图书着重在考研图书上。所以，要形成出版社的品牌方向，不仅要在自己的专业分工范围内努力，而且应当选准自己的突破口，寻找自己的优势，有所为，有所不为。我社在图书品牌的培育上，紧紧围绕自己的专业分工，并将重点放在当代作家作品的出版上，努力推出原创作品。

三、营造品牌要考虑自己的编辑人才结构，需要全社的通力合作

营造品牌需要编辑人员去策划并实施，所以，考虑品牌图书的建设时必须考虑本社编辑人员的知识结构与业务素质。我们不能超出专业分工去种别人的田，同时也不能不考虑编辑人员的现状去设想宏图大略。品牌的营造是创造性的劳动，需要在某一出版领域成绩卓著者策划并实施。所以，我们在打造本社的图书品牌时必须充分尊重现实。同时，品牌的培育非一日之功，也不是一本两本书就可能形成一个品牌，所以，出版社不能将打造品牌的任务寄托在某一个编辑上，而是需要在领导或是骨干编辑的带领下，或是一个项目组一个编辑室的组织框架下，有计划有步骤地开发、培育、推广、宣传。有时，需要倾

全社之力，才能真正使一个品牌立起来。如我社的"九头鸟长篇小说文库"，尽管经营时间并不长，但先后出版了近二十种长篇小说，这就是由社里统一组织，由几位编辑共同完成的。

四、打造品牌要考虑竞争对手的品牌方向，选择好的切入点

一家出版社在考虑打造某种图书的品牌时，一定要研究本专业内竞争对手的图书品牌结构，以及此类图书在市场上的美誉度、市场占有量，既不能走同一条路子，又要同中求异，体现出自己的特点，便于消费者识别。外研社本来是以出版外语工具书取胜的，但后来有一位编辑向社长李朋义提出要进入少儿图书出版领域，李朋义将信将疑，后来这位编辑经过认真地调查，写出了几十页的分析报告，指出了当前图书市场中少儿图书的现状，建议外研社在少儿图书领域中应当切入的方向。分析报告打动了李朋义，外研社启动了少儿图书出版的工程，经过几年的完善，外研社少儿图书成了其众多品牌中的一个新的支点。长江文艺出版社在考虑"九头鸟长篇小说文库"的定位时，也研究了业内另一个长篇小说品牌"布老虎"的出版方针。"布老虎"的定位，主要是集中在描写都市爱情，特别是古典爱情小说的题材上。我们考虑收入"九头鸟长篇小说文库"的图书在题材上不限，主要要求作品在艺术上有所创新，同时又要能满足读者的阅读期待，具有一定的可读性。我们不奢望放入这个文库的长篇小说本本都畅销，但希望能达到一定销售的预期。希望在每年的长篇小说创作回顾中，这套书不会被人忘记。目前，这套书已经出版了30余种，其中《狼图腾》销售200多万册，被翻译成25种语言在全世界100多个国家销售；长篇历史小说《张居正》获第六届茅盾文学奖，第十届中宣部"五个一工程"奖，国家图书奖；《远去的驿站》获国家图书奖，中宣部第九届"五个一工程"奖，入围茅盾文学奖；《银城故事》入围茅盾文学奖；《到黑夜想你没办法》获亚洲文学奖。

出版社确立了自己的图书品牌方向及战略定位后，经过设立标志、包装，经过初期的市场化运作后，可能具有了一定的知名度，但往往就在这时会因为组织者的疏忽或者缺少耐心而功亏一篑。国内文学出版社曾有不少"丛书"或"文库"问世，但真正能留传下来并真正为读者接受的并不多，我认为，这方面还要注意以下几个问题：

1. 要注意入选图书的内在质量，坚持"宁缺勿滥"的标准

海尔集团在创业之初，张瑞敏为了保证冰箱的质量，曾经亲自挥起铁锤，将20多台不合格的冰箱砸碎。正因为如此，海尔的产品才得到消费者的青睐。出版业曾经一时引人注目的许多"丛书"或"文库"，出版当初也许能坚持从严的原则，但随着知名度的扩大或者稿源的减少，往往会出现降低入选标准的情况，其结果不仅会降低品牌的含金量，而且有可能会使已经创立的品牌毁于一旦，成为书坛的流星。我们只有不断提高品牌图书的文化含量与科技含量，满足消费者的期望，才能永葆品牌图书的青春。2001年我们在创立"九头鸟长篇小说文库"时，由于"小长篇"系列入选时控制不够，导致质量参差不齐，带来了一定的负面影响，2002年我们严格控制入选图书，整体质量就得到了保证。

2. 品牌的打造贵在坚持

业内有不少出版社在创立品牌时也有不少好的闪光点，也曾出版过一些有影响的好书，但也许因为在运作中措施没有到位，或者编辑人员更换，或者在营销中出现了某些挫折，经营者中途又放弃了初衷。所以，一个品牌如果定位准确，市场表现曾有好的开头，一定要用好业已形成的比较优势，持之以恒地坚持下去。如"年选"类图书，过去国内有不少文学类出版社都编选出版过，但到了1995年，全国再没有一家出版社继续出版，我社在这时约请中国作协编选年度文学作品选，迄今已经出版了8年，图书的发行从开始的3000套增加到了1万余套，基本培育出了"年选"类图书的市场。从1998年始，全国又有漓江等5家出版社开始或恢复年选类图书的出版。

3. 要注意图书品牌的延伸与发展

图书品牌不是凭一本书而是靠一批书形成的，但随着时代的发展，读者的关注点与市场都会发生变化，出版者如果不能做到"与时俱进"，在图书的内容与形式上包括营销手段上适应变化了的市场环境，可能会迅速步入衰亡期。所以，出版者要注意搜集信息，密切关注市场表现，在原有品牌的大旗下，增加新品种，满足读者的需求。如长江文艺出版社的"白桦林"青春散文系列，出版了三辑，第一辑曾经销售了30余万册，两度荣获全国优秀畅销书称号，但后来市场有所萎缩，我们借助其影响从新的角度开发新的产品，其中"岁月

通道"系列出版后受到欢迎，目前出版了两辑，每辑四本，均销售到了 3 万册以上。再如外研社的外语工具书系列，上海辞书出版社的辞书系列，都因为有新产品不断的补充，品牌才不会褪色，才会给消费者留下新鲜的印象。

出版业如此，其他行业概莫能外。如海尔集团，不仅有电冰箱系列，还有洗衣机系列、电视机系列、手机系列等。他们通过大量高质量的产品不断推向市场，通过完备的服务，通过持续不断的宣传营销，才为企业打造出一块金字招牌。

4.注意图书品牌的维护

图书与其他商品一样，即使创立了品牌，也有了一定的知名度，但由于新产品不断涌现，竞争格局在发生变化，如果不能投入力量对品牌继续加大宣传力度，产品的服务水平不能"跟进"提高，业已形成的品牌也会渐渐地从消费者的视野中退出，他们会转而寻找新的产品满足自己的需要。久而久之，品牌的影响与知名度大打折扣，甚至有可能被新的品种所取代，将已经形成的品牌逐出市场。所以，打造品牌不易，维护品牌也很重要，出版者应当有计划地投入一定的人力物力与财力保持品牌图书在市场上的影响，吸引消费者的眼球，培养忠诚的消费者。我社出版的"跨世纪文丛"，刚开始一辑能够销售十余万套，后来由于同类图书较多，加之对此类品牌的宣传投入力量不够，市场萎缩较厉害。2001 年，我们采取了一系列的营销措施，图书的销量初步得到了回升。目前，长江文艺出版社又推出了"跨世纪文丛"精华本系列，该图书品牌又重新焕发了青春。

选自《出版的守望》，2008 年 9 月中国书籍出版社出版

出版企业实施精品战略时的若干策略

所谓精品，按照《现代汉语词典》和《辞海》的解释，指物质中最纯粹的部分。如上乘的作品、精美的物品。精品出版物，按大多数人的理解，是去粗取精，大浪淘沙，经过了时间检验、读者检验而沉淀下的出版物。这些出版物能够传承文化、弘扬时代精神、体现国家水准、为群众喜闻乐见。

当然，这是一个比较抽象的概念。现实中人们对精品的理解，有两个体系，两个标准。一个体系是专家和领导，另一方是大众读者。一个标准是根据图书的规模，一个标准是原创和实用。纵观历届入选各种"规划"的图书，集大成者，学术专著居多。这种书对传承文化，整理古籍，确有其独特的价值，但多数图书印数少，属于阳春白雪之类，有人将其称之为"学术精品"。还有一种书，并未入什么"规划"，但在投放市场后，人们才认识其思想内容的价值。口耳相传，不胫而走。很多传之后世的精品，往往是在这样的环境中产生的。这种出版物，有人称之为"大众化精品"。

从出版史来看，精品中集大成者有之，如清康熙时期由陈梦雷主编的《古今图书集成》，清乾隆时期由纪昀（晓岚）主编的《四库全书》，规模之大，前无古人。《四库全书》收录古籍 3503 种、79337 卷，可谓集大成，但这些书是由中央财政拨款编修的。但仔细分析，我们会发现，这部巨著其实是由无数富有原创价值的文明细胞构成的。这部书分为经、史、子、集，其中包括我们熟知并广为流传的《论语》《诗经》《道德经》《唐诗》《宋词》，等等。由此可见，精品既可以是集大成的"鸿篇巨制"，也可以是只有五千言的小书。以此类推，我们今天评判精品，更不应以规模大小而定。可见，精品力作，不一定要搞大制作、大工程，是不是精品，关键是看内容水准，而不是作品的大小。看内容水准，主要看其是否具有原创性。无论是社会科学，还是自然科学，这是一个共同的标准。出版家陈昕在谈到他们集团出版的《中国震撼》一书时说："我们可以确信，无论什么时代，无论传播手段如何变化，有价值的内容始终是出版的根本。"

那么，我们需要通过何种路径来打造精品呢？

根据统计，目前中国一年出版图书 33 万种，出版新书 16.4 万种。要求这16.4 万种都是精品既不科学也不现实。图书的出版像一个金字塔，我以为大致可分为如下五个层次：最下面的约有 20%，既不赢利也没有多少价值；第四层次是有一定价值和影响但属于某一时代的产品，尚不能传之后世；第三层是有重版价值的，或者少量的靠市场营销拉动的畅销书，这部分大约有 15%；第二层约有 50%，属于短平快当期赢利产品；金字塔塔尖的 5% 是具有思想内容，有创新，有重版价值的产品。这其中也许有 1% 至 2% 能够流传下去。这个塔尖上的产品是皇冠，不仅能塑造出版社品牌，而且能成就出版大家，为出版社带来长久的经济效益。

作为一个企业家，我们要锁定 50% 以上的产品，作为一个出版家，我们要争取金字塔塔尖的 5%。我以为，精品战略的实施取决于企业策略的运用。

一、精品图书要认真规划，要注意当期产品的内在结构

做精品图书，首先要根据出版社的专业方向，作者资源，编辑力量，出版传统。在规划精品图书时，我们不能临时抱佛脚，不能寄希望毕其功于一役，不能企望一蹴而就。出版社要有长远的规划和远大的目标，国家组织制定了《"十二五"国家重点图书、音像、电子出版物出版规划》，出版社也要有自己的规划。如工具书的出版，产品线的形成，出版版块的构建，都不是一朝一夕的事。如果出版社在产品的规划上朝三暮四，任何时候都不会形成自己的

特色。

制定精品图书的生产规划，我们需要一些代表出版社形象的产品，这样容易吸引眼球，容易获取各方资金的支持，但这些产品的出版要掌握一个度，要量体裁衣控制在一个比例内。同时，要规划推出一些普及性的原创的"大众化精品"，出版社在社会上影响力的形成往往还是靠这些产品。我们研究中华书局和商务印书馆上百年来的产品目录发现，它们既有高山，但更多的是垒土，"集腋成裘，积沙成塔"，最后成了出版的双子星座。

那么，作为一个出版单位的主要负责人，在规划产品时，要重视产品的结构。如哪些是当年能带来效益的产品，哪些是需要三年五年才能完成的长线产品。如果当期能带来效益的占80%，那么具有学术价值，或者远期带来经济效益的产品就要准备占20%。这20%中一年能沉淀10%，有三至五年，出版社重版书多了，经济基础就牢靠了。反之，如果每年都是快餐产品，出版社疲于奔命，最终依然是两手空空。

二、精品图书的产生取决于作者的选择

精品图书，重在创新，重在填补学科空白。民国时期，出版社众多，但亚东图书馆因其出版理念和汪孟邹的人脉，一共出版了300多种书，从现存的目录来看，有一半以上成了经典，为什么呢？因为他通过胡适团结了一批重要的作者，如陈独秀、蒋光慈等。所以，出版社能否出版一流精品，就看你手上有没有一流的作者。当然，已经久负盛名的作者对于精品的产生很关键，但重要的作者属于稀缺资源，出版社虽付出代价也未必能如愿。如当年中华书局与商务印书馆争夺梁启超的文集，双方伯仲之间且互有胜负。如果出版社能培养作者则更见能力。如国内外享有盛名的国学大师钱穆，在商务印书馆出版第一本书时，还是一个小学老师，这本书是他教授《论语》的讲义。因为这层关系，此后他的重要著作大多是在商务印书馆出版的。

三、要争取各方资金的支持

目前，国家对精品图书的生产十分重视，从中央政府到地方政府，都设置了一些重点图书出版基金。出版社要组织专人研究已有学术基金补贴著作的

出版情况，避免选题撞车。申报的选题要突出特色，选择好角度，同时要准备好申报的材料。各种研究机构，包括大学，有些拟出版的图书已经申报了国家的课题，这些课题中包含部分出版经费。出版社在出版这些小众图书时，灵活运用这些出版资助，也会减轻出版社的经济压力。

四、精品也要做好营销

中国有一句俗话叫作酒香不怕巷子深，在信息时代，这句话已经过时了。茅台酒久负盛名，但每年投入的广告费仍数以亿计。由此可见，好的原创的图书产品，也需要营销。如《狼图腾》一书，从 2004 年畅销至今，但长江文艺出版社北京图书中心从不放过任何一次营销的机会，否则读者会审美疲劳。杨红樱的图书广受欢迎，她行走营销的足迹几乎遍布了中国的每一座城市。在这方面，我们不要认为开了一次座谈会，一次新闻发布会，或者在报上发了几条消息就是营销。好的营销必须是立体的，全方位的，需要在产品、价格、渠道、宣传手段上全方面整合，需要持续不断地创新营销模式。

五、精品的维护与深度开发

一本书产生了影响，在一定历史时期内带来了社会效益与经济效益，但由于版权授权的时间所限，加之市场的变化，很可能昙花一现，为别人做了嫁衣。出版社有了好的作品，带来了影响，一定要注意维护，尽量延长作品的生命周期。

所谓维护，一是要处理好与作者的关系，让作者将版权放在出版社手中。而处理好与作者的关系重要的是将他的作品的价值最大化，将书的社会影响尽量放大，同时要按约定支付报酬。如距二月河的第一部作品在长江文艺出版社出版已 24 年了，作者一直没有交给其他社。尊重作者，保持感情联络，按时支付报酬是关键。另外，要注意作品与时俱进，如版本的更新，内容的补充，宣传营销手段的创新。如二十一世纪出版社出版郑渊洁的文集，组织专门的团队为作者服务。如湖北少儿出版社为杨红樱"绘画本"专门组建绘画室。同时，出版社不要因为主要负责人或责任编辑的更换而失去与重要作者的联系。长江文艺出版社在这方面也有一些教训，如"跨世纪文丛"中收录的作品，其作者都是当下中国文坛的翘楚，如果当初留住了其中的 1/3，现在就是很大的一笔财富。余华的《活着》一书，是他本人的代表作，也是当下的文学经典。此书本来是长江文艺出版社首次出版的，但由于我们没有及时了解这本书在海外获奖的信息，导致被其他社拿走并不断重版，至今引以为憾。

大众化精品的受众广泛些，但不少学术精品同样有其固定的读者。如湖北科技出版社出版的《王忠诚神经外科学》《彩色外科手术图谱》。这些小众图书要根据科学技术的发展变化与实践定期修订，保持其理论的前沿性与实用性，同时要利用网络的销售模式，作为"长尾"保障其市场生命不会衰竭。

精品的生命力有时不仅仅在于内容，而且在于多种形式的相互补充与呼应。如人民文学出版社出版的"茅盾文学奖获奖书系""语文新课标必读"丛书中，包含了很多一样的书。从市场反应来看，一本书放在不同的书系中，不会让人感觉重复，反而会互相补充，相得益彰，对扩大图书的影响起到一定的作用。如个别获了茅盾文学奖的单本图书影响有限，但由于放在不同的书系中，结果又有了新的生命力。

深度开发更多的还体现在不同艺术形式之间的转换，如图书改编成电影、电视、动漫、网游，使作品覆盖了更多的受众，使作品的影响力进一步放大。如《哈利·波特》图书与电影的互动，如中国四大名著的改编。我们可以看到，许多经典都是因为反复不同形式的传播，才成为家喻户晓的经典。钱锺书的《围城》，虽有文名但前些年养在深闺并无多少人认识其价值，直到同名电视连续剧的播出，才为广大读者所了解并在市场上经久不衰。

参考文献

①吴尚之. 落实六中全会精神　推出更多精品力作 [N]. 中国新闻出版报，2011-12-14.

②陈昕.《中国震撼》的出版及其价值 [N]. 文汇报，2011-04-25.

③冯春龙. 汪孟邹和亚东图书馆 [J]. 出版史料，2005（1）.

④肖民. 钱穆与商务印书馆 [N]. 中华读书报，2003-07-09.

原载于《出版发行研究》2012 年第 6 期

畅销书出版三十年

伴随着改革开放事业前进的步伐，中国书业在不断的探索与螺旋式上升中进入到第三十个春秋。回首书业三十载的发展道路，尽管有许多让人激动甚或困惑的重要事件，但梳理这段历史，人们无不承认，畅销书的生产销售机制的形成，书业市场对畅销书的重视程度，畅销书在文化消费中的导向作用，是中国书业在市场化道路上日趋成熟的一个重要标志。

畅销书的概念，实际上是与排行榜的诞生紧密相连的，是伴随着市场化的运作产生的。业内大多数人认为，真正意义上的畅销书，不应当包括通过行政手段发放的读物，而应当是通过市场，通过读者的购买行为产生的商品。中国的畅销书的产生，严格来说是出现在 20 世纪 90 年代末。这时的中国出版业已经从 10 年前简单的增加图书品种、市场扩容发展到全面的市场竞争。竞争的结果是，单本图书销量锐减，库存增加，但与之相对应的是图书市场的相对饱和、读者阅读倾向个性化的趋势。于是，面对现实，出版社由过去的重编辑向重发行过渡，市场营销开始进入中国的出版业。随着目标市场的不断细分，出版社有目的地深度开发适合一定读者群的图书就开始大批量问世。

由于畅销书的生产与供应是伴随着营销的不断创新而屡创新高的，这种大众的读物，在某种程度上并不能让所有人接受。书业内部及其读者对畅销书的批评之声从开始就不绝于耳，说浅薄者不乏其人，说误人子弟者有之，甚至有作家干脆理直气壮地宣称自己从来不读畅销书。褒也罢贬也好，但无论是生产者、销售者还是作者，甚至是读者，都对畅销书这种文化现象给予了高度重视。

回首畅销书三十年的发展历程，我们不难看出，畅销书已经走过了萌芽期、初具规模期，现在正逐步走向繁荣期。回顾三十年的历史，对我们总结过去、开拓未来，都有一定的价值。我试将畅销书的生产分为三个阶段，梳理出三十年的发展脉络。

1978—1989

这是一个典型的卖方市场时代，或许在世界出版史上还鲜有如此庞大而又急切的市场渴求。十几年的文化禁锢，虽然让许多优秀作品无缘和读者见面，但是读者对文化知识，对优秀出版物的热情却随时可以喷涌而出。这是一个文史哲大行其道的年代。人们从文化荒漠中走过来，开始回顾、思考和探索。反映在出版事业中，就是举国上下出现了严重的"书荒"现象。在书店里面，只要一有新的古典文学名著、外国文学名著出来，马上就排长队，立刻售罄，这是空白之后的一种暴发。从20世纪70年代末到80年代，整个就是一场可歌可泣的"阅读狂欢"，大家都处在无比亢奋的对书的迷恋状态中。

畅销书在20世纪80年代初被作为外来事物偶有提及。当时《读书》杂志提倡自由开明的读书风气，大量介绍了西方的读书现象，其中畅销书现象也被作为西方出版界的一种特殊事物介绍给国内读者。《读书》杂志1982年第10期一篇题为《畅销书作家的秘诀》的文章中，作者张仁德提到："在西方，一本书成不成为畅销书出版商起很大作用，有的时候起决定性作用。因为出版业在现代的西方世界已经成为另一种大规模赚钱的'工业'。""我对市场情况熟悉，我只不过帮助作家使他们的作品得到出版，能赚钱而已。"从这篇文章中读者可以模模糊糊地意识到畅销书是一些可以卖出相当多册数的图书，对作者和出版社来说都是一个可以赚钱的工具。当然20世纪80年代初在人们的潜意识里和赚钱扯上关系的多半不是个好的事物，究竟为什么不好似乎又说不清楚。因此文末作者慎重地提醒读者"总而言之，在什么都是商品的社会里，一有'销'这个字就应当警惕一下"。这一个值得警惕的事物实际上在20世纪80年代的图书市场大量出现，那时图书市场分外热闹，一波一波的阅读热点使得各界人士都很有兴趣对畅销书的现象进行讨论。认识畅销书的出发点各有不同，但从这些认识中可以反映出这一时期的主流观点。

这一时期的畅销书有如下几种：

1.古典文学名著和现代经典文学作品

中华民族上下五千年的文明除了体现在一件件珍贵的历史文物上，还可以从流传下来的经典作品中表现出来。古代的文人注重"三立"，其中"立言"就直接体现在出版物中。不过，相比其他类别的古典著作，文学类的书籍更加受到欢迎。文学类书籍以其通俗易懂和贴近生活的特性，迅速进入了千家万户。我国古代的四大名著、讽刺小说、谴责小说等曾经被认为是"封建毒草"的作品一时之间销量惊人。与此同时，现代优秀作家，如巴金、鲁迅、张爱玲等人的作品和反映火热的革命激情的作品再次热销。

值得一提的是，这个时期的出版人以连环画"小人书"的形式重新演绎了这些经典作品，成为当时许多青少年回味一生的温暖记忆。这些"小人书"开本小，轻便易携带，一般上图下文，图片精美，文字简练易懂，售价便宜。在"小人书"演绎的"连续剧"里，孙悟空可以上天入地，诸葛亮可以呼风唤雨，水浒的英雄们可以大闹江湖。如今，这些"小人书"已经成为精美的收藏品，收购价格一路走高。

2.1977 年后出现的各类作品

1977 年，人民文学出版社出版的《天安门诗抄》和《革命诗抄》拉开了文学轰动效应的序幕。1980 年前后，中短篇小说的繁荣如磁铁一般吸引了人们的注意力，诗歌出版转冷。但随后的朦胧诗的崛起以及由此带来的诗歌论争，使诗歌出版再度回暖。据统计，1981 年至 1983 年，历年出版的书籍数量分别为 910 种，121 种，160 种，1984 年更是超过了 200 种。在朦胧诗潮降温后，诗歌出版在文学出版的格局中逐渐边缘化，小说出版一枝独秀。

这一时期的小说出版呈现出清晰的发展走向：先是共同显露"伤痕"，然后一起开始"反思"，并同时将目光投向社会"改革"。这一激流式的运动方向，是沿袭中国几千年文学"文以载道"传统，"文学从属于政治"的另一个表现。

1977 年 11 月的《人民文学》发表了刘心武的短篇小说《班主任》；1978

年 8 月卢新华的短篇小说《伤痕》发表在《文汇报》上。这两篇作品在题材上对于"伤痕文学"具有开创性意义，然而在艺术上它们却都是十分稚嫩的。相比之下，另几篇也被视为"伤痕文学"代表作的作品，虽然并无拓荒价值，但艺术上却显然更为成熟，如张洁的《从森林里来的孩子》、宗璞的《弦上的梦》、陈世旭的《小镇上的将军》、从维熙的《大墙下的红玉兰》、郑义的《枫》等。莫应丰出版于 1979 年的《将军吟》、周克芹描写农村的《许茂和他的女儿们》（发表于 1979 年）、古华描写小镇岁月的《芙蓉镇》（1981 年发表）、叶辛展现知青命运的《我们这一代年轻人》《风凛冽》《蹉跎岁月》等。一时之间，人们争相传阅这些作品，并掀起了争论的热潮。这些作品都先后被搬上银幕或改编成电视剧，在社会上产生很大反响。

1979 年底开始了"反思主义"文学热潮。这些作品或张扬"人道主义"，甚至歌颂某种"永恒的、超阶级的人性"，如表现同情的《离离原上草》，表现母子亲情的《女俘》，表现友情的《驼铃》和表现爱情的《如意》等；或探讨爱情婚姻方面的社会问题，如《爱，是不能忘记的》《春天的童话》《我们这个年纪的梦》等；或讴歌人的生命力量，如《北方的河》《迷人的海》等；或思考生存价值，如"知青小说"中对往日做写实性却富于诗意的回忆与描述、"右派小说"中立足政治历史之上对自己的心理历程的解剖。

1985 年前后，寻根文学和现代派兴起，马原的《冈底斯的诱惑》，张辛欣、桑晔的《北京人》，史铁生的《命若琴弦》，刘索拉的《你别无选择》，王安忆的《小鲍庄》，陈村的《少男少女，一共七个》，莫言的《透明的红萝卜》，韩少功的《爸爸爸》，残雪的《山上的小屋》等成为新兴的文学畅销书。

还有一些学者写的有关文艺理论的书也特别畅销，比如刘再复的《性格组合论》，印量非常大，风头之劲比得上现在的易中天。当时又有"美学热"，李泽厚的《美的历程》是超级畅销书，还有他那三本《中国思想史论》，影响甚广。

3. 西方作家经典作品（包括文学作品和学术类作品）

1978 年初，外国文学名著解禁，一大批久违的名著陆续出版，不过基本都是对老版修修补补重新印刷，真正大批出版译介外国图书和再版中国经典是从 1979 年开始的。这个时期的翻译作品大多以丛书的形式介绍到中国。比如外国文学方面，最有名的几套有上海译文的"外国文艺"丛书，一直出了十几年，主要是当代文学作品，纳博科夫、亨利·詹姆斯、卡尔维诺、马尔克斯、索尔仁尼琴以及荒诞派戏剧什么的都在其中。另外一大套是外国文学出版社和上海译文出版社联手推出的"二十世纪外国文学"丛书，也一直出到 20 世纪 90 年代，以作家的单行本为主，有福克纳、马尔克斯、川端康成、毛姆等人的作品。还有一套特别有名的是"外国文学名著"丛书，都是 19 世纪的古典名著，影响甚广。另外，萨特、尼采、弗洛伊德、叔本华等人的作品也是风靡一时。西方哲学方面也出了几大套丛书，比如甘阳主编的"当代西方学术文库"，几乎收纳了 20 世纪所有的大哲学家的作品，如海德格尔、本雅明、萨特，等等。甘阳还翻译了一本卡西尔的《人论》，也是当年的大畅销书，卖了十几万本。三联的"新知文库"销售也十分火爆。还有金观涛等编的"走向未来"丛书，试图用西方的科学和现代理性观念来系统地重新梳理中国传统和现实，引起了广泛的重视。

4. 港台娱乐消遣类图书

谈这些书籍，我们只需要提到这些书籍的作者们，如金庸、梁羽生、古龙、琼瑶、三毛等，大家都能随口说出他们的几部作品。畅销书作家与畅销书的关系总是共容共存的，畅销书将它们的作者变得家喻户晓的同时，畅销书的作者也能够凭借自身已有的名气和在读者心目中的地位让自己的作品本本畅销，直到今天依然如此。他们的作品在进入大陆市场以前就曾经在港台获得了极大关注。在大陆民众心里，这类作品既如雷鸣，敲醒了大家对真善美的向往；又如春风，温柔细腻地唤醒了人们对美好爱情的渴望。出版了这类作家作品的出版社具体数字已不可考，这类书的销量更是无法计算。一方面是由于那个年代还没有今天的诸如畅销书排行榜一类的东西做统计；另一方面是由于泛滥得近乎猖狂的盗版市场到底吸引了多少读者更是难以计量。但可以肯定的是，他们在那个时期的大陆出版市场掀起的热潮，绝对不亚于当时的畅销书《哈利·波特》在欧美市场的盛况。当时，涌进大陆的这些畅销书的品种很多，泥沙俱下，经过一段时期的沉淀，许多优秀的品种，已经从大众的消遣读物变成了经典作品，从畅销书变成了常销书。同样，由于《中华人民共和国著作权法》等相关法律法规的颁布实施，这类书籍的出版也走上了正规化的道路。在特定的情况下，这类书籍也会相时而动，达到又一个畅销热潮，比如同名电视剧的拍摄和热播。

总体而言，这一时期人们对书籍的渴求是单纯而迫切的，完全是为了阅读而阅读，没有任何的功利目的掺杂其中。深奥艰涩如《梦的解析》和萨特的诸多作品，通俗消遣如言情武侠，都受到人们的热捧。虽然这一时期出版社的日子的确非常好过，出版社也成为许多人羡慕不已的地方，但从客观而言，这都是十几年的文化禁锢后一种畸形繁荣的现象。人们在广泛地接触到优秀作品的同时，也难免遇到许多低级趣味的作品，加上疯狂的盗版盗印，整个出版市场并不规范。随着人们阅读体验的逐渐成熟和市场经济的引入，这种出版一本畅销一本的现象开始改变了。

1990—1999

20世纪90年代是中国改革开放和社会主义现代化建设的一个全新的阶段。人们的阅读趣味和品位也在这一时期发生了很大变化，开始由盲目的阅读向选择性阅读方式迈进。过去社会的二元结构不见踪影，社会结构剧变，持续、深刻地分化重组，日益呈现出多元化的发展趋势。同样，中国文化发展也处于多元并存的结构中，不同历史阶段的文化要素纠结在一起，各种文化结构互相影响和相互作用；同时，主流文化、精英文化、大众文化三足鼎立，各种文化因素交融互动产生了丰富多彩的社会文化景观。与此同时，出版行业也和其他行业一起进入了改革的行列，由事业单位开始迈向"事业单位，企业管理"，要想过好日子，不能仅仅靠现有政策勉强维持，而是必须努力在市场中找利润。畅销书是赚取利润最直接也是最有效的法宝，因而畅销书在图书市场遍地开花，在政治、哲学、经济、历史、文化、文学、科学、艺术、财经等所有图书领域都不乏畅销之作。

经过了20世纪80年代末的政治风波后，整个出版市场也随着其他行业一起进入了一个短暂的整顿期，但是出版业并没有停止对畅销书的追求。首先是1990年，被出版界称为"汪国真年"，汪国真的各类诗集都能销数十万之巨，这可以认为是20世纪80年代畅销书的继续。90年代开始的，也是影响力最大的畅销书是人民文学出版社出版的梁凤仪的财经小说系列，这对于一贯以文学性强而著称的人民文学出版社而言在当时是一个很让人吃惊的尝试。

上海文艺出版社的"五角"丛书（一至六辑）以总发行量达3000万册的市场业绩而成为图书市场上一道亮丽而持久的风景线；广东教育出版社的《新三字经》以单行本销售1000多万册的骄人业绩引起业内人士的惊羡；

三联书店的《学习的革命》以800多万册的销售成绩开创了中国图书产业化运作的新模式，等等。传统、单调、平稳的图书市场发生了翻天覆地的变化，畅销书的出版真正进入了自觉的、理性的时代，也迎来了它的初步繁荣时期。

1. 出版业对畅销书本质的认识有了根本改变

20世纪90年代初，"文以载道"的观念仍然存在于人们的意识中，人们一时还无法接受单纯提供娱乐功能的图书。所以在市场热销的娱乐性畅销书如武侠、言情等通俗小说一度被贴上媚俗的标签，出版人希望"出版有特色、高质量的畅销书"，这一观点在一段时间内成为共识，这就表明在当时大部分出版人的心目中，畅销书和图书质量是联系在一起的，存在用畅销的标准来衡量图书质量的情况，因此常销书才是出版人心目中认可的畅销书。事实上，如果在某段时间内能有大量的读者愿意购买某种图书，出版社能够获得丰厚的利润，这种图书的市场价值能够得以体现，对于出版工作而言这就足够了。传统观念上认为经久不衰的图书在节奏极快的市场经济时代无疑类似于一个"神话"，花费大量的人力、物力和财力去追求这样的畅销书，对多数出版社来讲都是不切实际的，因此这种畅销书观点并不符合现实的要求。

随着市场经济体制的建设，出版社参与市场竞争的力度也在逐渐加大，出版人才开始从市场的角度来认识畅销书的本来面目。对于什么是畅销书，出版人首先考虑的是它的市场特征，承认畅销书受到销售时间的限制而不是如传统观念认为的图书是永恒的精神产品。其次，销售数量必须达到一定的标准，这个销售量的标准一般是以一个权威性的畅销书排行榜来作为参照。虽然关于畅销书特征的认识未能明确回答畅销书是什么，但已经可以明了畅销书的定义关键在于销量而不在于其选题和内容，畅销书这个概念绝不是对图书进行价值判断，而且文化积累不是畅销书本身的任务，但优秀的畅销书可以起到促进文化积累的作用。如钱锺书的《围城》、余华的《活着》，后来都成为畅销书排行榜上的常青树。

2. 畅销书排行榜方兴未艾

中国书业的畅销书意识在20世纪最后5年大大增强，激发因素有两个：一是科利华斥巨资参与《学习的革命》一书的市场开拓，这使人们意识到原来畅销书需要包装商的介入，需要大手笔的操作；二是畅销书排行榜的出现，推动了中国书业畅销书开发水平的全面提升。

我国的畅销书排行榜大约出现在 1995 年左右，1995 年《中国图书商报》创刊，这是一份从创刊起就致力于做中国书业标尺的报纸，它在 1995 年时推出了畅销书排行榜，这个畅销书排行榜每月推出一榜，以表格的形式简单地罗列了书名、上榜时间、出版社和图书价格，并在表后注明"本排行榜根据全国 30 个重点城市新华书店中心门市部的销售数据综合而成"。这是国内畅销书排行榜最初的简单形式，当然这个表格的数据来源是否可靠，统计是否合理，是否具有代表性和权威性都没有得到充分的证明，但其对民营渠道的忽视自然不太符合书业销售的现状，所以这个排行榜的权威性也就很值得质疑。《中国图书商报》也承认数据的片面性，它在 1996 年的时候开始着力于推出当时在北京颇有影响力的一些民营书店如"风入松"的每月畅销书排行榜，但单个书店的排行榜似乎并不具有代表性，它更像是一种象征，表明民营书店作为一种力量得到业界的关注。

另外，在出版业内颇有声望的期刊《中国图书评论》也在 1996 年推出了一个更为简单的每月畅销书排行榜；《出版广角》也在 1997 年推出了一个双月畅销书排行榜（因其是双月刊）。这一连串事件都表明了畅销书排行榜这个事物在中国书业中出现了，让畅销书的出版从幕后走向了台前。

畅销书排行榜的完善是与书业的成长联系在一起的，1995 年以后，书业界掀起了兴建图书大卖场的风潮，图书大卖场推行现代化的管理模式，用计算机来处理图书数据，对于统计图书的销量数据来说无疑更加准确和高效。而畅销书是图书大卖场的主角，业界也非常希望有一个畅销书的评判体系来作为参考。1998 年，北京开卷图书市场研究所参照全国图书零售市场的分布和结构以及零售 POS 系统的使用情况，抽样选取全国范围内大中城市中最具规模的大中型零售书店，通过每月收集加盟书店当月的全品种零售数据，建立起全国图书市场零售数据库分析系统，基于此开卷推出畅销书分类排行榜并每月在《中国图书商报》上刊登。相对而言，开卷的排行榜统计样本大，结论比较有代表性，所以至今依然对畅销书出版市场有很大的影响。

3. 畅销书作家成为畅销书出版的一支重要力量

对于畅销书来说，1993 年是一个重要年份，从这一年开始，畅销书作家逐渐从普通作家队伍里分离出来走向了前台，大众媒体对于畅销书的作用开始显现，畅销书开始全面进入市场化操作的过程，而畅销书的策划人则成了一种全新的职业。这一年在文化界有三件颇受关注的事情。

第一，"王朔现象"引起了广泛讨论。被称为"中国畅销书作家第一人"的王朔率先将版税制引入中国，这一制度迅速广为施行。这种将作者的收入直接与图书销量挂钩的做法极大地刺激了作者的创作热情，也让作者开始关注图书的命运，将自身和出版社的利益视为一体。一批市场反映好的作家开始脱颖而出，贾平凹、刘震云、池莉、余秋雨等都是目前业界公认的畅销书作家。

第二，作家周洪签约中国青年出版社。作家周洪其实是人民文学出版社《当代》编辑部以周昌义为首的一群作者的笔名，周昌义本人则是人民文学出版社的编辑。中国青年出版社同周洪签订了三年的出版合同，合同约定：今后三年内，周洪必须按中国青年出版社出版整体计划创作书稿，凡出版社不同意的选题，周洪无权创作。

第三，1993年10月28日在深圳发生了震撼中国文坛的大事——"中国文稿拍卖会"。此次拍卖会的策划人的想法是"建立起一个市场，一个公平地体现出知识分子价值的市场，让文人凭着自己的智慧富起来，让智慧仗着文人的经济腰杆流通起来"。参与此次拍卖会的有著名作家史铁生、张抗抗、霍达等。

这些都表明畅销书作家已经形成了一种独立的力量，他们本人有才气，他们的作品有市场，他们敢于言利，敢于将纯文学通俗化，将精英文化大众化，将自己的创作去迎合市场需求。

当然，还有一类畅销书作家也应该受到关注，就是各类"名人"，他们的作品就是一部部销量惊人的个人传记。名人图书成为1995年以后持续火爆的畅销书，销量基本上都不俗，像《岁月随想》《日子》《痛并快乐着》《不过如此》等正版书的销量都在百万册上下。

可惜，这一时期的出版界对畅销书作家的包装和打造还不够重视。1995年以后本土作家的文学畅销书不多，文坛新人的长篇力作尤其少，唯有1998年阿来的《尘埃落定》成为一个亮点。少数几个畅销书作家成为出版方争夺的资源，严重影响了其创作力。20世纪90年代初期的几个畅销书作家到了90年代末在创作上都显得力不从心，王朔到了1999年才有新作《看上去很美》上了排行榜。

4. 策划制度开始引入畅销书的运作

策划制度表现在人员安排上是我国的出版企业内部开始出现"策划编辑"

一职，类似于西方的组稿编辑，但又不完全相同。相关资料表明，广东的出版社首先试行了"策划编辑"的制度，中国少年儿童出版社和中国青年出版社也已推行"策划编辑"制度；1993年2月，上海人民出版社的策划编辑也登上了出版舞台，不久，上海的少年儿童出版也设置策划部，配备策划编辑。出版社的这些举动表明了一种探索，传统的出版模式已经随着市场经济的来临发生了改变。出版社设置策划编辑的初衷就是要做市场需要的图书，要在选题这个源头上向市场靠拢，而选择符合市场的选题是做畅销书的根本，编辑制度上的改革为编辑策划畅销书提供了空间，也为书籍策划的制度化经常化提供了人员保证。华艺出版社的"金黎组合"（王朔作品和名人传记类图书），作家出版社的张胜友（余秋雨等人作品），春风文艺出版社的安波舜（"布老虎"丛书）等都是其中的佼佼者。另外一种不容忽视的策划力量是民营力量。书商中有一批高学识的从业人员具有独特的文化眼光和敏锐的市场触觉，他们早就不局限于卖书这个领域而是直接参与出版，他们自己做选题策划，自己做发行，排行榜上的多本畅销书都是由书商运作出版的。

在20世纪90年代初期出版社就开始同媒体共同进行畅销书宣传，而且在利用传媒上总结出一系列的经验。但是在畅销书的营销过程中还是更多地在宣传方式上变换花样，有买书赢小轿车的，有百万元悬赏征集稿件的，如此种种引来的是业界对"炒作"的怀疑和批评。20世纪90年代末期《学习的革命》一书的营销手法是畅销书运作中的一个分水岭，大资金的投入和全面的媒体宣传战让出版界大开眼界，此书的畅销让出版方发现市场营销的作用甚于文本作用，此后出版业界真正进入了畅销书全过程市场营销的阶段。到了20世纪90年代末期，国内的畅销书基本已经形成了文本——包装——渠道这样一个商业运作模式，这一模式围绕市场卖点选择文本、包装文本、宣传文本，并用多种渠道到达读者手中，营销策划的理念在这个过程中体现出来。

这一时期影响很大的畅销书除了上文中所提到的图书和畅销作者的相关作品外，还有一些不容忽视的畅销：由民营出版人运作的《中国可以说不》（据说销量300万）；与网络首次联姻的文学作品《第一次的亲密接触》（100余万册）；国外畅销书本土化运作开端的《廊桥遗梦》（全球销量300万册）；颇受争议的作品《废都》（正式出版于1993年7月，于1993年8月遭禁，短短一个月，正式出版50万册）；广受青少年追捧的作品《花季雨季》（连续荣登第七、八届书市销量榜首）；倡导组织学习的《第五项修炼》（正版累计

50万册）；倡导成功文化的《世界上最伟大的推销员》（全球销量1800万册）；村上春树的作品《挪威的森林》（全球突破500万册）……

这是一个承上启下的特殊十年。在这个历史时间里，整个社会处于经济转型期，社会主义市场经济体制的确立和发展，使得人们的意识形态和各种观念在这个时间里发生了巨大的变化，出版社作为一种特殊的企业，在经济体制转变和意识形态转变的双重影响下走过了十年，逐渐形成了与众不同的市场化道路。畅销书是出版社市场化的产物，也印上了这个时代的特色。我们依然可以看到，畅销书市场还有巨大的潜力可挖。

2000—2008

21世纪以来的畅销书出版热闹非凡。据北京开卷图书市场研究所的资料，2001年全年动销品种前5%的图书创造了2001年全年49%～99%的销售额，而2002年全年动销品种前5%的图书创造了2002年全年51%～99%的销售额。2003—2004年畅销书仍然占有这样的比例。少量的畅销书创造了主要的销售额。这些现象在随后的几年并没有改变，而且在很多图书门类中，产品集中度越来越明显，品牌书、品牌社的图书越来越受到读者的关注，优秀图书集中的趋势越来越明显。

2002年春天，北京开卷图书市场研究所常务副总经理孙庆国宣布"中国图书零售市场已进入畅销书时代"。这一声音很快引起了广泛的争议。孙先生分别于2002年2月21日、2002年11月8日、2003年9月5日在《中国图书商报》接连撰写三篇文章阐述畅销书时代的理念。首篇文章《中国图书零售市场进入畅销书时代》开宗明义：根据北京开卷图书市场研究所的监测数据统计，可以认定中国书业零售市场已进入畅销书时代。20%的畅销书品种产生80%的效益，这就是畅销书的内涵。市场上大多数图书品种滞销正说明了畅销书的意义。从畅销书出现的背景——品种增多、市场细分，到畅销书的五大品种、畅销书时代的走向，基本给出了"畅销书时代"的理论框架。

孙先生在提出该理念时就对它的走向作了预测：畅销书将左右市场格局；书店更加看重畅销书；品牌战略将是竞争的主要体现；出书品种将相对减少。如今，前三个预言已得到市场的验证，第四个预言也开始受到业界的重视。那些曾经引起的争议在事实面前逐渐销声匿迹，这确实是一个畅销书的时代。

畅销书的整体营销策略在理论和实践上都广受重视，畅销书的运作开始向国外借鉴成功经验，同时出版界也十分注重将这些经验本土化，造就了诸如《谁动了我的奶酪》《"非典"防治手册》《哈利·波特》《水煮三国》《人体使用手册》《狼图腾》《品三国》《〈论语〉心得》等超级畅销书。在激烈的市场竞争环境下，一本书的畅销既不能靠运气也不能仅仅靠某一方面的力量，而是需要整合各方资源，通力合作，最终取得成功。

这一时期人们的阅读目的日益多元化、功利化、细分化。反映在畅销书市场上即是各种门类的畅销书都获得了极大的发展，几乎在所有的大众图书领域都有属于自己的畅销书。并且各个门类的畅销书持续发展，你方唱罢我登场，连续性明显增强。其中比较突出的有以下几类：

1. 青春文学异军突起

2000 年，文学图书市场发生了结构性的变化。以叛逆者形象出现的青春写手韩寒在这一年出版了他的第一本书《三重门》。善于炒作的作家出版社以青春文学的概念包装这部作品，随着该书的大卖，青春文学概念迅速深入人心。一些人开始拿着《三重门》与《花季雨季》对比，再联系网络文学的兴起，让一部分目光敏锐的出版人迅速将目光聚焦其中。

随后的三年，以韩寒等为代表的青春文学作家，系列地打造自己的作品，如韩寒的《三重门》《长安乱》《零下一度》《毒》等，长久占据着排行榜的一席之地。这些作品轮番推出，领跑文学图书市场，其销量均在几十万至上百万册之间，对扩大文学的社会影响力，稳定文学图书市场份额，起到了非常关键的作用。其间，王蒙、刘震云、王安忆、莫言、毕淑敏等专业作家间或有作品出版，影响虽大，但销量总略逊一筹。2004 年文学类畅销书前五名中，青春文学类图书占了四席，将青春文学的出版推向了顶峰。除韩寒外，大批的青春写手如王文华、春树、曾炜、张悦然、藤井树、蒋峰、李傻傻等相继进入，海外军团如可爱淘、金河仁等人的作品也一部一部地被引入内地。出版业不仅注意发现作者，还精心包装作者。如李寻欢对郭妮的包装，湖南魅力优品周艺文对小妮子团队的包装。他们用影视界包装明星偶像的方式，使这些作者频频出现在各类媒体中，关于他们的正面和负面新闻更是从不间断，从而对青年作者及团队进行全方位的开发，形成流水线似的畅销图书生产机制。至此，作者偶像化成为新的潮流。他们作品畅销的最直接表现就是在各类零售书店中，原来青春文学隶属于现当代文学书架，只占据"一席之地"，而现在，青春文学早已作为一个单独的门类独立陈列，稍具规模的卖场都有好几大书架供其专列。

2.少儿文学超级畅销书频出

少儿文学作品接连成为超级畅销书，拉动整个少儿板块大盘上扬。20世纪90年代中后期，在《哈利·波特》《鸡皮疙瘩》等系列出版之前，少儿畅销书榜主要由多元化的本土作品构成，各个细分类图书皆有上榜图书，经常可见的品种有《唐诗300首》、少儿版"四大名著"等。但随着《哈利·波特》《鸡皮疙瘩》《冒险小虎队》等一系列超级畅销书的成功引进，少儿畅销书榜上少儿文学逐渐占据了绝对优势。随之而来的，以杨红樱、秦文君、"花衣裳"等作家作品为代表的原创少儿文学也逐渐热了起来，形成引进、原创交相辉映的良好局面。少儿文学作品通常都是系列作品，每种少则数册，多则几十册，因此与文学榜、非文学榜形成鲜明对比，少儿畅销书榜常常一两种图书就占满了排行榜前二十位，显得有些单调。

3.励志类领跑非文学榜

2000年至2001年，励志书市场迅速发育并进入高峰期。《谁动了我的奶酪》直接推动了高峰期的到来。该书于2001年9月由中信出版社出版，号称"全球第一畅销书"，通过寓言式小故事道出一个简单而耐人寻味的道理，而这个道理正好又切合了当时许多人焦虑、彷徨的心态，于是被包括央视在内的许多媒体广泛关注。"奶酪"风暴眨眼间席卷了整个图书市场，这一年励志书借"奶酪"大出风头，在非文学畅销书榜占据23席，占排行榜图书品种的21%～43%，比素质教育图书还高了6个百分点。

2002年5月，哈尔滨出版社出版了《致加西亚的信》，这本书适时地从"奶酪"手里接过接力棒，此后在它的引领下励志书继续领跑非文学类畅销书榜。此时，署名"奶酪"的斯宾塞的其他作品如《一分钟的经理人》《一分钟的你自己》《鱼》《高效能人士的七个习惯》等相继上市热卖。不过非常遗憾的是，斯宾塞后继作品都是未经授权的伪书，一直到2003年7月南海出版公司推出斯宾塞正式授权的《给你自己一分钟》，这些伪书才结束了自己并不光彩的畅销史。

2003 年，《邮差弗雷德》《自动自发》《杰出青少年的 7 个习惯》等继续维持着励志图书市场火热的态势，数个版本的"加西亚"在市场上你争我夺一派热闹景象。这一年，成长得足够大的励志图书市场开始出现细分。团购的兴起，把一些出版社的目光聚焦到职场心理励志图书，职场励志被看作励志书市场的新热点。

2004 年 2 月，机械工业出版社的《没有任何借口》登上了开卷全国非文学图书排行榜的首位，在非文学前 30 名中，有 9 本为职场励志图书。《细节决定成败》一书则更受欢迎，其在 2004 年的排行榜中，因为后被认定为伪书的《没有任何借口》而屈居亚军，2005 年即荣登榜首，2006 年因两本百家讲坛系列书籍而名列第三，2007 年是它出版的第四个年度，它依然名列第九位，可见这本畅销书的生命力是很强的。

4. 大众健康和大众理财类图书成为畅销新秀

随着人们生活水平的提高，大众健康和大众理财风头强劲，就像所有出现"井喷"行情的市场领域一样，大众健康类图书在经过长期蛰伏之后，于 2002 年被一本名为《登上健康快车》的书强势拉动。该书在相当长的一段时期，以每天 1 万册的惊人速度被各地读者抢购，半年时间销量约百万册。随即，该书作者洪昭光的一系列图书如《让健康伴随着您》《健康忠告》等开始热销，动辄数十万册，有的甚至达到上百万册。在洪昭光作品带动下，2002 年下半年以后，大众健康类图书出版已经蔚然成风，《睡眠忠告》《清晨 8 分钟》《肠内革命》相继推出，引进版、本土版遍地开花，该类图书频频登上畅销书榜。

2003 年突如其来的"非典"事件更是将大众健康书市场推向顶峰。中国轻工业社的《非典型肺炎并不可怕》、北京出版社的《非典型性肺炎预防手册》等一大批非典防治类普及读物集中出版，数量可能在几百甚至上千种。不过，随着这个突发事件的结束，健康书市场迅速回落并稳定到一个正常水平。2004 年和 2005 年的非虚构类畅销书榜前 20 名中没有一本是大众健康类书籍。

2006 年左右，随着营销手段的成熟，国医健康绝学系列《人体使用手册》《无毒一身轻》等又登上了非虚构类畅销书榜。2006 年销量前 20 名的非虚构图书中，有 3 种属于大众健康类。2008 年上半年非虚构类畅销书排行榜中，此类书籍有 5 本，都属于国医健康绝学系列。

2000 年 9 月，一本引进版的理财书《富爸爸穷爸爸》真正开创了大众理财图书理念的先河，将财商概念带入国内，以财商的想象力，强劲拉动催生和分化出一个颇具特色的理财图书市场。该书提出的一些观念如"你没有发财，是因为你财商不高""让钱为自己工作，而不是让自己为钱工作"等掀起的一场紫色风暴，对许多人的财富观念产生了革命性影响。此外，该书营销的一系列做法，如与财富教育培训结合、作者巡回演讲、排演话剧等，对此后畅销书的营销都产生了深远的影响。

市场经济把每一个人都拉入到经济大潮中来，使人们对财富的关注和热情有增无减，这也就构成了大众理财类图书广泛的市场基础。当年，萨缪尔森的《经济学》、曼昆的《经济学原理》被全国人民热读。中国股票市场最红火的那几年，《炒股就这几招》《长线是金》《短线是银》《股票操作学》等书，随着全国人民下海炒股的那阵热潮，被推向市场的顶峰。1999 年的 11 月和 12 月，非文学类排行榜前 10 名中股票类占 40% 的榜位；2000 年、2001 年，非文学类畅销书榜的经管类图书中约 40% 为股票类。此后，股市由牛市转熊市，泡沫破灭，股票图书也随之沉寂。2006 年，随着股市回暖，证券类书籍在 21 世纪再次走红，《要做股市赢家：杨百万股经奉献》《炒股就这几招》《中国新基民必读全书》迅速蹿上畅销书榜。

5. 素质教育类图书应运而生

2000 年，广东教育出版社出版了留美博士黄全愈的《素质教育在美国》一书，第一次将素质教育这个概念引进了中国的出版界。这本书的畅销，引发了一系列素质教育类图书的出版。其中，2001 年，以《哈佛女孩刘亦婷》为代表的素质教育类出版物，一举登上各地的排行榜。此书先后销售近 200 万册，人们从中发现了此类图书的巨大市场潜力。一批素质教育类图书迅速跟进，当年登上开卷非文学类畅销书排行榜的，除了《哈佛女孩刘亦婷》外，《卡尔·威特的教育》《哈佛天才：用卡尔·威特法则培养出的哈佛孩子》《赏识你的孩子——一个父亲对素质教育的感悟》《我们是这样教育孩子的——9 位中国杰出父母的成功经验》等书同时登上排行榜。接着，《北大女孩谢舒敏》《清华男孩章启轩》《轻轻松松上哈佛》《教你如何赏识孩子》《让孩子自信过一生》《每个父母都能成功》《每个孩子都是天才》等大量有关素质教育的书籍相继出版。

6. 经管类图书热销不衰

2001 年，浙江人民出版社出版的《大败局》一书，是中国本土经管类图书的滥觞之作。这本书从另一角度总结了中国企业失败的原因。三环出版社出版的《海尔中国造》则是中国本土成功企业的剖析。到了 2002 年，从《杰克·韦尔奇自传》开始，从国外引进的经管类图书，则大量占据了各地畅销书排行榜的重要位置。2004 年，伪版的《没有任何借口》占据了非文学类图书排行榜的第一把交椅。而同时，连续多年留在畅销书排行榜上的《细节决定成败》也在这一年成为亚军。中国经济的升温注定了经管类图书市场的不断扩大。而国外成功企业的管理经验与理念，则是中国的企业家最为直接的学习范本。国内不少出版社，都把较多的人力、物力和财力放在经管类图书的引进与出版上。机械工业出版社、中信出版社、清华大学出版社、电子工业出版社等，都在经管类图书的出版上，都取得了不菲的成绩。《水煮三国》《自动自发》《高效能人士的七个习惯》《世界上最伟大的推销员》《联想风云》《马云点评创业》等，都成了该年度的畅销书。

7.《百家讲坛》催生畅销书学者

2005 年，中华书局出版了阎崇年的《正说清朝十二帝》一书。这本书的作者先在中央电视台的《百家讲坛》讲过这本书的内容，但图书出版并没有大火。到了 2006 年，《百家讲坛》拍卖易中天的《品三国》上部的讲稿，起印数 50 万，上十家出版社参与竞争。开始大家还只把这当成业内的一个新闻，岂知该书当年一跃成为开卷排行榜上非虚构类的头名状元，监控册数达到 32 万。接着《〈论语〉心得》也洛阳纸贵，甚至风头超过易中天。易中天一炮走红，他过去出版的旧书又梅开二度，纷纷登上当年的畅销书排行榜。2007 年，《〈庄子〉心得》、《品三国》（下），又雄踞排行榜前列。除此之外，那些登上《百家讲坛》的学者，也个个表现不俗。《王立群读〈史记〉之汉武帝》及其后续作品也都登台亮相。到后来《百家讲坛》的广告词干脆标榜："百家讲坛，坛坛都是好酒。"

《百家讲坛》现象实际是影视与大众读者互动的一种延伸。凡是在中央电视台热播的连续剧，其图书一般都会成为读者关注的对象。只不过《百家讲坛》从文学扩展到了历史、哲学、医学等领域。

这一时期的畅销书出版还有一个值得注意的现象——民营力量逐渐成为畅销书的主角之一。中国出版科学研究所 2003 年公布的《中国民营书业发展研究报告》显示：中国民营书业从销售网点数量及覆盖面、经营规模、从业人员等许多方面都已经占据了全国书业的半壁江山。现在的民营书业已经不再局限于图书零售一个环节，而是在零售、批发、连锁经营、网络书店、图书馆配书、区域中盘、专业中盘、选题策划、装帧设计、印刷装订、材料供应、咨询服务甚至版权贸易等各个环节都有涉及，尤其是在发行、选题策划等方面，已占据举足轻重的地位。

郝振省在报告中指出，民营书业在市场化图书份额中占有优势地位。其在市场化教辅中约占 90%；少儿领域占了超过 50% 的份额；经管领域畅销书榜 70%～80% 来自民营（含合资资本）；社科大众领域中，从北京市店畅销榜来看，从民营进货的图书占 20%～30%，但背后是民营策划和投资的约达60%。民营书业在全国书业中的地位已经得到业界的充分认识和肯定。许多博士、硕士、记者、作家、诗人，以及出版社编辑纷纷进入民营策划领域。他们的加入，提升了民营出版的品位，同时也诞生了一批品牌机构，如草原部落、正源图书、读书人、新经典、光明书架、知己图书等。这些机构策划了大量超级畅销书，如《学习的革命》《格调》《谁动了我的奶酪》《富爸爸穷爸爸》《生存手册》《致加西亚的信》《再见了，可鲁》等，全国畅销书排行榜前十名上有 60%~70% 都是由民营机构策划的。近年来，这个比例还有所提升。

与以前的家庭作坊式的操作相比，这些策划机构大多以文化公司、图书公司的形象出现，已取得合法的主体资格。公司聘请专职编辑、企划和销售人员，形成了完整的管理体系。他们的产品策划行为更加理性化，开始有长期战略考虑，产品类型也更为广泛，包括文化批评、学术、财经、励志、素质教育、原创文学等，并大量引进国外版权。这些公司的产品品种迅猛增加，表现在大众图书和教辅类图书领域更为明显。不过，由于各种策划机构鱼龙混杂，一些策划能力低下的机构受利益驱使，跟风、抄袭、重复出版的现象频出，也给市场带来盲目造货，品种过多、过滥的问题。

自 2005 年以来，民营出版业与国有出版业合作从产品向资本过渡，在畅销书领域进一步取得稳定的经营格局。以畅销书制作而闻名业内的"金黎组合"及安波舜的加盟，使股份制的北京新世纪文化有限公司真正成为畅销书的诞生地。经他们策划出版并营销的图书，占了全国畅销书排行榜的十分之一左右。新经典的陈明俊与十月文艺出版社合作，成立十月文化传媒有限公司。原为贝榕公司效劳的李寻欢与刚上市的辽宁出版传媒合作，成立万榕文化有限公司。

国有与民营的收购、兼并与重组，成为畅销书出版的一个新的趋势。

这 10 年间，引进版的图书在中国图书市场所处的地位也在悄悄发生变化。2001 年至 2005 年间，引进版的图书在开卷的文学类、非文学类、少儿类三大畅销书排行榜上（前 20 名）一直占有 1/3 以上的份额。（从 2005 年开始，开卷按照国外的分类习惯，将图书分为虚构类、非虚构类、少儿类三大榜单）其中《达·芬奇密码》两年占据文学类排行榜的榜首。从 2006 年开始，引进版的畅销图书市场份额呈下降趋势，2006 年为 1/3 不足，2007 年为 1/6，2008 年上半年也不足 1/3。引进版的图书畅销程度呈下降趋势，这说明本土作者重视读者需求和市场变化，开始重视创作更适应读者阅读趣味的具有中国特色的文化产品。

另外，值得我们关注的是，随着传播手段的丰富，市场竞争的日益激烈，中国畅销书的营销手段与方式方法也不断发生变化。如过去人们营销时，主要是发征订单，在订货会当面推广，在传统媒体做广告、写书评、发消息，后来，教育软件集团科利华将商品营销的方式方法引进了图书营销领域，才使业界对图书营销改变了传统的做法。图书与媒体、图书与经销商、图书与读者之间的关系发生了变化。新闻发布、报刊连载、影视互动、作者签售、有奖销售、销售排行、读者见面会、研讨会、作者演讲互动、读书活动、图书的漂流等，都不同程度地用在图书的整体营销中。一些出版人甚至将影视界包装明星的做法运用到培养偶像作者的程序中。随着互联网技术与数字技术的广泛使用，图书营销的传播手段又发生了较大的变化。除了网络继续使用过去纸媒使用的连载及推介方式外，互联网上 E-mail、BBS、QQ、MSN、Skype 等通信工具都派上了用场。手机更是成了传递信息的便捷工具。作者、书评人、读者、经销商们的博客也间接成了营销的武器，甚至网上书店也成了制造畅销书的有效渠道。相信随着科学技术的发展，新的营销模式还会层出不穷。

原载于《出版科学》2008 年第 6 期，本文系与芦姗姗博士共同完成

图书宣传的现状与对策

　　随着社会主义市场经济体制的确立，各种传播媒体的交互作用，图书出版与发行正逐渐发生着变化。一方面，由于图书的短缺时代已经结束，新书品种日渐增多，图书市场由"卖方市场"转向"买方市场"。另一方面，出版社"卖书难"与读者"买书难"同时存在。出版者与读者之间，亟待采取措施交流供需信息。但是，由于计划经济时期的影响，加之目前出版体制的缺陷，这种在读者和出版者之间架设桥梁的工作并没有引起更多出版工作者的重视，它或多或少地制约着图书社会效益与经济效益的完全实现。重视图书宣传工作，探讨图书宣传的方式、方法及规律，在今天来看，显得越来越重要。

一

　　1998 年，以生产教学软件而著名的科利华集团投入 1 亿元广告费，在各种媒体上展开了《学习的革命》一书的广告轰炸。电影导演谢晋那绘声绘色的推销，时至今日让人还难以忘却。据科利华集团宣布，当年销售该书达 500 万册。尽管离预期的目标还有一些距离，但在中国图书销售史上仍可称为是"天文数字"。作出如此壮举的并不是出版社，而是一个民营机构。

在中国，并不是没有出版社给图书做宣传。1997年，浙江教育出版社投入620万元在中央电视台黄金时段连续做广告。外研社为销售《汉英词典》修订本，拿出了100万元做广告费。北京大学出版社为了宣传他们引进的《未来之路》，广告投入不下20万元。但和科利华集团相比，出版社显得有些胆气不足。不过，像这些投入了一定资金做宣传的出版社，在全国几百家出版社中，也并不多见。有些出版社尽管也做了宣传，但与所拥有的资产、当年图书发行的码洋相比，并不成比例。他们有时偶尔做做广告，也是出于和媒体保持关系的不得已之举。所以，老出版家王益先生在1997年第3期《新闻出版天地》上撰文指出："各行各业现在都已注意对产品的宣传推广，但'好酒不怕巷子深'的思想在出版界却好像根深蒂固……现在的出版广告远远没有达到20世纪30年代生活书店的水平，有的广告甚至低于商务印书馆民国初年的水平。"

说出版社不重视图书的宣传，并不是耸人听闻，我认为，这是一个比较客观的评价。据我了解，大多数出版社或多或少都存在如下一些问题：

1. 出版社对图书宣传的资金投入普遍不足

从国外出版社的情况来看，在图书定价时，他们就将宣传的费用计入了成本，大约占定价的5%，有些文艺书，高达7%至10%，但我们国内的出版社，有些社年销售码洋高达几亿，但整个宣传费用连1%也不到。主要是因为出版社的领导人对花钱有没有效果仍持怀疑态度，我们只看到一本书或一时的效果，而对图书宣传的潜在影响估计不足。一方面，他们认为皇帝女儿不愁嫁，是好酒就不怕巷子深。另一方面，还有些人不喜欢宣传，害怕有人说他自吹自擂。

2. 宣传人员配备不足

大多数出版社都将宣传促销任务放在总编室，这固然不失为一种办法，但在实际操作中，由于总编室的宣传与具体图书的销售有些脱节，与直接经济效益没有挂起钩来，因此这项工作开展得总不是很理想。尽管有的出版社把很有写作能力的编辑调到总编室从事宣传工作，但由于这些编辑要评职称，他们便不由自主地把精力放在编辑图书上，不能集中精力搞宣传。

3. 出版社内的宣传和销售脱节

如果从销售角度来看，图书的宣传属于发行部门，但从出版社目前的情况来看，发行部门的人员大多都是没有写作能力的同志。有些出版社要求责任编辑本人必须参与所编图书的宣传工作，但他们由于平时与媒体联系不多，或者不擅长这项工作，如果领导催促，他们大多写上一两篇出版消息或者书评就算了。

4.图书宣传大多缺少整体部署

尽管有的出版社就某一本书的宣传来说做了一些工作，但是对出版社的形象宣传上，对出版社图书的整体包装上，缺少战略考虑，采取的方式方法比较单一，力度还不够。因而对读者的冲击力太弱，出版社在读者那儿留不下印象。

5.行业保护所带来的负面影响

出版社轻视宣传，还有一个最重要的原因——出版行业是受到国家保护的特殊产业。尽管从外部来看，有外国出版商对中国图书市场的觊觎，有大量的二渠道在与国有出版社争夺市场，但由于出版社还占有重要的出版权利和出版资源，在市场上，特别在教材教辅上还有垄断性的地位，生存问题对出版社而言显得不是十分重要，所以对宣传和促销看得不是十分紧要，没有将其列入出版社的重要议事日程。

二

实际上，开展图书的宣传，在我国的出版发行实践中已有悠久的历史。据《三辅黄图》记载，汉平帝元始四年（公元 4 年），王莽扩建太学，在太学近旁逐渐形成了综合性的贸易集市——槐市，在槐市出现了图书交易活动。每逢初一、十五开市，太学生们各持其书"雍容揖让，侃侃訚訚，或论议槐下"。这句话的意思是说，太学生们用和悦的语言宣传介绍自己的图书，希望有人交换。当然，这还是图书流通的初级阶段，也是图书宣传的雏形。到了东汉时，在洛阳就有了正式的书肆。如《后汉书·王充传》载，王充"家贫无书，常游洛阳书肆，阅所卖书，一见辄能诵忆。日久，遂博通众流百家之言"。意为王充无钱买书，就在洛阳书肆阅读各种各样的书。伴随着书业的发展和从事这种行业人员的增加，竞争也就开始了，作为经营竞争手段，图书宣传也开始引起书商的重视，除前面提到的口头宣传外，还出现了正式的图书广告。如金台书铺在明嘉靖元年（1522 年）翻刻 14 种古书时，在其中的《文选》后面刻下了下述文字："金台书铺汪谅见居正阳门第一巡警更铺对门，今将所刻古书目录列于左，及家藏今古书籍不悉载，愿市者览焉。"其下列书目 14 种，就是为自己店铺及所刻图书所作的宣传。到了近代，随着出版发行事业的发展，图书宣传越来越成为传播出版发行信息，扩大图书影响和促进销售必不可少的手段。据孟昭晋先生在《我国近代书评文献简述》一文中介绍，20 世纪 30 年代，仅上海一地的书评刊物就有《读书与出版》等 13 种之多，还有大量散见于报刊的书评。其中影响最大的是 1903 年上海的《苏报》，它发表邹容的文章《革命军》及其所写的热情洋溢的书评，引起了慈禧太后等统治者的注意，成了慈禧太后等人要处决章太炎、邹容的直接导火索。尽管邹容等人因此而丧命，但这些书评却为近代书评史增添了光辉一页。

同时，国外出版社的同行，对图书宣传的重视程度，无论是资金的投入，还是人员的配备，都远远超过了中国出版界。

国外出版社也许因为早就处在成熟的市场经济的环境中，优胜劣汰的市场法则早就使他们意识到了图书宣传的重要性，并且也早就积累了丰富的经验。这些出版社视其规模大小，均设有一定的机构和人员从事这项工作。如日本讲谈社是一个较大型的出版社。它设置的"编辑局""贩卖局""业务局"三个主要部门中，业务局设有广告局，贩卖局设有宣传局，主要从事图书的宣传与促销活动。在中型的出版社中，一般设有生产部、销售部和编辑部三个部门，销售部中设有一个"宣传广告部"，其主任的年薪，比销售经营经理、市场营销经理、产品促销经理的工资还高出 10% 左右，他们在计划的制作阶段，就已经考虑到了图书的宣传广告安排。日本讲谈社"出版工作流程"规定，选题确定之后到销售之前，即开始宣传的准备工作。作为项目负责人的编辑，要拿出五种方案：产品方案，市场方案，宣传方案，推销方案，价格方案。其中宣传方案包括"产品的价值、特色魅力的分析、广告手段和宣传方式建议等"。据有关资料显示，国外出版社在图书定价时，宣传费用一开始就列入成本，一般在定价的 5% 左右。对于有市场销售前景的图书，广告费用投入就更大了。目前美国大型出版公司进行全国广告攻势的经费平摊在每本书上的比例约为定价的 3% ~ 7%，德国有些出版社高达 10%，法国每年为文学书籍花费的广告费高达 5 亿法郎。1994 年 5 月，美国哈珀柯林斯出版公司出版美国前总统丹·奎尔的《停业的公司》一书时，动用了 25 万美元进行了一次全国广告攻势。全国广告攻势是英国出版商于 20 世纪 20 年代发明的新词，也是他们创造的一种全新的广告宣传模式。其具体做法是：第一，印制和张贴宣传画。画有单面和双面之分，大多供张贴用，也有的夹在期刊中赠送读者，或放在书中供读者取阅，或贴在大街上、公共交通工具上以及公共场所可以贴广告的地方。第二，在报纸上刊登广告。第三，在电台、电视台播出广告。第四，在报纸、期刊、电台、电视台上连载和连播图书部分内容。第五，由出版公司出资请作者到几个城市周游宣传，为期 2 周至 8 周。作者到一个城市后或接受当地新闻媒介的采访，或在书店里同读者见面，宣传自己的新作。如 1991 年出版于美国的《野天鹅》一书，截止到 1997 年，已译成 20 种文字，发行了 700 多万册。这部小说是一位中国留学生写的自传体小说，通过讲述外祖母、母亲及作者一家三代女性的生活经历，描述了个人眼中的中国历史。这本书的作者和出版经纪人一起走遍了全世界做宣传。作者为满足读者的热情要求，在悉尼一连数场为读者演说。据统计，澳大利亚人口中每 33 个人中就有一人购买了一本《野天鹅》。日本有家出版社推销这本书的策略也堪称一流，他们趁日本天皇访华后的中国热，由图书宣传部请作者到日本露面。当大众媒体的热情达到一定的温度时，出版社又请作者和她的母亲两次到日本去促销。母女一起在日本的新闻媒体上露面的情景将此书的发行推向新的高潮。在美国、丹麦等国，出版社对该书也采取了类似的大规模宣传。英国的 BBC 制作了一部以这本书为题材的纪录片，观众多达 32 万人。（该片播出之日，销售 3 万多册）第六，制作展架。展架系用硬板纸做的陈列与展销新书的简易书架，上面放 6 至 48 册相同的图书，直接宣传图书的作用，类似于商店里放东芝电池、化妆品的小专柜。这种展架由专门的公司制作。第七，出版公司制作数量有限的录音带，寄发给书店，促其在店里播放。第八，印制小册子。把图书里的片断节选后印刷成册放在期刊中赠送给客户，或摆放在书店里供读者取阅。

以上 8 种方法，是国外出版商进行全国广告攻势所采取的措施。美国哈珀柯林斯公司为前总统的一本书所做的全国广告攻势花了 25 万美元。这 25 万美元具体用在如下几个方面：（1）在 2 家电台播放广告；（2）在《纽约时报书评》《华盛顿邮报书评》等 9 家报刊上刊登广告；（3）请作者周游 20 个城市演讲，与读者见面；（4）制作 12 个书架，上面摆有 4 盘此书的有声图书；（5）印制 24 页有关作者照片的小册子赠送读者。

三

市场经济条件下，竞争对手增加，传播媒介增多，出版社要想产品占领市场，扩大销售，必须加强图书的宣传促销。但是，就现阶段而言，他们不仅要正视现实，转变观念，还要措施得力。如何开展好图书的宣传促销呢？我认为，目前应当从如下几个方面着手：

1. 成立专门机构或由专人负责

出版社无论大小，都应当有人负责图书的宣传评介工作。只有任务明确，责任到人，才能真正落实这项工作。是否成立专门机构，这要视出版社的规模和机构设置情况而定。现在少数的出版社成立了策划部，负责选题策划、图书宣传，这是一种尝试。但出版社设立策划部还在探讨阶段，必须因社而异，不能一刀切。有些社将宣传放在总编室，由专人负责。在实际工作中，这种模式比较便于指挥，但从销售角度看，应当放在发行部门，由发行部门统一安排比较好。当然，目前大多数出版社存在的情况而定，发行部门多是没有受过专业训练的职工，他们无法胜任图书宣传工作。面对这种状况，出版社应当创造条件加以改变。

2. 制定宣传促销计划，明确目标

出版社宣传规模的大小要视出版社的经济实力和出书范围而定，要根据不同季节、不同时段开展宣传。因此，出版社做图书宣传要有一个系统工程。如准备全年投入多少钱做宣传，准备宣传哪些重点图书，在年度选题确定下来后就要有一个计划。具体宣传时要考虑选择哪些报纸、期刊，选择什么时间，是做广告，还是发布新书消息，召开座谈会，还是请作者到各地书店签名售书等。

3. 制定激励政策

在目前出版社大多数人不重视图书宣传与促销的情况下，出版社要制定必要的奖惩措施。有些出版社规定每位编辑每年必须要写一定数量的书评，作为年度考核的指标之一，同时对于发表了书评的编辑，按同等稿酬再补发一次稿酬。特别是责任编辑，在组稿和编辑书稿的过程中，对作者的写作意图和谋篇布局都很清楚，在编辑过程中反复审校，对书稿的艺术特色和出版价值应当说是烂熟于心，所以责任编辑自己动笔写书评和出版消息，会事半功倍，得心应手。

4.领导带头做宣传

出版社的负责人尽管工作较忙，但由于直接参与选题的制定，终审稿件，所以对图书的特色和市场卖点比较清楚，如果社领导自己动手制作营销方案，撰写书评，不仅更为客观全面，而且对全社员工将起到示范作用。领导同志一般而言都是某一方面的专家，有出版科研的经验，撰写书评也是驾轻就熟的事。

5.发动社会力量开展宣传

出版社不仅应当组织社内职工撰写书评，还可以在社外建立一个撰写书评的队伍。一方面，物色热心写作的同志，定期向他们提供图书。另一方面，请作者本人写，请作者约请自己的朋友写。作者自己可以撰写文章谈写作体会，谈撰稿缘起，谈书稿的背景，对于读者而言，比较关心书背后的故事，作者的文章更容易为读者接受；作者的朋友由于对作者比一般人要熟悉些，他们撰写的文章会比局外人更真切，看得更深刻些。同时，有必要的话，也可以请一些专家为图书写序或跋，或者请他们写推荐文章。由于专家在社会上有一定的影响和知名度，其评介会对图书的购买和阅读起到引导作用。

四

尽管各种介质的媒体正在增加，传播的方式和方法有了很大的变化，但从目前的情况来看，开展图书的宣传主要还是如下几种形式：

1.图书评论

对图书的内容与形式进行评论并就图书对读者的意义进行研究的一种社会评论活动，简称书评。它是宣传图书，引导读者阅读，提高图书质量，以及进行学术研究和讲座的重要手段。图书评论和一般性的图书介绍有区别。图书评论比图书介绍的内容更为深刻，倾向性更为鲜明，在介绍图书内容特点的基础上作深入的分析和评价，具有公开性、广泛性和新闻性的特点。

图书评论的活动古已有之。相传孔子的弟子子夏为《诗经》所写的《诗大序》就是先秦诗论的总结性文字。西汉史学家司马迁在《史记》中所写的《太史公自序》和此后的图书中的序跋，便包含有图书评论的因素。比较全面具体的当数曹丕的《典论·论文》，晋代挚虞的《文章流别论》，南朝刘勰的《文心雕龙》，钟嵘的《诗品》等。现代书评的出现和被广泛运用，与新文化新思想的传播以及现代图书出版事业的形成和发展密切相关。中国现代著名的思想家、出版家鲁迅、邹韬奋、郑振铎、叶圣陶等，都写过不少书评。西方出版大国更为重视图书的评论工作，一些全国性的报刊上都有过书评专栏，并有专职的书评家撰写书评。美国在这方面尤为活跃，如美国最有权威性的《纽约时报》设有星期日版副刊《纽约时报书评》，《洛杉矶时报》设有"星期日版书评"，还有《华盛顿邮报书评》。美国还有一些专门的评论性期刊，如《纽约图书评论》《美国信使》《星期六评论》《纽约人》等。此外，美国还有一些专门评述再版图书和小型出版社的新书，以及专门评述工具书、社会科学新书、缩微制品、有声图书、录像带和进口图书的书评期刊。

在外国的书评活动中，除了报纸、期刊上刊有书评外，电台、电视台也定期辟有书评节目。目前，国内也有了不少专门评论图书的期刊、报纸，电台、电视台也正逐步增设书评节目。较有影响的期刊有《读书》《博览群书》《书与人》等，报纸有《中国图书商报》《中华读书报》《文汇读书周报》等。同时，全国的报纸都在扩版，它们也分别增设了书评和专栏。最有影响的中央电视台也开设了《读书时间》专栏。

2. 图书评介

图书评介一般而言与图书评论没有太大的区别，不过图书评介通常是一种比较简明、活泼和自由的说明性文体。它一般不对图书作深入的分析和评论，字数一般在百字左右。报纸上一般用"新书快递"之类的栏目来刊载，简略介绍一本书的内容、特点。

3. 书籍新闻

书籍新闻即指一般的出版消息。这类出版消息又有人将其称为软广告。出版社用座谈会、研讨会、新闻发布会等形式，通过报纸、电台、电视台发布图书出版的消息，引起读者的注意。这种消息读者容易接受，因为新闻媒介通常都是政府所办，具有一定的权威性，并且覆盖面广，可以产生较好的宣传效果。

4.图书广告

图书的广告一般都登载在报刊上，因为报刊的读者面较广，并且便于读者查阅。这些广告有的配合节日登载，有的配合书市登载，有的是每月、每季度在报纸上发布一次新书目。如中华书局、商务印书馆每月都要在中央的大报上刊载一次自己的新书。一般而言，在电视台和电台做图书广告的相对要少一些，因为图书都是即时性的消费产品，图书品种多，更换快，在电视台等媒体上做广告，费用相对要多。

5.图书目录

对于图书目录的划分，国内和国外有些不同。国内有人将其分为推荐性目录、介绍性目录、资料性目录、预先性目录四种。推荐性目录主要是配合形势和其他特定需要向读者推荐图书的目录；介绍性目录是专供各类图书馆、资料室等单位以及确有需要的个别读者了解出书情况和选购图书时查阅参考的目录；资料性目录是各出版社为总结自己的出版情况而定期编印的某一阶段本社所出图书的总目录，可作为资料保存或供集体读者购买时参考；预告性目录是主要介绍专门用途的书目，如《降价图书目录》《调剂图书目录》等。在国外，出版公司一般都有专门的市场部。这种部门的工作是调查市场、发布出版消息、协助广告宣传部开展广告宣传。市场部负责编印与散发各种目录。目前，国外出版公司编印的目录大致可分为单页目录、每月目录、季度目录、年度目录、专题目录、特别目录六种。

6.征订单

征订单既是出版者和批发单位、零售单位之间的一种合同，也是一种宣传品。它一般分为两类：一类是出版社或图书批发部门编发，向各销货店征求预订的订单；另一类是图书的零售者编发、用于向读者征求预订的订单，如《社科新书目》《科技新书目》《大中专教材预订目录》等。有些征订单附有少量的新书介绍或者本社的最新图书，这也有助于书店订购图书。

7. 实物宣传

对于实物宣传，国内和国外目前的做法也不同。国内出版社的实物宣传一般指的是在订货会上，向读者和书店的采购员散发一些印有书目和自己社标志的手提袋、书签、年历卡、印有书目的笔记本等。新华书店一般布置一些橱窗用来陈列图书。国外的出版社一般采取制作展架、制作有声图书、印刷节选小册子的方式来宣传图书。展架分为立式和台式两种，由专业公司制作，根据发行公司和书店订购的数量来制作。实际上是一个小型的销售点。有声图书是出版社将新书制作成数量有限的有声磁带，随订购展架的书商一同配发，由书商在书店中播放，以达到促销该书的目的。印刷小册子是为了使读者了解新书的内容和梗概，把新书的内容节选一部分印出来。

近来，国内有些出版社在新华书店设立专卖店，在门前挂上铜牌，这也是一种宣传方法。还有些社在书店里设立专柜，这既能集中销售出版社的图书，也是一种展示。

8. 海报宣传

使用海报宣传图书是国内出版社目前采用比较广泛的宣传方式之一。出版社将认为较为重要的图书设计出海报，上面介绍主要内容、评价、定价、作者情况等。这类海报的设计要新颖，色彩对观众有冲击力，文字要简洁，要能在瞬间抓住读者的目光，激发读者的购买欲望。这类海报有时在订货会上张贴，有时随图书寄赠给新华书店，由书店在店堂里或者大街上、交通工具上张贴。

9. 口头宣传

口头宣传除了一般意义上的由书店职员向读者介绍图书内容外，还有以下方式：如读书报告会、文学讲座、纪念性报告会等。

读书报告会可以根据不同的主题组织各种不同类型的读书报告会。近来各地纷纷利用行政力量组织各种读书活动，如"学法律讲道德"读书活动，"百种爱国主义图书读书活动"等。也有围绕一本书开展专项主题读书活动的，如广东省的"读《三字经》"，江西省的"中国出了个毛泽东"，湖北省的"你是一座桥"读书活动。

开办文学讲座也是口头宣传的一种方式。如请作家、评论家或大学教师到工厂、学校、青少年中举办各种讲座。这种面对面的交流，读者印象深刻。

93

同时，由于报告者在读者中有一定的知名度，利用名人效应，会诱发读者的购书欲望。

10. 作家签名售书

作家签名售书是出版社的一种促销手段。虽然作家签名售书并不能销售多少图书，但由于这类活动主办者往往事先在当地的新闻媒介上进行宣传，因此不仅会扩大图书的销售，而且在较长的一个时期内会产生后续影响。在请作家签名售书要注意组织工作，一是在签名售书前的一个星期要请当地的新闻媒介进行广泛的宣传，避免读者不知道这次活动，造成作家签名时冷场；二是组织的作家要有一定的知名度；三是对于知名度特别高的作者，如影视明星类的人物，事先要做好安全保卫工作，避免出现意外。近来，签名售书的效果不如从前那么明显，特别是在大城市，但在中等城市，由于作者不常去，效果仍然很好。

目前，这种签名售书活动，地方出版社不是很重视，有人认为卖的书没有花的钱多，这是一种短视。在国外，凡是重点书，出版公司一般都要安排作者前往几个城市旅行宣传。到达一个城市后，作者或接受当地电视台、电台、报社记者现场采访，或前往已计划好的一二家书店同读者见面，宣读或朗读自己的新作。如美国女作家安妮·里弗斯·西登斯写的小说《商业区》，初版印刷30万册，由哈珀柯林斯公司出版，该公司安排她去美国10个城市周游宣传。

11. 运用其他媒体

如有意识地与当地的报纸联系，在报纸连载部分小说内容，或在电台连播图书内容，以扩大影响。如果图书由电视台搬上荧屏，促销的效果会更明显。

12. 运用因特网

在因特网上建立自己出版社的网址和网页，定期发布新书预告、出版消息、新书评介、作者介绍等。这种传输方式的受众正日益增多，并且有速度快、效果直观的特点。目前，全国已有不少出版社采取了这种方式。但不少社仅仅是图个新鲜，其网页简单并且内容陈旧，访问的读者很少，起不到宣传的效果。

五

任何一项工作，都有其规律，而且每一特定时期，又有其特殊性。从实践来看，开展图书宣传要把握好以下几个方面：

1. 适当

出版社出版的书是否每一本都要采取大规模的宣传促销呢？这要视情况而定。如果这是本介绍针灸的书，或者是谈养花的书，那么你就没有必要展开大规模的宣传。展开大规模宣传的图书，必须是有巨大的潜在读者群的图书，如文艺图书，学习用的图书。像《学习的革命》一书，该书上市已有一年，科利华集团经过市场调研后认为，该书对于希望提高学习效率，或者对于希望掌握学习秘诀的人而言，还具有很大的诱惑力，除了学生外，家长、教师以及自学的青年人，都是该书的目标读者群。

2. 适时

适时指要抓住适当的时机。图书的出售有其最佳销售时间，而图书的宣传促销必须掌握"火候"。如学生升学的辅导材料，中考高考研究生考试等，要在考前宣传；配合某种改革措施的辅导读物，如会计全国统考，房地产政策调整，金融改革，国企改革等，要和这种改革同步推出；儿童读物销售的高潮，每年都在"六一"前后，那么这种宣传也应在此之前；国外或国内某一部电影将要上映，如有图书，最好与电影同步展开宣传。如美国的《泰坦尼克号》在中国上映，一些出版社搭车狠"赚"了一把。

3. 借力

图书的宣传不仅要靠自身动用各种手段展开宣传，如果有某些外部的力量可供利用，那么就不能错过时机。如某位权威讲了，现在是知识经济时代，社会各界都很关注什么是知识经济，这时你在报上宣传，我有一本介绍知识经济的图书，效果可想而知。如中央领导号召向某个英雄人物学习，而出版社刚好曾组织编写了这种内容的图书，那么就要适时展开宣传，让别人知道这本书。如国外某个大片将在中国上映，你有同类书或者你有写其中主角的传记，那么你就要利用这个机会。如长江文艺出版社出版的《雍正皇帝》一书，中央电视台刚好要播 44 集电视连续剧，出版社趁机在各报登载广告，在短短的时间里就销售了 20 多万套图书。

4. 造势

科利华集团发行的《学习的革命》，可以说是造势比较成功的一例。他们召开新闻发布会，在全国同时上市，在中央电视台黄金时段请名人做广告，在全国各地举行报告会，举行展览会，风靡一时。很多人买到后感觉内容一般，但还是有很多人去买，好像不买这本书就被人认为太没眼光。实际功能且不谈，求的就是这种热情。

5. 虚拟

现在，有些图书在炒作中，采用虚拟的方法，虚拟一个人提反对意见，然后由另一方反驳，通过报纸发表不同的观点，不知内情的读者对这种争论十分感兴趣，干脆就去买本书看看谁是谁非，于是宣传者就在无形中达到了宣传的目的。

6. 恰如其分，物有所值

一本图书是否能够常销不衰，主要还是看其内容是否具有科学价值或者艺术价值，造势、借力都是必要的，但能够为一代又一代人阅读，还是看其图书的内在质量。图书宣传时，既要投其所好，还要恰如其分。夸张是要有基础的，否则会损害出版社的形象。

当然，图书的宣传与促销是一个系统工程，在实际工作中这些方法可以交叉运用，或者有详有略，有主有次。

原载于《出版科学》1998 年第 3 期

传统出版仍大有可为

谈起传统出版，业内业外一片唱衰之声。唱衰的理由是，数字出版正以几何数字增长，数字阅读人群正在不断扩大，数字出版形态不断创新，独立书店不断关闭，因此，有极个别人断言，传统出版将会退出历史舞台。敝以为，此说缺少科学依据。就中国国内而言，传统出版短期内不仅不会衰退，还存在很大的发展空间。

我认为当前的发展空间主要表现在如下几个方面：一是城镇化的稳步实施为传统出版的拓展打开了新的通道。据中国社会科学院社会学研究所 2011 年发布的统计数字，中国目前城市化水平已超过 50%，即目前已有近 7 亿人居住在城市。其中，真正拥有城市户口的居民只有 35%，另有 15% 以上的居民虽然入住在城市，但还没有享受城市居民的待遇。如果解除这部分居民在城市生活的后顾之忧，让这一庞大群体成为文化生活的后备军，则传统出版的想象空间蔚为壮观。

根据世界城市化的经验和一般规律，国家城市化水平达到 30% 以后，将进入城市化加速时期。中国特色的城市化不仅是经济发展的必然，也是未来若干年社会发展的内在需要。因此，从现代文明史的角度看，城市化的核心就是让农村居民真正融入城市，使他们的生活方式、行为方式发生改变，他们的经济能力得以提升，以此来提高整个社会经济运行的效率，创造社会的经济繁荣。我们不难看出，中国城市化的进程，恰是中国传统出版发展的一个机遇。按照目前中国人均购书册数只有6册左右来看，与发达国家比较，至少还有一倍以上的增长空间。特别是居住在城市的农民一旦享受城市居民的同等待遇，他们改变自己及下一代命运的愿望就会十分强烈，而读书则是他们摆脱现状、追求幸福的必然选择之一。

二是数字出版的统计范围有待商榷，以此与传统出版进行比较是否科学也需进一步探讨。尽管数字出版技术不断创新，数字出版的收入呈几何数增加，但从统计学的口径来看，所谓的"数字出版"与传统的图书出版并不是一个概念。据《2010—2011年中国数字出版产业年度报告》的统计，2010年国内数字出版产业总体收入规模达到1051.79亿，已经基本超过了图书出版的销售额。但仔细分析，这里所谓的"数字出版"，包括了网络广告、网络游戏、网络动漫、网络博客、数字报纸、网络音乐等一切以二进制为技术手段进行内容存储的数字产品，而与内容出版相近的只有电子书和手机出版。手机出版除了手机阅读外，还包括了短信、彩铃、游戏、音乐、视频。而在传统的图书出版统计范围中，并没有把玩游戏、写短信、登广告、听音乐统计为出版。这就是说，用所谓的"数字出版"的矛来戳传统图书出版的盾并不科学，两者有些南辕北辙，故我们不能以此来推论数字出版将会取代或部分取代传统图书的出版。网络传播的特点是信息量大，传播速度快，有人称之为除广播、报纸、电视之外的"第四媒体"，这对于以传播信息为主的报纸和期刊而言，会分割读者的大多数时间，抢占部分市场。如大家熟知的美国的《新闻周刊》，因为数字媒体的影响只好停刊，但这和有一定广度和深度的图书并不完全是一码事。

三是影响传统出版的网络文学读者接触率已经开始下降，传统文学与网络文学的优劣进一步为读者认识。目前，数字阅读中原创性的网络文学大多数已从形成之初的雅致、清新、精美和非功利性演变为主要以媚俗、滥情、自娱和功利性的工业化生产为主。悬疑、穿越、玄幻、武侠、情感等标以各种类型标签的作品在写手们日以继夜的码字中生产出来。在最初的阅读新鲜感消失之后，具有一定审美能力的人们开始诟病网络文学消解诗意与崇高，宣扬自我与物欲，文字杂沓与粗俗。回过头来，读者又发现传统图书的无穷魅力。网络文学与传统图书的区别其实在于它的创作与生产机制，而不在于使用什么媒介传播。如传统文学作品的创作是作者人生经验的积淀，作者通过想象、语言、思考传递审美功能。在图书的出版过程中，书稿经过出版社"三审三校"，力求达到内容与形式的完美统一。读者打开书本，通过心无旁骛的欣赏与沉思达到"天人合一"的境界。而如潮水般涌来的网络文学除却少量精品外，2/3的文章属于"伪文学"和"非文学"。所以近来图书评奖中，尽管主办方已将网络文学列入遴选范围，但目前还没有一部作品能得到各方的认可。另外，中国互联网调查中心（CNNIC）的调查数据也表明，截至2012年6月，网民对网络文学的使用率已经从2010年6月的46.8%下降至36.2%。无独有偶，大洋彼岸的美国数字化阅读景况与中国也十分相似。2013年1月17日，美国《华尔街日报》中文网站上有一篇文章说，美国出版商协会（Association of American Publishers）报告，2012年电子书销售年增幅骤降至约34%。这样的增长态势还算不错，但较之前四年的三位数增幅已大幅下滑。Bowker Market Research公司2012年进行的一项调查显示，只有16%的美国人实际买过电子书，而高达59%的人说他们对买电子书没兴趣。

出版社要保持传统图书的市场与发展，就要认真应对产业形态升级的新变化，吸收新的存储技术、传播方式的优点，但绝不可妄自菲薄、风声鹤唳，自乱阵脚。数字技术在传播和存储上有其优势，但局限性也显而易见。纸介质图书经过千年的演变，已经融入人类文明的年轮。而占有重要地位的网络文学由于品质的缺位已经受到冷落，其中少数佼佼者正在向传统图书靠拢。事实说明，无论传播介质如何变化，人类赋予精神产品的内涵没有改变，人类文明传承的主要形式也还没有改变。2012年，莫言获得诺贝尔文学奖，其著作顷刻洛阳纸贵，这无疑说明优秀的传统图书仍然有其庞大的市场，说明阅读仍是中国人精神生活中不可或缺的大餐。出版社只要保持并提升图书的内在品质，注重图书内容与形式的统一，"知彼知己"，在"专精细"上下功夫，突显自身不可替代的作用，传统出版仍然有其存在的价值与地位。湖北省的《特别关注》是一份文摘类期刊，在互联网时代，按说应是第一个倒下的纸老虎，但该刊2012年却有很大的增长，月发达到400万册。刊物有此业绩，一是说明主办方了解市场，定位明确，服务周到；二是说明数字化时代传统媒体仍然有其驰骋空间。当然，传统出版不能排斥数字化为我们这个行业带来的正能量，如当连锁书店和独立书店不断萎缩之时，以互联网技术为基础的网络书店以其周到的服务和销售的长尾效应,让传统图书与读者无缝对接并保持长久的生命力。如在传统图书的营销过程中,互联网技术与数字技术为图书信息的传播插上了翅膀。再如互联网与手机上的少量优秀原创作品也为传统出版提供了新的补充资源。

总之,我以为,在数字化时代,传统出版不是面临末日,而是如虎添翼。在我们这个正在前行的国度里,传统出版仍是天高地阔,大有用武之地。

原载于 2013 年 2 月 6 日《中华读书报》

第二辑

编辑艺术

出版集团选题论证之探索

选题论证，对于出版人而言，其重要性不言而喻。我在出版社、出版局工作过，曾经历过不同时期、不同要求的选题论证。如出版社的选题论证，通过市场调研，逐级讨论，千挑万选，优中选优，但关注的是微观，是单个产品的经济效益，是出版社自身利益的最大化。这些选题是否与其他社冲突、重复，往往考虑得比较少。出版局组织的论证，比较关心选题的政治导向，对选题的经济效益虽然也强调但缺少认真的分析。因为凭着出版社提供的几十个字或者几百个字的内容简介，在很短的时间内，又怎么能够科学地预测选题的实际效果呢？在集团化的背景下，如何科学有效地开展选题论证，做到既保证选题的质量，又体现集团的整体利益和产品战略，确实是一个新的课题。我2004年到出版集团分管出版社后，在组织年度选题论证时也曾颇费踌躇。选题论证虽然只是出版工作中的一环，但却是出版产业链中的第一推动力，是出好书、出效益、出人才的基础。这种事关出版社生存与发展的大事，论证的方式与程序不能流于形式，务必要取得实效。但出版集团既不能代替出版社去市场找选题，又不能光就政治导向谈一些大道理。如何创新选题论证的形式与流程呢？几年来，我与出版产业部的同志一起，做了一些探索。

1. 重在通过论证找到出版的方向、路径，构建合理的产品结构

成立出版集团，其初衷就是"造大船"，让中国的出版业做大做强，但如果仅仅是将原有出版单位合并在一起，并不是出版人的目的。如果要让这只大船既"大"又"强"，就必须让进入出版集团内的出版社发生"化学变化"。如何发生变化，落脚点还是体现在出书上。过去集团内的各家出版社为了自身利益，或者短期利益，产品重复现象严重，内部互相竞争，出版社虽有专业分工，但特色并不明显，竞争力不强。如果要改变这种局面，就必须从选题抓起，这样才能让出版集团内各家出版社形成相互补充的产品集群和合理的出版结构。

可见，选题论证虽是一个微观的技术性的问题，但却是一个关乎出版社、出版集团发展的大问题。各家出版社出什么书不出什么书，从出版社到出版集团，首先必须统一思想，明确方向，然后落实到选题上。为此，我们在调查研究和广泛征求出版社意见的基础上，制定了各家出版单位特色定位、产品方向的指导性意见。出版社根据指导意见，再依据各自的专业方向、编辑实力、出版积累、已有的社会影响和竞争对手的强弱，来考虑产品的方向和选题的结构。因此，集团的选题论证会议，不仅仅是一个就选题谈选题的会议，而是一个继续统一思想，明确方向的会议，是商讨在出版实践中如何体现自己出版追求的会议。于是，出版社经过较长时间的充分调研和反复论证，制定了各自的年度选题，然后通过数字、材料、图表，向与会者论述自己制定这些选题的初衷和实施措施。这种论述过程既要考虑微观，也要观照宏观，论述者在陈述时必须用观点统率选题，要用选题来说明观点。做到条分缕析，观点鲜明，材料翔实。出版方向，细分市场，优势版块，产品线，产品规模，以及投入的准备，预期的效益等，都要围绕选题讲得明明白白。集团成立之初，我们要求出版社按照这种方法论证，有些社还不太习惯，但通过数据图表，对比分析，再加上社长自己的梳理，他们也认识到这种论证方法确实帮助自己理清了思路。此后每年的论证会，各社不仅按集团的要求讲，还都在此基础上有所创新。为了肯定出版社社长和总编室同志的努力，选题论证会议上，我们还当场投票，对演示汇报时内容与形式结合得比较好的进行奖励，由董

事长现场颁发奖金。如湖北美术出版社社长冯芳华高度重视选题论证的效果，总编室的同志作出初稿后，他都要亲自动手修改完善。在集团的论证会上，他讲得言简意赅、观点鲜明，PPT制作得生动形象、引人注目，曾连续多年夺得集团选题论证的头筹。

2. 重视系统性与连续性，不就某一具体选题，某一年度得失加以评判

出版社年度选题的经营效果，有时在短期内，甚至在一个出版年度内都很难看出其价值与效果。有些当年并未畅销的书，由于某一原因的推动，可能未来三至五年会成为畅销书或常销书。所以，论证选题仅仅考察当年的经营成果并不能完全说明当初论证的正确与否。因此，每年论证选题时，为了检验上年度选题的质量，各家出版社要将前两年甚至前三年每本书的销售业绩统计出来，并将论证时预计的经济效益与实际经营结果加以比较，检验一下自己当初论证时的评价是否符合实际，通过查找原因，从中总结出规律。论证不仅要重视总结成功的经验，还要找出失败的教训。对于上一年度效益与预期有明显差距的选题，出版社还要说明是选题脱离市场，还是在具体落实中没有做到位，是否为内容编排、投放时间、产品定价、产品推广中的某一方面出了问题。如个别社当初论证时曾将某些选题作为当年经营的重中之重，希望能够带来丰厚的回报，结果适得其反。次年通过坦诚的分析原因，就能避免再犯同类的错误。作为讲述者，虽然抖出了家丑，但整个与会者却感觉获益匪浅。所以论证会不仅仅局限于论证选题，还要对出版社的选题经营结果进行评估。选题论证的时间虽然只有两至三天，但各社通过坦诚的交流，共同分享出版实践中的得与失，教训也变成了经验，在探索中找出了规律，使选题论证和产品经营一年迈上一个新台阶。

3. 既重视宏观概括，更重视定性定量分析，论证时不仅要有文字材料，还要求用数字和图表，通过 PPT 演示的方式进行汇报

出版社作为一个企业，对其选题的价值、选题经营成果的评估，如果仅仅用几句话来概括未免有些缺少说服力。选题的质量如何，只有用市场反馈来的数字来论证才更能说明问题。所以论证时，我们要求出版社不要笼统和抽象地谈观点，而要通过数字，通过对比来进行分析。我们每年下发选题论证会议

105

的通知时，会针对性地提出一些要求。如要求各社要统计当年的生产码洋、发货码洋、库存图书码洋，还要求列出每本书的利润情况，责任编辑个人的发货码洋、创利情况。出版社在分析经营成果时，一定要用数字来说话，在评价出版社的地位时，最好采用中介机构的数字来说明问题，如北京开卷信息技术有限公司提供的数据。这些经营成果不仅要用数字表格来加以说明，有时还要求用柱状图、曲线图、饼状图来表示。同时，我们在下发选题论证通知时，集团出版产业部会将演示的要求发给各社，要求各社的一把手必须亲自审查内容，亲自汇报。所以，各社的思路、效果，孰优孰劣，通过演示一目了然。每年集团的选题论证会，各社负责人都高度重视，社长本人不仅反复指导修改本社的汇报材料，而且在集团统一要求的基础上有所创新，甚至有些社长还亲手制作演示的 PPT。这些演示的内容在集团召开的会议上汇报后，各社也会在本社再加以利用，让全社员工都知道当前的经营情况与竞争态势。

4. 不仅重视出版产品中所占比重较大的教材教辅，而且重视对一般图书市场表现的分析

教育产品目前仍是大多数社的当家产品，这是不争的事实，我们在鼓励出版社做好教育产品，做好本省本地区教育行政资源开发的同时，也要重视一般图书的选题质量与生产经营效果。每年选题论证时，我们会要求出版社将这两类产品分开表述。在一般图书选题论证时，会提前取得开卷上各社的经营数据，分析出版社一般图书的市场地位及变化情况，分析各社在不同版块间的表现。通过我们反复强调市场占有率，出版社在重视教育产品生产的同时，也投入更多的人力物力加大对一般图书的选题策划与营销推广，经过几年的持续努力，出版社一般图书的市场占有率在原有基础上都有所提升，出版集团整体的市场排位也从成立之初的第十六位上升到今年的六七位。

5. 不仅重视对自身的反思，更重视对竞争对手的分析

在市场的竞争中，胜利与否往往不取决于自身的实力，关键取决于竞争对手是否强大。我们要求各家出版社每年一定要找出五家竞争对手。在选题论证时，要分析这些竞争对手的产品优势，目前的市场地位，自己出版社产品的市场表现，与竞争对手比较后的优势与劣势。出版社不仅要分析当年的竞争格局，还要用曲线图动态地说明与竞争对手在一定时期内市场地位的此消彼长。

通过分析原因，出版社要采取措施，扬长避短，保持自己的竞争优势。在某一细分市场上，竞争对手进入了自己的优势版块，就要考虑如何扩大生产规模或加大营销力度来巩固自己的市场地位。如果准备进入对手的产品领域，就必须避开其锋芒，寻找薄弱点，找到切入口。为了观察集团整体的市场表现与变化，集团本身也根据市场情况确立了五家竞争对手，在选题论证会上，也会用曲线图将每个月的市场占有情况、竞争对手的优势版块与自己进行动态的比较，以了解集团和出版社目前的市场地位。

原载于 2010 年 12 月 20 日《中国新闻出版报》，现有增补

再论编辑对文化资源的再创新

2008 年底，贺岁片《非诚勿扰》刚刚上映，冯小刚的首部长篇小说《非诚勿扰》就以传统图书、互联网、手持阅读器和手机四种形式同时展现在广大读者面前。有人认为，这是全媒体时代的一个标志性事件。出版这个有着悠久历史的行业，在最近一个多世纪以来完成了从传统到现代，从计划到市场，从保守到开放的一系列变革。数年前，出版业经历的市场化、全球化、数字化等变革告诉出版者们，只有充分理解并牢牢把握新时代的特点，充分利用新时代提供的机遇，才能抢占发展的先机，立于不败之地。编辑是出版的中心环节，出版的每一次变革都要求编辑工作者对现有的文化资源作出创造性的应用，以适应新形势的需要。

一、传统编辑对文化资源的再创新

编辑活动究竟源于何时，学界暂无定论。20 世纪 80 年代，曾经出现过两种编辑史观，即"书籍起源说"和"印刷起源说"。前者认为编辑工作的产生与书籍的出现同步，距今 3500 年左右；后者则认为编辑工作当在出版业产生之后才出现，距今 1000 年左右，这是两种从时限上差别甚大的观点。综观研究编辑历史的学术成果，没有一种将编辑史的起点定在出版业产生之后，即广泛应用了雕版印刷的两宋时期。事实上，许多编辑史的研究都可以追溯到上古三代。如姚福申的《中国编辑史》和肖东发的《中国编辑出版史》这两部在编辑史学界非常重要的著作就都有对上古三代时期编辑活动的介绍。时移世易，而编辑活动却一以贯之地发挥着重要的社会作用，其根本就在于编辑对现有文化资源的再创新功能。

1. 关于文化资源

陈国强主编的《简明文化人类学词典》中将文化资源定义为，"包括文化遗产在内的人类创造的各种物质文明和精神文明的总和。它分为有形的或物质的文化资源与无形的文化资源两类。前者指以物质形式表现的各种文化现象与事实。如各种考古学的遗迹与文物、人类现行所创造的各类物品等。后者指没有物质载体的各种文化现象和事实，以及由物质载体所体现与反映的各种文化精神，如社会组织、语言特征、思想观念、心理特征、建筑风格等"。这一定义得到了各界学者的广泛认同。出版文化资源是建立在文化资源之上的，文化资源是它的根基和源头。一种文化资源是否能够成为出版文化资源，除了资源本身的特质外，编辑的眼光也具有举足轻重的作用，将文化资源纳入到出版范畴中来，这个工作本身就需要创造性的思维。出版文化资源也可以分为有形和无形两个部分。有形的出版文化资源是生产要素资源，包括出版物生产的物资资源（载体材料和生产条件）、出版人力资源、出版生产资本资源和出版物生产信息资源；无形的出版文化资源主要是出版物的选题资源，一切文化资源都可以成为选题的来源，如作者资源、旅游文化资源、历史文化资源、现实的社会文化资源和国际出版资源等。古往今来的编辑活动都是对这两类文化资源的综合运用，相较之下，对无形文化资源的运用更为频繁和明显，也更能够体现编辑对文化资源的创造性整合。有形的文化资源在这里变成了一种载体和被依托物，同时也是受益者。一方面，编辑活动的成果必须通过物化的形式表现出来，这就必须借助有形的文化资源。另一方面，许多有形的文化资源都可以通过编辑活动得到充分应用和传承创新。

2. 传统编辑对文化资源的再创新

编辑作为一种蕴含了极高文化含量又不易被读者觉察的社会工作，中介性质往往被认为是其本质特征。"为人作嫁衣""水泥柱里的钢筋"一直以来都是编辑工作的代名词。而实际上，中介性质只是编辑的特征之一，编辑工作的本质特征在于创造性。并且，编辑工作创造性的含义是丰富多样的。

（1）对现有文化资源的创意性整合。文化资源是客观存在的，某段时间内会以一种固定的形式存在着。优秀的编辑则会从固定的形式中找到新的演绎方式，使得文化焕发出新的活力。孔子是我国古代著名的思想家和教育家，同时也是我国历史上第一个伟大的编辑家。他在编辑史、文化史上的突出贡献是在教授学生的过程中，编撰整理了《诗》《书》《礼》《易》《乐》《春秋》等被后世称为"六经"的六部作品并作为教科书。这个整理的过程就是对现有文化资源再创新的过程。比如《诗》又称"诗三百"，收录了311篇诗歌，其中6篇为笙诗，只有标题，没有内容，现存305篇。根据司马迁在《史记·孔子世家》中的记载，上古时期民间流传的诗歌有3000余篇，孔子将这些诗歌搜集到一起，去掉那些重复的，以"取其可施于礼义"为标准，只保留了305篇，并且按照音乐性质的不同分为风、雅、颂三类。这种对繁复庞杂的文化资源进行简化和有序化的活动就可称之为对文化资源的一次再创造。正是得益于这个高质量的再创造，才使得《诗经》具备流传后世的条件。史书是我国古代一个非常重要的书籍门类，注重编史的传统贯穿了整个封建社会。历朝历代的编辑家在史书编撰的过程中不断思考，不断创造，到了唐代，史学家刘知几将史书的体例概括为"六家二体"，而这尚且不足以囊括所有的史学著作，后代史学家又有不同创新。这些不同的体例都是史学编撰家对同一内容进行不同的取舍编排而得的成果，可以满足不同的需要。比如纪传体以人为纲，可以全面了解历史人物；纪事本末体则帮助人们掌握一个历史事件的来龙去脉；编年体则清晰地展示了历史发展的脉络。试想，如果没有历代史学家对现有文化资源的创造性改造，留给我们的历史就只能是无序而枯燥的诸如上古的《春秋》和唐以后的《实录》之类的作品了。

（2）整个编辑过程中保持创新型思维。现代编辑工作诞生于社会化大生产条件之下，从著作劳动中分离出来，更加具有了独特的价值和意义。一直以来，编辑学界都认为，选题策划环节是编辑工作的起点，也是难点，更是创意点。诚然，选题对于一部书稿有着特殊重要的意义，好的选题是成功的一半，甚至一大半，相反，选题出错便会导致一错再错。选题体现的是编辑对现有信息的把握和判断能力，是编辑创造性的极佳展示，但不是唯一的。编辑的创造性体现在一切编辑流程之中，从选题开始，组稿、审稿、编辑加工、协助校对工作、装帧设计，甚至最后的图书宣传都可能凝聚着编辑工作者作为主体对书稿这种文化资源的创造性智慧。

同一部书稿、同一位作者在不同的编辑眼中有着不同的价值，在对书稿和作者价值的判断中，编辑的创新型思维往往能起到关键作用。著名科幻小说家凡尔纳的处女作《气球上的星期五》曾经遭到十几家出版社的拒绝，"大侠"金庸也曾携带作品向北京某知名文艺出版社毛遂自荐，却被告知"不具备文学性"。所幸后来他们都碰到了有着创新精神的编辑，发现了他们书稿的独特价值，使得他们的文化资源得以充分展示。有的研究者将编辑主体在此环节中的创造性作用总结为发现、挖潜、提升和完善四个部分，并且用大量的案例说明。现实的编辑工作反复证明，只有能够在整个编辑流程中随时保持勇于创新的心态才能成为一个好编辑。

毛泽东同志曾经在臧克家主编的《诗刊》上发表著名作品《沁园春·雪》，其中有这样一句："山舞银蛇，原驰腊象，欲与天公试比高。"名编周振甫看到以后，即刻写信，认为"原驰腊象"应该是在形容雪白的象群在原野上奔驰，故而"腊"应该改作"蜡"，此举深得毛主席赞同。一字之差，尽显其创造精神。1948年，他担任钱锺书《谈艺录》的责任编辑，在精校精勘的基础上，还创造性地为该书加了提要性的小标题，深得钱锺书赏识。该书出版后，钱锺书亲笔赠言："校书者非如观世音之具千手千眼不可。此作蒙振甫兄雠勘，得免于大舛错，得赐多矣。"正是基于这样的信任和崇敬，钱锺书的又一部重要作品《管锥编》也委托周振甫编辑校对。

除却内容上的创造性，形式上的创意也很重要，形式的创意是内容创造的继续。鲁迅是我国近代史上伟大的文学家、思想家和革命家，同时也是一位了不起的编辑家和装帧设计家。他的装帧设计思想是编辑思想的一部分，虽然其应用往往不在他编辑的刊物中，但是我们可以认为他对自己作品的出版也是有编辑工作的成分的。鲁迅虽然不是专业的装帧设计家，但他在装帧设计领域却不断推陈出新。在版式方面，以前的书题目仅占一行，鲁迅在题目的排法上作了革新，占到五行之多，每行中的每一字之间都间隔四分之一个字的距离，看起来赏心悦目；在封面设计上，《呐喊》1926年再版时，封面上文字只有书名和作者名，书脊也只有书名和作者名，出版发行单位的名称全部没有排印出来（只刊在版权页中），这是一种冲破当时出版物封面设计的独一无二的方法。在细节上，定了三样小改革：一是首页的书名和著者的题字，打破对称式；二是每篇的第一行之前，留下几行空白；三就是毛边……这些创新，直到今天仍有它们的价值。

几千年来，由于社会的发展和技术的进步，编辑活动的载体、方式和传播手段都发生了翻天覆地的变化，甚至作为活动主体的编辑工作者的身份和素质也不同往日，但编辑活动在人类文化史上依然发挥着重要的作用，其根源就在于编辑对文化资源再创新的能力是独特而必需的。全媒体时代依然如此。

二、全媒体时代编辑对文化资源的再创新

1. 全媒体时代的到来是编辑出版事业发展的新契机

2009 年，中国出版科学研究所发布了第六次全国国民阅读调查成果。成果显示，2008 年，18~70 周岁国民的图书阅读率为 49.3%，比上一年度的 48.8% 增长了 0.5 个百分点，增幅为 1.02%。与此形成鲜明对比的是，作为新兴媒体的互联网阅读率持续迅速上升。调查显示，截至 2008 年 12 月 31 日，中国网民规模达到了 2.98 亿人，普及率达 22.6%，不仅超过了全球平均水平，也超过了 2007 年底中国报纸普及率 22% 的水平。与此同时，我国手机网民的规模也达到了 1.18 亿人。以上两类网民人数年增长率分别高达 41.9% 和 133%。传统阅读正在部分地为网络阅读取代，这是一个无法遏制的趋势。这些数据为我们传递了这样一个信息：人们并不是不愿意阅读，只是改变了阅读的方式和途径，选择了新兴的媒介载体进行阅读活动。对于拥有内容优势、品牌优势和人才优势的传统出版业来讲，只要充分利用好新媒体的观念优势、技术优势和传播优势，出版就会面临一次新的巨大的发展机遇。

2. 发掘同一文化资源在不同媒体形式上的差异化表达

为适应全媒体时代的到来，全媒体出版应运而生。《非诚勿扰》《贫民窟的百万富翁》这些被称作"全媒体"的作品有两个共同的特点：其一，诉诸多种媒体形式。比如《非诚勿扰》就有传统图书、互联网、手持阅读器和手机四种载体；《义犬》则用纸质图书、网上阅读和手机阅读三种方式。其二，非常强调"同步""同期"或者说"同时"等时间概念。全媒体出版的概念虽然

刚刚提出，但在此之前，对同一文化资源通过不同媒体出版的现象已部分存在。如二月河先生的长篇历史小说《雍正皇帝》，曾先后改编成44集电视剧《雍正王朝》，改编成有声图书，改编成可供报纸连载的故事版。除此之外，该书的电子版通过网络和手持阅读器、手机等载体广泛传播。但这多种形式的改编并不是统一规划、同步实施，而是由具有不同需求的客户来分别进行开发的，也不具有同时性和即时性等特点。应当说，这只能是出版界探索同一文化资源在不同媒体传播的滥觞。

3. 把握全媒体的特点，全面发挥创造之功

全媒体时代的编辑在新的技术条件下不论是工作的方式还是特点都会发生许多转变。但是编辑作为有着数千年历史的古老行业，创造性的本质特征是不会改变的，这也是这个职业存在的基础与前提。新的技术手段让人类的文化资源得以更加丰富多彩，也使得这种特征显得更加重要。

首先，编辑要有全媒体出版意识。《非诚勿扰》首先打出了全媒体出版的旗帜，有着鲜明的全媒体出版意识。这就要求编辑必须认识到在各种媒体不断融合的时代，单靠同一媒体的传播不仅不能达到传播知识、传承文明的追求，而且也不能满足不同受众的要求，同时也不能实现效益最大化。在多种媒体相互渗透的今天，编辑从选题策划开始，就应当考虑不同媒体的特点，进行立体开发。这样，不仅可以降低成本，而且便于快速覆盖市场，实现效益最大化。《从头到脚说健康》系列产品的成功开发是全媒体出版的一个范例，也是编辑具有全媒体出版意识的体现。该书从策划开始，出版社、编辑与作者就考虑采用不同的载体形式进行传播。和一般的出版流程不同的是，出版社决定出版这个作者的相关保健类书籍时，作者并没有书稿，而是仅仅与编辑商量拟出了一个提纲，然后根据自己的理解，对着摄像机镜头讲述。编辑根据她的讲述整理出书稿，摄取的镜头经过剪辑、加工，制作成视频节目，供电视台和网站播放，制作成音像产品供商店销售。整理书稿时编辑发现作者讲述的内容比较简洁、单一，做成一本书分量就略显单薄，所以就根据作者讲述的内容，另外增加了很多知识性的补充材料。同时，编辑在剪辑录像时，考虑到电视播放的特点，又在画外增加了很多提示性的文字。

其次，选择合适的图书和合适的载体做全媒体出版。全媒体出版是一种新的出版方向，但并不代表任何选题都适用。从目前比较成功的全媒体案例看，

113

大众阅读的图书、动漫更适合全媒体出版。当然，一些科技图书、专业类图书、工具书更适合数据库出版。另外，大众阅读作品的篇幅也很重要，不能过长，如《非诚勿扰》8万字，《义犬》13万字，《也该穷人发财了》5万字，这为不同媒介载体的表达提供了方便。当然，编辑不仅可以对正在运作或者即将运作的选题进行全媒体出版，也可以把过去的优秀选题以合适的不同载体形式重新出版，这同样是对文化资源的创造性运用。

最后，要根据不同媒体的需要对文化资源进行加工。如手机出版，由于手机适合碎片化阅读，必须在简短的文字内就要抓住读者的眼球，所以，小说开头很重要，情节要一环套一环。编辑在对同一小说加工时，就要根据出版的容量和特点整理，使之适合手机出版。对于适合在广播中播出的小说，如果纸介质媒体中心理描写、风景描写太长，就要适当删减，否则会影响听众的兴趣。如将小说《雍正皇帝》改编成电视剧《雍正王朝》时，小说中原有的一些与雍正本人无关的情节，由于电视剧容量的原因而被删除。而在连载本中，则保留了情节线而删除了过多的心理描写和景物描写。

总之，全媒体时代，作为编辑主体，在新的技术与新的传播手段面前，不仅要注意对文化资源的提升、加工和完善，还要根据传播方式和新材料、新技术的要求，对文化资源进行新的适应性的加工，使之适合传播，这对编辑而言增加了新的创造空间，同时也是一种新的挑战。

参考文献

①陈国强主编.简明文化人类学词典[M].杭州：浙江人民出版社，1990：90~91.
②罗紫初等.出版学基础[M].太原：山西人民出版社，2005：85~90.

原载于《出版科学》2009年第3期，系与芦姗姗博士合作

作者资源的开发与维护

　　从事编辑这项工作，没有谁不希望通过自己的努力，为社会、为读者编辑一批有价值的图书。但要实现自己的职业抱负，最关键的，就是要找到那些能够撰写有价值图书的作者。所以有人说，作者是出版社的衣食父母。也就是说，在出版产业链中，如果编辑是出版社的第一推动力，那么作者就处于"链主"的地位。如当今世界上炙手可热的英国女作家 J.K. 罗琳女士，其《哈利·波特》系列的出版为出版社、为世界各种语种的编辑带来了丰厚的收益，创造了世界出版的奇迹；再如易中天先生和于丹女士，他们作品的销售创下了中国大众学术图书的新纪录。可以说，正是他们的被发掘与开发，才掀起了世界出版与中国出版的一波又一波高潮。可见，一个出版社如果能够发掘到好的作者，那么至少它在成功的道路上，已经有了一半的把握。如果没有好的作者的书稿，出版社无论怎么营销、怎么做渠道工作，结果也会是南辕北辙的。即使有可能取得一时的市场效果，也不能长久赢得读者的喜爱。因为出版产业是内容产业，以内容为王，换句话说就是"作者为王"。从另外一方面来说，即使是那些无耻的盗版者，做伪书者也是深谙其道——盗用著名主持人王小丫的名义出版的《一路欢歌》，盗用著名作家周国平的名义出版的《纯粹的智慧》，以及与名著《挪威的森林》相对应的《挪威没有森林》，"金庸"改成"全庸"，等等，都是希望借助品牌作者来获取好的市场效应。所以，无论是盗名出版、伪书现象，还是出版界目前的公开竞标、高稿酬高印数招徕作者，都说明了作者在出版产业链中的重要地位。

一、作者资源的开发

作者的重要性对出版人而言是不言而喻的了,那么该如何去寻找作者呢?

寻找作者是有原则的。首先，所找的作者要与出版社有关联，确切地说应该是与出版社的战略定位、市场定位关联。例如，湖南文艺出版社，他们产品结构的很大一部分是音乐图书，那么其相当大的一部分作者也是与音乐有关的作者。其次，要与编辑自己的职业生涯定位关联。就是说，编辑希望寻找哪些作者，先得有一个大致的定位，要与编辑自己的专业学科、教育背景或是兴趣爱好结合在一起，只有这样，才能选好作者。因此，出版社和编辑在开发作者资源时应当从以下几方面入手：

1. 认真调研，全面分析，拓宽寻找渠道，建立健全作者的档案

出版社在寻找作者时，应当先把编辑进行分工，不同的编辑负责找寻不同的作者，这样才不至于使同一出版社的编辑都去找同一个作者；再者，编辑要认真调研，全面分析，拓宽寻找渠道，以便建立健全作者的档案。根据经验，寻找作者的渠道是多种多样的。只要编辑在实际工作中，不断摸索、总结，并综合使用多种渠道，就一定能够找到所需要的、适合的作者。具体来说，有以下一些路径。

（1）各种学会、协会。

现在各地都有很多的协会、学会，如作家协会、美术家协会、音乐家协会、红学研究会、新儒学研究会,等等。一般情况下，作者都会参加这样或那样的协会、学会组织。所以，如果编辑要找作家，就可以到作家协会；找画家，到美术家协会。比如，在踏入出版行业之初，就是通过河南省作家协会的介绍才联系上作家二月河的。现代出版史上有一定地位和影响的开明书店就是以立达学会和文学研究会为基础，汇集了文化界各方面的名人，像朱自清、叶圣陶、巴金、冰心、陈望道、沈雁冰、朱光潜等，出版了很多有关他们的作品，取得了非常好的效益。

（2）参加各种研讨会，从中了解各专业的发展动态，物色作者。

研讨会上，会有许多专家与会，他们在会上的发言或者提交的论文，使编辑可以了解各专业领域的发展动态以及最新的研究成果，还可以拓宽编辑的视野，更新所学的知识。从这些发言或论文中，编辑可以寻找选题的线索，策划选题。同时，还可以从这些专家中物色所需要的作者。

（3）定期到书店了解新书出版信息，从中掌握作者动态。

如果我们要从事出版，就一定要热爱书，因为我们要和书打一辈子交道。所谓打一辈子交道，就是一定要定期地、经常地到书店去观察，而不是说一年半载去一两趟。编辑可以选择一到两家书店，每个月至少去一次。因为作为编辑光看书目是不够的，必须亲身去体验触摸书本，也许某本书的装帧设计、写作方面的新元素，会让编辑耳目一新，那么他很快就会想到要去找这个作者，或者出版类似的作品，或者从中受到某些启发。如书业界营销策划专家金丽红，尽管已五十多岁了，但她仍坚持每周六到书店待一天，而且她要求编辑和发行员也要到书店去。第一，去看自己做的书受读者的欢迎程度。第二，去观察其他竞争对手的最新动态。而且，在这个动态的连续的观察过程中，有可能发现很多作者以及好的创意。因此，作为出版人，无论是编辑还是发行员，都要热爱书，要沐浴书香，要定期到书店观察，观察你所在的出版社，观察你喜爱范围内的图书的出版情况。

（4）订阅报刊，特别是业内报刊。

编辑关注业内的发展动态，了解书界某一方面的信息，就需要经常去看一些报刊，特别是业内的报刊，比如《中国图书商报》《中国新闻出版报》《中华读书报》《出版人》等，它们所提供的信息是一种资讯类的东西，编辑可以从中受到一种启发。当然，并不是要逐字逐句地去看，而是先浏览一下，碰到感兴趣的，仔细看，不感兴趣的，就看个大概。只要坚持看，就能掌握到一些有价值的信息。如《生命的留言》这本书的出版就是从报上看到的消息。这是华艺出版社的一名编辑在《中国青年报》上发现的一条消息——一个叫陆幼青的人患了癌症，他在医院里坚持写日记，记述他得了癌症之后的心路历程以及他对这个事件的认识，但在日记里他很少谈到死亡，而是用一种平静的心态来谈人生。他认为人要敬畏生命，而且要热爱生命，要珍惜生活。这名编辑就到网上去查看了有关陆幼青的信息，发现网上有很多人对他所谈的事很感兴趣，编辑就找到陆幼青并出版了这本书。这本书在出版之后成为中国癌症协会的推荐书目，并且很多人把它当作一本很好的励志书，可以说获得了非常好的市场反响和社会效益。

（5）网站，特别是专业网站。

互联网包罗万象，编辑所需要的作者信息一般都能在互联网上找到，互联网在作者信息的收集工作中扮演着重要的角色。譬如说，当编辑想去找某个作者时，可以先到互联网上寻找有关他的信息，在掌握了这些相关信息后再去与作者交谈时就更易于双方的沟通、交流，拉近与作者的距离。如《哈利·波特》在中国出版的例子就揭示了互联网对找寻作者的重要作用。人民文学出版社的少儿编辑室主任王瑞琴、叶显林在网上看到有关《哈利·波特》出版的消息，同时在《中国图书商报》上也看到了这本书在美国、英国出版的消息，经过分析，他们主动与这家出版社取得联系，并决定引进这本书。《哈利·波特》的出版给全世界的出版界带来了一次盛宴，也给人民文学出版社带来了巨大的经济效益。《哈利·波特》的出版给我们一些启示：作为编辑，要经常使用网络，因为网络上能够发现很多作者和书稿的信息，而且现在有很多作者都是先把书稿挂到网上，供网民阅读。之前十分热销的《明朝那些事儿》，就是先在网上传播，因为点击率很高，出版者才用纸介质出版的。目前，先网上后纸介质出版的成功案例已经很多了，所以，编辑一定要利用、发挥好互联网的作用。

（6）专业研究机构，如开卷图书市场研究所。

过去，本社图书的销售情况如何，只能通过发行员打电话去询问书店，有时候获得的信息也是以偏概全的，并不能反映全貌，但是像开卷这类的调查机构反映的是整体的销售情况，因此，编辑要注重一些专业研究机构的调查数据，从这些调查数据中能够很好地看到本社图书的销售业绩，同时也能够获得竞争对手的相关图书的出版动态和情况。如果编辑能对这些信息做认真、全面的分析，就有可能从这些分析中发现有价值的选题和作者。例如，《百年百篇经典散文》这套书就是我们从开卷上看到人民文学出版社出了一种叫《百年散文精华》的书，卖得很好。我们通过对这一消息的分析，觉得这类书很有市场潜力，就及时推出了"百年百篇"系列。这个系列出版了二十多种，每一种都卖得挺好。开卷上显示年年都卖得很好的书，就说明这些书肯定是有市场的。

也就是说，编辑和发行人员，包括管理人员一定要学会利用开卷这种类型的调查数据，通过对它们进行分析，编辑会知道这本书在哪儿卖得好，哪些书卖得好，卖得好的原因是什么，作者是谁，等等。只要准确掌握了这些信息，编辑就能从中寻找到所需要的作者。

（7）出版经纪人。

在国外，出版经纪人已非常普遍，他们作为作者的全权代表与出版社商讨洽谈与作者图书出版有关的所有事宜，可以说，在图书的出版中扮演着越来越重要的角色。近年来，随着我国图书市场的不断发展，出版经纪人在我国出版业中也悄然出现，并得到了不断发展。如二月河、毕淑敏、姚明等人都有出版经纪人。这就是说，找到作者的经纪人也是找寻作者的一种有效方法。我当年与二月河谈《二月河文集》的出版时，就是与他的一位年轻的女经纪人谈的。目前，作者的经纪人在拿到作者的一部新书时，往往不是单独与某一家出版社谈判，而是同时与几家出版社发出邀标性质的函件。姚明的《我的世界我的梦》的出版经纪人，就同时向国内的 5 家文艺出版社发出信函，请各家报价，最后长江文艺出版社胜出。厦门大学教授易中天的《品三国》一书由中央电视台《百家讲坛》栏目代理，实行无底价竞标，全国 12 家出版社参加竞争，最后上海文艺出版社以 55 万的起印数，版税 14% 的高价胜出。此书目前销售已经超过了 150 万册。

（8）国内外版权代理公司。

前几年，引进版的图书占了国内图书市场的很大一部分，像《达·芬奇密码》《谁动了我的奶酪》《魔戒》等，尤其是《达·芬奇密码》，它曾经连续多年占据年度排行榜第一名，目前的市场销售仍然看好。这些书都是出版社通过版权代理公司获取相关信息出版的，因此，编辑要经常与国内外版权代理公司联系，如博达、大苹果等，了解国外图书的相关情况，从中发现好的作者和作品。

（9）国内外畅销书排行榜。

很多在国外畅销的图书，在中国也可能畅销，尤其是那些在中华文化圈内畅销的书，在大陆畅销的概率更大。譬如说，编辑如果看到一本在台湾地区畅销的书，应当说在大陆很大程度上也会畅销，编辑就可以迅速地通过渠道找到作者，与他联系出版这本书。因此，编辑一定要研究国内外的畅销书排行榜，国内的像开卷图书排行榜，国外的像亚马逊网站、《纽约时报》《华盛顿邮报》排行榜等，从这些排行榜中获得有价值的信息来找寻作者。

119

2. 出版社要建立一支来之能战的作者队伍

一名编辑或是出版人能否成功，与他所拥有的作者的多少以及作者的质量密切相关。作为一名编辑人员或是从业人员，需要建立一支作者队伍，即培养属于自己的召之即来、来之能战的作者队伍。

在现代出版史上，亚东图书馆虽没有商务印书馆和中华书局的影响大，但是它所出版的300多种图书中有1/3都是中国现当代名人的，像胡适、陈独秀、蔡元培、钱玄同、刘半农、朱自清、徐志摩、蒋光慈，等等。特别是胡适很多有名的书，像《中国哲学史大纲》《胡适文存》等都是在这里出版的。今天亚东图书馆虽然不存在了，但是人们会记得它，就是因为它出版了这些好书。亚东图书馆之所以能够出版这些好书，最关键的就是它有一个好的当家人——汪孟邹先生。他通过他的老乡胡适和陈独秀的关系，把当时的一批文化名人笼络在了自己的麾下。因此，作为编辑，作为出版社，一定要建立一支属于自己的作者队伍。无论是原创作品，还是编撰者，都要有能够招之即来、来之能战的队伍。

3. 厚古不薄今——要善于培养新作者

在图书出版中除了一些经典的作家之外，一般的作家都是各领风骚三五年，而很多作者到了一定时候都成了强弩之末。因此，编辑固然要搞好同老作者的关系，但也一定要注重对新作者的开发，即"厚古不薄今"。

《哈佛女孩刘亦婷》这本销了两百多万册的畅销书，其作者刘卫华之前并不出名，她只是成都某杂志社的一名编辑。该书的出版是作家出版社的编辑袁敏从报纸上发现这么个消息——成都有个叫刘亦婷的女孩被哈佛录取了，其母亲刘卫华想把她的这个教育经验写出来，编辑袁敏便找到刘卫华，与她协作，让她把自己独特的教子方法写出来，作家出版社出版了这本书，最后成为一本很好的励志类的畅销书。袁敏作为编辑，他对这个作者的发现，以及对作者的支持，可谓是功不可没，同时他也为出版社创造了非常好的效益。因此，编辑要善于培养、挖掘新作者，为出版社源源不断地输入新鲜"血液"。只有这样，出版社才能"永葆青春"，永远充满活力。

120

在中国现代出版史上还有一个例子，就是商务印书馆对钱穆的发掘与培养。钱穆先生不仅治史有名，而且还是一位国学大师。在他初中刚毕业的时候，曾经写了一篇文章——《论中国之外交方针》，并投到了商务印书馆的《东方》

杂志上，《东方》杂志因为这篇文章涉及机密，没有刊登，但是给了他25块大洋的奖金。这对于一名中学生来说，这笔钱是很丰厚的，况且当时他并非是名人。钱穆先生后来到无锡的一个高小教《论语》，他把自己所教授的《论语》讲义进行整理并寄送到商务印书馆。作为当时国内赫赫有名的出版机构，商务印书馆并没有考虑这个作者的知名度，也没有考虑其他的因素，而是根据稿子的质量将钱穆先生的书稿出版了。商务印书馆给了钱穆先生一百块钱的购书券作为稿费（此购书券可以购买商务印书馆的图书）。钱穆先生用这个购书券，购买了经史子集类的书，最终使他成为一位大儒。后来，钱穆先生对此事念念不忘，与商务印书馆建立了非常好的关系，他大部分的重要著作都是交由商务印书馆出版的。因此，编辑在开发作者中要做到"厚古不薄今"，不仅要尊重那些重量级的作家，而且也不能忘记去培养和发掘新的作者。但是对于新的作者，主要是看作品的内容质量，这一点很重要。

4. 从"跟进"作品、"跟进"作者到包装作者

发现、培养作者还有一个技巧问题，编辑需要把握好三个层次，即从跟进作品、跟进作者，到包装作者。

（1）跟进作品。

中信出版社曾推出了一本畅销书——《谁动了我的奶酪》，该书出版以后，据媒体报道图书市场上马上就出现了几十种有关奶酪的书——《我动了谁的奶酪》《我的奶酪谁动了》……在这些跟进的图书中有的也销得很好。当然，应注意：作为一名编辑假如做不了第一，可以做第二，但是没必要做第十五、第二十。如果编辑能够很巧妙地跟进，做好第二，并能从这里发现整个图书市场的走势、流行潮流，那么他就是高手。跟进作品时，要注意跟进的速度、角度。首先，跟进的速度要快，跟慢了，图书已被做滥了，那时再跟的话，就没有什么意思了。其次，跟进的角度要有变化，别人推出《狼图腾》，你就推出《狗图腾》，这显然是没有任何水平的跟进，也就没有任何意义。比如，人民文学出版社出了本《藏獒》，某种程度上也是跟进《狼图腾》，但这样的跟进就显得很有水平。

（2）跟进作者。

跟进作品只是一个初级的层次，跟得不好反而"狗尾续貂"，给别人以"跟风"之嫌。所以出版社要积极地向第二层次——跟进作者推进，即抓住那些重

量级的作家不放。如在文学图书方面，抓到海岩、余秋雨、贾平凹等的新作，就可能获得好的市场纪录；抓到洪昭光的健康读物，就有了成功的把握；找到了卢勤，就会有好的励志图书。如漓江出版社推出的卢勤的励志系列，洪昭光的"健康快车"系列，都取得了骄人的业绩。畅销书出版的常胜将军"金黎组合"的成功经验之一，就是寻找曾经有良好市场表现的作者。他们认为，一个新作者让读者接受，会有许多的偶然因素，但是一个曾经有较好口碑的作者，再加上出版社的全方位营销，应当说是胜券在握了。如他们根据卢勤在《中国少年报》当"知心姐姐"时曾有过的出版业绩，请她撰写了赏识教育的代表作《告诉孩子你真棒》《告诉世界我能行》等，每本书的销售都在百万册左右。如曲黎敏在电视台讲《黄帝内经》比较成功，他们就请曲黎敏讲健康知识，录制了电视片，出版了《从头到脚说健康》一书。当然，跟进作者要凭实力，把一个作者从别人的手里"抢"出来，不仅需要财力，更需要良好的品牌影响力。

（3）包装作者。

作者一旦出名，其身价百倍，不仅出版社要承受较大的经济压力，同时物以稀为贵，屈指可数的几位畅销书作者，也是一人难求。因此，包装作者，借用现代传媒的影响力，采取整合营销的方式，培养属于自己的作者，就成了出版社的一种手段。

英国著名女作家J.K.罗琳的成功，正是缘于出版社对其的包装。J.K.罗琳上学时成绩十分不好，性格孤僻。后来去葡萄牙教英语，认识了一位小伙子，生了个女儿后，又离婚回到了英国，靠领取政府救济金生活。她在咖啡馆里一边用摇篮摇着女儿一边写着自己的《哈利·波特与魔法师》。她向12家出版社投了稿，最后才得以出版。后来，时代华纳签下了她的小说的电影改编权。出版商通过整合营销，使J.K.罗琳由一只丑小鸭变成了世界级的巨星，并创造了世界出版的奇迹。

出版社为什么要花大价钱包装他们？因为跟进作品，也就这一部；跟进作者，可能还会被别的出版社抢走，或者作者可以将不同的书稿交由多家出版社出版。但是包装作者，通过协议将作者紧紧地抓在手上，那么作者就只能给出版社写作，而不能再为其他的人写作了，回报自然也就是由包装的出版社获得了。

5. 从包装作者到包装概念

当然，包装作者是信息时代商业运作的一种重要方法，但这只能有选择地对某一位作者加以运用，而"包装概念"则是对众多作者的整体推出。

成功策划运作"布老虎"丛书的安波舜先生曾经提出："金牌编辑包装思想，银牌编辑包装作者，铜牌编辑包装图书。"他是把包装思想看作是编辑的最高境界。实际是，包装思想就是包装作者，不过这不仅限于包装某一个作者，而是一批作者。他在创建"布老虎"这个品牌时，曾经对入选的作品提出要求：一是要写经典的爱情；二是要写都市白领；三是故事要曲折动人。他按这个标准来选择作品，出版了一批题材、风格相近的长篇小说。又如"财商"概念的提出，不仅推出了作者，而且为此形成了一个产业。

1999 年 4 月，美国人罗伯特·清崎所著的《富爸爸穷爸爸》在美国上市，到 10 月份，即创下半年销售 100 万册的纪录。2000 年 2 月，在亚马逊网站网上书店的 370 万种在售图书中，该书销量高居榜首，并连续几个月占领《商业周刊》《纽约时报》《华尔街日报》等畅销书榜的第一名。2000 年，世界图书出版公司北京公司经过与 6 家出版单位的一番竞争，获得了出版权。他们从项目运作初期，就打出了"财商"概念，提出"智商、情商、财商，一个都不能少"，全面挑战传统的金钱观、价值观和知识观。这套书经过一番运作，大获全胜。除了《富爸爸穷爸爸》外，还推出了《富爸爸投资指南》《富爸爸富孩子，聪明孩子》等系列图书。前后销售了 300 万册，4000 多万码洋。随着"富爸爸"热的升温，他们还于 2001 年 4 月成立了北京财商教育培训中心，并与外商签下了"富爸爸"系列游戏的代理权。

因此，在出版图书的时候，出版社应当考虑到这个问题——通过包装一个概念，把某一类图书、某一类作者都集中到一面旗帜下。在文学创作上曾经出现很多被理论家称之为这个主义那个主义的概念，如文化关怀、新写实主义、寻根文学、伤痕文学等，编辑如果把这么一个概念都归为一类，将其包装后，正如刚才所谈到的"财商"系列，它就不仅仅是一本书——《富爸爸穷爸爸》，而是一系列的书。通过包装这些概念形成一个流派，形成一种热潮，最后形成一股持续的销售热潮。如《萌芽》杂志推出的"新概念作文大赛"，发掘了一批青春文学的写手，而这个所谓的"新概念作文大赛"本身就是一个概念。

6. 从包装作者到培养忠诚的读者

培养读者的忠诚度对于出版社来说也是很重要的，拥有一批忠诚的读者，就等于巩固了出版社的市场，而且还有利于出版社品牌的建设。比如哈利·波特迷，在每一本《哈利·波特》新书推出之前，都有成千上万的"哈迷"排队等候，有些为此一排就是好多天，而且是全家总动员，希望在第一时间购买到新书。此外，还有我们所熟悉的易中天的"易粉""乙醚"，等等。总之，像"哈迷"这样忠诚的读者对于出版社来说，就是一笔非常巨大的有形和无形财富。所以，培养忠诚的读者对于出版社来说非常重要。那么出版社该怎样培养忠诚的读者呢？出版社应当充分运用市场手段，如成立专业的读者俱乐部、定期召开研讨会、见面会，开办专题网站，出版手册等，紧紧抓住某一类具有连续出版前景的图书的读者，或者对某一位作家作品特别喜爱的读者，与他们建立长期联系，从而培养自己的铁杆读者。

二、作者资源的维护

在现实的出版活动中，常常存在这样的情况：出版社辛辛苦苦开发了一个作者，没过多久这位作者就被别人挖走了，最先开发作者并将之打造成偶像明星的出版社只能是为他人作嫁衣，对于他们来说，这样的损失是非常惨重的。但是出版社又不能用一些霸王条款限定作者必须为出版社服务——除非当初的合同上有此规定。发掘作者对于出版社来说是"打江山"，而维护作者资源则是"坐江山"，"打江山"不易，"坐江山"更难。那么，出版社如何才能"坐稳江山"，维护好作者资源呢？其实，维护好作者资源是需要用心去经营的，具体来说就是需要注意以下一些问题：

1. 换位思考——养成良好的编辑作风

作者是通过编辑进而认识出版社的，编辑的个人修养、学识、组织能力、公关能力对于出版社能否留住作者至关重要。因此，编辑本人要不断学习与总结，提高自身的阅读能力，增强作品的鉴赏力、市场判断力、营销能力，努力成为作者的良师益友、诤友，从而拉近与作者的距离。因此，作为编辑一定要尊重作者、理解作者，并能进行换位思考。具体来说要养成良好的编辑作风：①处理作者的稿件要及时，评价稿件要客观，退稿要委婉但也要指出问题。在中国现代出版史上有很多好的编辑，如鲁迅，他对青年作家的帮助，体现在指出他们创作的不足，赠送他们有用的书，介绍他们的作品出版。而且，鲁迅先生还指出，毁灭作者有两条路：捧杀与骂杀。现在提倡文艺民主，骂杀的机会少了，但胡乱吹捧，尤其容易毁掉一个青年。②尊重作者的劳动，不要轻易改动作者的稿件。改动时必须征求作者的意见。譬如说，有一些大学刊物的稿件，就要求作者一定要签字再寄回来，以避免著作权的纠纷。当然由于现在出版社编辑的阅稿量很大，很多出版社都无法做到这样，但是像重要的作者、重要的书稿一定要做到这样。③编校必须认真，装帧设计要让读者满意，对作者稿费的支付要及时，加大作品的宣传，尽可能扩大销售。

2. 润物细无声——从小处与作者建立深厚的友谊

出版社的实力，编辑的各种修养、学识对于留住作者固然很重要，但是仅仅靠这些还是不够的，我们必须从小处着手与作者建立深厚的友谊，即做到润物细无声。比如，作家出版社的编辑张懿玲到医院看望得了肝炎的贾平凹，其行动深深地感动了贾平凹。后来，贾平凹就把稿子交给了作家出版社出版，并指定由张懿玲担任责任编辑。如《秦腔》《怀念狼》《高兴》等，都是由作家出版社出版的。此外，在节假日的时候向作者寄上一张贺卡，或是打电话发短信问候也是很好的方法。比如，金丽红就很重视这些细节，过节的时候，她会给作者发去一则短信，或者寄上一张贺卡、一束鲜花。编辑在与作者交往的过程中如果能注重对这些细节的处理，从小处与作者建立深厚的友谊，就很容易感动作者，也就会赢得作者的信任，最后留住作者。

3. 以情感人——坦诚相待，做知心朋友

在中国现代出版史上有一个感人的例子，就是亚东图书馆与蒋光慈的关系。蒋光慈，安徽六安人，中国现代诗人、小说家，很早就到苏联留学去了，他回来后写了长篇小说《少年漂泊者》交给亚东出版。当时由于蒋光慈是革命党，到处被追捕，亚东图书馆就帮他收信。蒋光慈生病了，亚东图书馆派人到医院照顾他，蒋光慈临死前所写的遗嘱也是交由亚东图书馆来执行的，甚至他的丧事以及迁墓的事都由亚东图书馆来处理。亚东给予一个受到当局迫害的青年作者给予这样无微不至的关怀，没有哪一位作者不会不受到感动。因此，编辑与作者，不能完全是功利主义的关系，需要作者稿子时，编辑热络得不行，图书出版后，将其忘之脑后，这样的编辑，不可能与作者建立真正的友谊，特别是当作者遇到困难时，编辑要主动与之联系。编辑与作者的关系是水乳交融的，编辑要把这种关系变成一种亲人关系，一种朋友关系，编辑要想别人之所

想，甚至是想别人所未想，作者才会感到编辑很细心，编辑在意他，重视他，那么当他有稿子的时候，他首先想到的就是这位编辑。当然我们不可能对所有的作者都做到面面俱到，但是对于重量级的作者，一定要悉心呵护。

4. 诚信为本——要取得作者的信任

编辑的职业道德和出版社的诚信体系对于出版社来说非常重要，在现实的出版活动中，一些出版社在与作者签订出版合同后，并没有认真地去履行合同，最常见的就是拖欠稿费。如周国平在他的博客中写了一段文字，正告某家出版社，说他们出版图书不付稿费，违反合同条款之类，这必将对出版社产生不利的影响。出版社是一个商业机构，所从事的活动也是一种商业活动，因而必须以诚信为本，在履行合同时，要注意出版职业道德，图书的印数、出版周期、合同上允诺的一切条件都要认真履行，尊重作者的精神权益与物质权益。出版社绝不能因小失大，失去作者的信任。

5. 当挚友还要当诤友——编辑要发挥自己的参谋作用

编辑与作者不仅要做很好的朋友，而且还要做诤友。所谓诤友，就是要敢于给作者提出意见。在中国当代，有一对非常著名的编辑与作者的关系，就是周振甫与钱锺书之间的亲密关系。1942年钱锺书完成《谈艺录》，书稿交到开明书店，同仁一致推举周振甫担当责任编辑。钱先生的《谈艺录》，对于编辑而言，可以说是一个严峻的挑战，这不光是卷帙浩繁的问题，关键是书稿之中旁征博引，探幽入微，涉及古今中外名著不知几许，引用诗文典故数以万计。然而，尽管钱锺书乃学界奇才，博闻强识，远非常人可比，但俗话所言，智者千虑，必有一失。周振甫先生在编辑过程中，高度认真，一丝不苟，不仅一一查找出处，核校原文，还为之标定目次，便于读者翻检。此事令钱锺书甚为感佩。至此，二人结成莫逆之交。33年之后，钱锺书大著《管锥编》5卷杀青，第一个想到的就是周振甫。周一如既往，逐条核对原文，提出修补意见，为钱锺书所吸纳。钱于序言中感言："命笔之时，数请益于周君振甫，小叩辄发大鸣，实归不负虚往，良朋嘉惠，并志简端。"钱周二人可谓诤友，他们之间知无不言，言无不尽，即使双方观点不同，亦直率指出，毫不客气。因此，作为作者与编者，二位先生的深厚情谊，一直在学术界传为佳话。

美国著名编辑珀金斯与海明威的亲密关系也是一例。他指出："有两种气质使编辑名满天下，一是对于一本好书能越过缺点看到优点，不管这些缺点如何使人沮丧；二是任凭困难再大，也能不屈不挠地去挖掘该书的潜力。"编辑和作者绝不能是酒肉朋友的关系，而应当是诤友的关系，编辑要认真提炼稿件，努力使稿件成为一本上乘之作，同时，编辑要根据自身的修养、学识、经验，与作者进行平等的交流和对话。

6. 商业时代的内外有别

编辑是代表出版社去同作者联系的，在同作者的沟通交流中一定要注意保守商业机密。比如对于出版社的经营状况，作为编辑不能去跟作者胡乱讲一些不利于出版社的情况——出版社内部矛盾重重、入不敷出，等等。因为作者是外人，他并不了解出版社的矛盾，当作者听到这些情况之后，自然也就不会与出版社合作了。这就是说，在同作者的交往中要注意内外有别的问题，这是一个约稿的心理学问题，编辑必须把握好。

结语：做一个新时代的出版家

"如果我们要追求成功，实现自我的价值，做一名优秀的出版人，那么我们一定要编一些有代表性的作品。要编好的作品，就要有一批好的作者，在出版产业链中，作者是处于链主这样的重要地位，我们只有掌握好的作者，才能推出好的作品；我们只有推出好的作品，才能够成就自己的事业。"大家要志存高远，做一名新时代的出版家，像编辑《天演论》《原富》的严复，编辑《海国图志》的魏源，像张元济、鲁迅、邹韬奋、叶圣陶一样，传播新知、开启民智、服务大众。

原载于《出版科学》2008 年第 4 期

组稿的方法与技巧

　　组稿是编辑工作中的一环，也是出版工作中一个关键的节点。它承上启下，不可阙如。成效如何，影响深远。大者可影响出版社的战略思路，小者决定着一本出版物的质量与效益。组稿成效如何，体现了编辑的专业素养、心理素质和公关能力，也是编辑综合能力的一种具体体现。

　　书稿的类型不同，作者的层次不同，组稿的方法也就不同。组稿一般有如下三种情况：

　　一是出版社提出选题，约请作者写稿。如知识读物、教科书、普及性理论读物等。二是出版社有出版计划或出版方向，有选择地向作者约稿。这种情况多出现在文学作品和学术著作的出版上，因为此类出版不是按出版社的要求去写，而是根据作者自身的写作情况而定。如文学作品，作者要根据自己对生活的理解与把握来创作，如王跃文、肖仁福主要写机关小说，唐浩明主要写历史小说；学术著作，要根据作者自身的研究方向和学术成果来考虑出书的选题，如武大的赵林老师主要是研究哲学的，易中天老师是研究中国文化的。三是出版社提出选题意向和要求，约请社外专家和学者拟编撰方案，组织作者。此类出版社主要指大型的丛书、选集、全集和工具书，如《汉语大字典》《辞海》《鲁迅全集》等。

如何组稿？组稿有什么方法与技巧？在探讨这个问题之前，我们必须研究一下与组稿密切相关的问题。

一、组稿前必须考虑的几个问题

1.出版社的专业分工与特色定位

组稿是一个笼统的概念，凡是出版机构，如出版社、报社、杂志社等都涉及如何组稿的问题。但具体到一家出版社，就必须考虑出版社的专业分工。如文艺、美术、少儿、科技、辞书、古籍、人民社等。在一定的专业分工范围内，出版社在经营中，又形成了自己的出版风格，即出版社的特色定位。如湖南文艺出版社，除了传统的文学类图书外，在全国音乐类图书上，三分天下，此类出版物在出版社中占有比较大的比重。如科技社，有些社在医学卫生图书上有特色，有些社在生活类图书上有影响，有些社在农业图书的出版上有品牌。所以，作为编辑，特别是新编辑，在组稿之前，一定要清楚本社的专业分工，特别是出书上的追求。如机械工业出版社的工程技术、经济管理，商务印书馆的工具书，人民邮电出版社的计算机类图书。

出版社出什么书和不出什么书，一是要考虑已有的优势与影响，如在音乐版块上已经具有相当大的市场份额和市场影响，是否继续拓展音乐类图书，要根据出版社的安排。再如有些教育类出版社，在家教类图书上出了不少好书，也有些市场影响，如果希望在这类图书上拓展，就要从这方面继续作出规模。二是要在出版社内先统一思想。出版社出书的思路，在一定程度上是社长、总编辑的思路，作为编辑，可以提出建议，但一定要在社内统一思想后再考虑如何组稿。

2.出版社的区位优势与品牌影响

中国的出版社，一部分为中央级，一部分为地方级。地方级有本省的区划，在教材教辅的出版与发行上有一定优势，如果策划组织供本省使用的教材教辅，具有一定的行政资源。中央出版社，特别是有些部委出版社、军队出版社，有系统优势，发挥好行政资源，同样可以在本系统内发行。中国的地方出版社，受本省人口基数的影响，大省的出版经济规模相对就大些，一些边疆省市自治

129

区，区位上就没有明显优势。

出版也与本省的历史文化有直接的关系。如湖南的湖湘文化、湖北的荆楚文化、山东的齐鲁文化、四川的巴蜀文化。围绕文化传统，出版界就组织出版了有地方特色的图书，如湖南出版了研究曾国藩、王阳明等人的书，湖北出版了关于楚文化、三国文化的书，山东出版了关于儒家文化的书。

品牌影响也很重要，编辑去组稿，代表的是出版社。如果出版社在同类社的市场中占有领先地位，如商务印书馆、机械工业出版社、清华大学出版社，它们都是某一领域的领先者，编辑一定会感觉底气很足，腰杆很硬；如果是普通的出版社，作者不太熟悉，对话时一定会问你们社最近出版了哪些书之类的话题。正如从国外引进版权，代理人和出版商一定要求提供出版社的有关数据，证明过去的经营业绩及影响力，否则就可能在竞争中出局。所以，组稿前，编辑要认真分析本社的优势与不足，组织什么稿件，找谁撰稿，必须胸有成竹。

3. 本编辑室的分工与安排

在出版社中，根据出版方向，编辑室会有各自的分工，编辑组稿时也要考虑这个因素。

如果出版社选题尚未确定，编辑在说话时一定要留有分寸。同时出版社还有三审，在三审中能否通过，也还存在变数，编辑与作者沟通时也要考虑这些可能的因素，表态要留有余地。

二、组稿前的准备

1. 市场调查

在组稿前，如何与作者沟通，要求作者提供什么样的稿件，作为编辑，一定要做到胸有成竹。这就是知己知彼。知己，就是要知道出版社过去出书的情况，既不能与出版社已经出版过的图书内容重复，又要有所创新。知彼，就是要研究市场上已经出版过的图书的特点。在图书市场上，除了原创图书外，大多数的图书都是在原有的基础上推陈出新。如何继承与发展，要根据市场和读者的需求决定。

同时，还要了解自己所组织的稿件中涉及的专业的最新科研情况，以及未来的发展趋势。如化工手册、农药手册，随着新材料、新工艺的不断革新，出版物提供给读者的信息资讯一定要是最新的成果。

2. 研究作者

对于拟邀请撰稿的作者，一定要对其社会影响、专业背景、写作能力、已出版作品的特色、市场表现进行深入的分析。如郎咸平最新的著作主要涉及宏观经济，杨红樱主要是儿童文学，孙云晓侧重于少儿研究，王金战探讨家庭教育等。

从何处找到理想的作者呢？我在《作者资源的开发与维护》的演讲中，曾经讲到发现作者、维护作者的方法。如通过各种学会协会，通过开卷公司的市场调查，通过各种媒体和书店的销售排行榜，通过定期对书店图书销售的观察，通过各种人脉关系等。如长江文艺出版社北京图书中心的畅销图书《股民基民常备手册》《从头到脚说健康》，是北京图书中心的工作人员在书店看到了作者的其他畅销书后，主动向他们约稿的。业内戏称他们选择作者的方式是"掐尖战术"。《从头到脚说健康》的作者曲黎敏在另外一家出版社和电视台讲述《黄帝内经》时，北京图书中心研究了她的专业背景、工作单位以及著述的特点，主动上门找她，曲黎敏后来成了北京图书中心的签约作者，之后出版了一系列的健康类图书。

每一次组稿，都是对本社或本人作者资源的一次全面检视，如果组稿成功，也是对自己今后工作中新的作者资源的补充。

3. 拟定好图书的编写体例、要求、范文、交稿时间、稿酬、主编人选、编委等事项

前面讲到，如果是大型的工具书或者丛书、选集或全集，如何编写，如何选择主编与作者，虽然要与主编协商后再定，但编辑事先一定要有所考虑。所以，组稿前要拿出个初步意见。如我们组织的《六十年文学作品大系》，经过考虑后，仍然选择中国作家协会作为合作伙伴，选择王蒙作为本丛书的主编，选择中国作家协会创作研究室来负责挑选各种门类的稿件。一是因为他们的权威性；二是双方多年来因为编选文学作品年度选本而建立了互相信任的关系。我们在拟定的编选提纲中规定了篇幅，交稿的时间，编委会人选和主编人选，每篇稿件的稿费及编选费、主编费等。

131

4. 对于将要拜访的重点作者的重点书稿，要准备好详尽的营销方案

营销方案包括媒体宣传推广方案和渠道推广方案。媒体宣传包括平面媒体和新媒体。新媒体包括网络、手机、电视、广播、光盘等。渠道推广包括书店店堂的布置、标语招贴、与读者的互动演讲、签名售书。要概括出书稿的主题和宣传口号，要一句话说出图书的特色。还要写出宣传的批次与规模、时间与地点。要让作者感受到你的重视程度与对成功的把握。

三、组稿的方式

通信约稿。对于一般性的单篇的稿件，由于作者众多，不宜于全部登门，所以采取通信约稿。如电话、邮件、QQ、MSN 等。这种方式快捷、经济。

信函约稿。发约稿函的方式比较慎重，作者通常认为可信度高些。特别是年纪稍大些的作者，有些人不习惯用电脑，更要用信函。

无论是通信约稿还是信函约稿，都要礼貌得体。书信的撰写要根据对象在用语上规范，体现出修养与学识。

登门约稿。登门约稿指的是对于重点作者、重要书稿，编辑只有登门当面交流才可以说得清楚。目前，大多数书稿的组织都需要编辑登门与作者交流。

四、组稿中的沟通

1. 与作者预约时间、地点

登门时，带上名片，最好还带点本社的重点图书。第一次登门，穿戴要得体，人要显得精神，一定要准时到达，要把各种可能因素考虑进去，如堵车、天气等。日本一位出版家鹫尾贤也说，第一次约稿就像男女相亲，第一印象十分重要。当然，第一次约稿，如果有熟人介绍最好，这样作者才会完全相信。这也像男女相亲，有人做媒才放心。

2. 要就拟编写、编选的选题，与作者进行充分的沟通

通过沟通，双方不仅可以就选题的撰写达成共识，讨论中还能进一步对

选题加以丰富、完善。编辑虽然不可能都像专家一样对某一领域有较深的研究，但一定要对所约请的专家、作者的研究领域、建树有比较全面的了解，否则，你与作者就会在沟通上产生障碍。当然，编辑能像张元济、鲁迅、邹韬奋、胡愈之、叶圣陶、周振甫这样的大家更好，能像张元济主政商务印书馆时罗致的学者名流那样也好，虽然这是凤毛麟角。一个优秀的编辑，对自己一定要严格要求，取法其上，得乎其中。虽然大家至少都受到了大学本科教育，但仅此是不够的，编辑的知识面既要专，也要博。如果在某一领域术有专攻，成为专家学者，约稿时能与作者站在同一高度交谈，那就再好不过了。如唐浩明，通过编辑《曾国藩全集》，不仅创作了系列历史小说，还发表了很多研究文章。如周振甫，对刘勰的《文心雕龙》等很有研究，曾出版了 10 卷本的文集。

向作者约稿也是一门人际关系学，它涉及出版学、心理学、社会学诸多领域，所以光有智商是不行的，情商也会发挥很大的作用。面对一个陌生的作者，双方都在互相试探，有些话你不能完全说明，这就靠你察言观色，靠你对形势的分析与判断。这种判断，来源于对细枝末节的体味。如约稿时要学会倾听，对方说话时要全神贯注，不要总是在接听手机或心不在焉，也不要不观察作者的反应，一个人在那儿高谈阔论，同时也不要畏畏缩缩，显得很拘谨，要学会寻找话题，不能让双方的沟通冷场。谈话时眼睛要平视着对方，不要架着二郎腿晃动。行为举止要落落大方，不卑不亢，要巧妙地将本社的优势、地位、影响告诉作者。要注意作者的反应，寻找其感兴趣的话题。同时，与作者交谈，或者一块吃饭，不可能总是谈出版的事，可能会涉及一些别的话题，这时就会显示出你的学识与视野、你的阅读量。你不可能一味逢迎，但要谈得投机。这也是考察作者的一个极好的机会。如果你发现作者不适合写你希望的选题，可以委婉地提出中止，或者请作者撰写另外的书稿。

与作者探讨编撰要求时，也可以让作者先写一部分样稿，通过对样稿的审查，决定作者是否继续按目前的状况写下去，不要等到作者将全部书稿都完成后再提出修改意见，这样不仅作者付出的劳动量大，而且也会延误出版周期。

3. 与作者签订约稿合同的注意事项

约稿合同要有单位的授权，对双方的责任、权利与义务以及违约后的处理都要事先征得领导的同意，否则会面临赔偿和法律责任，同时也会给单位在信誉上带来损失。如果确实要退稿，要区别情况给作者一定的补偿，这些条款都要写在合同中。

作品出版前与后，部分作者的态度可能会发生变化。编辑要将这些因素考虑进去，在合同的拟定上，越细致越好。如长江文艺社在王立群、老鬼的作品出版后，曾经与作者发生一些纠纷。这些纠纷虽然是作者的误会，但当初如果都写在合同上，责任的划分就会更明确些。

4. 组稿中可能出现的情况

（1）作者不愿接受约稿任务或邀请。对此类作者，不要勉强，只要态度诚恳，反复说明即可，但说话要留有余地，表示以后再联系。这些作者虽然一次没有达成合作的意向，但并不是说以后都没有合作的空间，所以一定要处理好与此类作者的关系。还有一种情况是，作者与你或者对你所在的出版社并不熟悉，推托只是一种试探。这时你就要诚恳或者充分地介绍情况，打动作者。刘备"三顾茅庐"的故事，对我们也应有所启发。如长江文艺社青年编辑李潇在中央电视台《百家讲坛》听了王立群教授讲的《史记》后，马上与之联系。经过长达半年的跟踪交流，最后才在众多的竞争者中胜出。

（2）如果碰上自我感觉特别良好，但期望与实际明显不符的作者，也不要与其闹翻。要根据情况，十分委婉地降低其预期。如果与其关系比较熟，可以摆事实讲道理，直接指出其要求的不合理性。双方能够合作更好，不能合作也要保持君子风度。

（3）与作者交流时要站在同一高度，不要过于谦卑，也不要过于张扬。交流时要侃侃而谈，礼貌又不失自信。如果作者的作品明显存在不足，你又刚刚与他交往，交谈时一定要委婉，表述过于直接会伤害他的自尊心。如果你能够指出他过去的创作或编写中存在的不足，虽然他可能不会马上直接承认错误，但内心会对你刮目相看。如周振甫担任钱锺书《谈艺录》《管锥编》的编辑，指出了文稿中的很多疏漏，钱锺书对其赞誉有加，在《谈艺录》一书的跋中特别肯定周振甫先生的贡献。

（4）要注意给作者以信心。对于有潜力但对自己缺乏信心的作者，要给以鼓励，肯定其优点。如冯小刚在写《我把青春献给你》一书时，写一章金丽红看一章，既指出其不足，又肯定他的优点。再如《红岩》《红旗谱》《红日》的出版，作者都得到了中国青年出版社编辑江晓天的修改指导。

（5）对于社会影响较大，图书市场预期较好的作者，如明星、名人等，有些人写作能力较弱，编辑也可以允诺代其整理稿件，使其达到出版水平。如陈鲁豫的《心相约》、沈星的《两生花》、倪萍的《日子》等，都是经过编辑的认真加工才成书的。有些时候编辑先列出提纲，请作者口述，编辑按照口述的内容整理成文字。

（6）对于确有潜力但价值不为人认可的作者及书稿，一定要慧眼识珠。出版界此类成功的例子不少，如英国的女作家J.K.罗琳的魔幻小说《哈利·波特》共投了十二家出版社才得以出版，中国四川作家阿来的《尘埃落定》投了四家出版社最后才花落人民文学出版社，最终获得茅盾文学奖；正是由于金丽红对《王朔文集》出版的力推才使得王朔名满天下；名不见经传的二月河也是编辑的力推才使这匹黑马横空而出。

（7）向作者的经纪人约稿。有些作者，由于公务繁忙，或者约稿者众多，为了保持一定的距离，有更大的回旋余地，往往聘请经纪人代为处理稿件事宜。如毕淑敏、姚明等人，都有自己的经纪人。与经纪人谈判要把握好尺度，经纪人可能漫天要价，但你要认真研判作品的潜在市场，认真审读稿件，判断其性价比是否合理，如果开价太高，出版社出版后会出现亏损，最好不要勉强接受。当然，通过谈判，最后达成双方都能接受的条件是最好的结局。

（8）有时候，编辑专程去找作者约一部书稿，结果在交谈中，发现作者有更好的写作打算或者构思，如果吃得准，编辑就要"另谋高就"，这也是有心栽花花不开，无心插柳柳成荫。同时，对于一些十分抢手的作者和书稿，如果编辑发现其确实有较大的市场潜力，或者有很高的学术价值，就要迅速汇报领导，当机立断，或支付预付金，或签订合同，保证书稿不致流失他人之手。如磨铁文化公司的总经理沈浩波从网上看到当年明月《明朝那些事儿》的书稿后，果断决策，立即乘机从北京飞往广州，当即支付部分稿酬，拿下了这部畅销书。当时，已有多家出版社和民营出版商与当年明月反复谈判过。

四、组稿后的落实

1. 要保持联系

要不时地询问进度，特别是节假日，要通过各种方式向作者表示问候。

打电话虽然亲切些，但可能会影响作者的作息，发个短信问候比较妥当。现在写信催稿的不多了，但写信更能体现编辑的认真，必要时，也可以给重要的作者邮寄写得很得体的信。

有时候，催稿也是一门学问。鲁迅的《阿Q正传》，是《晨报》的副刊编辑孙伏园催出来的，这已成为出版界的一个佳话。孙伏园不仅会写稿，会编稿，还很会拉稿。"一脸笑嘻嘻，不容你挤不出稿来。"他每周见鲁迅一回，见面就说"先生，明天要付排了"。总之，无论采取什么办法催，不伤情面，又让作者按时交稿为上策。

2. 关心作者

对于重要的作者，特别是一些年纪比较大的作者，要主动关心其生活，助其解决具体困难。如外研社为争夺《许国璋英语》，还是编辑的李朋义曾经为许老先生服务多年，帮他背煤气罐子上七楼。最后终于打动了许国璋教授，这部书稿最终从上海一家出版社转移到了外研社。对于经济上较为困难的业余作者，或者有另外需求的，经过出版社研究后，可以提前向作者预支稿费。

3. 与作者建立友谊

对于重要作者，或者是专家，有可能的话要建立超越工作关系以上的友谊。

4. 对于书稿的进展，要及时与作者沟通

作者书稿收到后，要及时回告，及时处理。对于出版的进展，也要定期通报作者。切不要先热后冷，给作者留下不好的印象。

当然，约稿只是编辑工作的一个环节，书稿收到后，及早地编辑、出版、发行好作者的图书，是比任何的许诺、任何的条件都重要的。这不仅涉及一本书的经济效益，而且关系到作者对出版社的评价。处理好与一个作者的关系，发行好一本图书，都会在更广泛的领域产生示范效应。这是当好编辑的职责所在，也是成为一个有影响的编辑的基础。

本文据 2011 年 10 月在武汉大学信息管理学院湖南出版培训班上的演讲稿整理

《狼图腾》走向世界的启示

英国作者 J.K. 罗琳的《哈利·波特》和美国作者丹·布朗的《达·芬奇密码》畅销全世界，无疑彰显了这两个国家的文化软实力。2006 年 7 月，香港《亚洲时报》在线网站刊载的一篇文章指出，当下中国仅有一本叫《狼图腾》的长篇小说将要被世界上最具影响的企鹅出版集团推向世界，"从中可以看到这个世界上发展最快的图书市场的未来"。因此，《狼图腾》已不仅仅局限于是一本描写草原生活的小说，它成了一个符号，成了中国图书和中华文化走向世界的一个象征。

2004 年 4 月，湖北长江出版集团旗下的长江文艺出版社出版了《狼图腾》。随后，正如所预期的一样，该书国内销量截至 2016 年已超过 200 万册，截至 2006 年 6 月，连续 25 个月位列全国文艺类图书发行排行榜的前五名。2005 年 8 月 31 日，长江文艺出版社在北京与企鹅出版集团正式签订版权输出协议。按照协议，《狼图腾》的英文版将由该集团在全球同步发行，支付 10% 的版税，并预付 10 万美元。据企鹅出版集团的最新消息，英文版第一版精装本将在全球发行 50 万册，定价为 30 美元每本。

截至 2006 年，《狼图腾》版权贸易已经售出英、法、德、日等语种，成交总金额已达 110 万美元，其中包括意大利文版的 20 万欧元，英文版的 10 万美元。据保守估计，仅仅《狼图腾》一本书的总产值（包括电影）就将达到5至6亿美元。

因此，我们可以说，《狼图腾》已基本覆盖全球，成为全人类共有的精神食粮。

《狼图腾》的版权输出是中文图书版权输出的一个成功案例，通过这个案例，我们不仅可以看到我国版权贸易逆差下的一丝亮色，也可以洞见我国图书和中华文化走向世界的无限希望。

一、《狼图腾》的策划与出版

《狼图腾》是一部以狼为叙述主体的小说。其内容由几十个有机连贯的动人心魄的"狼故事"构成，包括掏狼窝、养小狼、狼与人、狼与黄羊、狼与马群的大小战役等，讲述了20世纪六七十年代内蒙古游牧民族与狼之间的感人故事。作者以自己的亲身经历、以近乎自传体的叙事视角，引领读者进入狼的活生生的世界。在《狼图腾》中，狼的团队精神、狼的狡猾和智慧、狼的军事才能和战术分工，以及狼的威武不屈的独立性格和尊严，狼对维护自然生态、促进人类文明进化的贡献等，构成了小说的故事主体。

《狼图腾》的作者姜戎，1967年到内蒙古额仑草原牧区插队落户。1978年返回北京，考入中国社会科学院研究生院，攻读政治经济学专业。正像小说中的主人公陈阵一样，姜戎在草原上与狼共舞达11年之久，草原游牧民族的多彩生活以及狼的动人传说赋予了他创作的灵感。30年来，姜戎沉迷于狼的品质和草原人对狼的图腾崇拜，最后用了差不多6年的时间创作了小说《狼图腾》。独特的经历和痴迷的思考，使作品的故事，特别是狼的种种细节，呈现出多彩纷呈、荡气回肠的诱人魅力。

2005年1月19日，长江文艺出版社第二届"九头鸟长篇小说奖"在北京揭晓，主办方在授予《狼图腾》作者荣誉证书和10万元奖金的授奖辞中称：《狼图腾》具有丰富的内涵和精神深度，结构宏大，内容丰富多彩而又充满着神奇的变幻……它的最大贡献是阐述了一种宏大的历史观价值观，特别是在对人类、自然诸多关系和对深层的生态文化上，表现了难得的自省意识和博大的情感深度。评选委员会还进一步认为，整个作品基调昂扬激越，强烈地体现了时代所呼唤的敢于开拓进取、敢于竞争较量的拼搏精神和阳刚之气，并由此引起了全社会乃至全世界的广泛关注。

这本书的组稿与责任编辑是人称"布老虎之父"的安波舜，他曾经策划出版了不少有市场价值的书，这其中包括了他创建的"布老虎"图书品牌。自20世纪90年代初涉足出版界以来，安波舜的出版理念、市场营销的经验给这个行业带来了一定的影响。正因为他在"布老虎"中曾收入了张抗抗的《情爱画廊》等书，张抗抗才向他介绍了姜戎的《狼图腾》。

相对于张抗抗而言，《狼图腾》的作者姜戎此前从没写过什么作品。因此，当安波舜带着这本似文学非文学、似伦理非伦理、一时还无法明确定位的"奇书"来到北京图书中心时，金丽红、黎波多少有些意外。黎波说如果《狼图腾》像其他作品一样投稿的话根本就不会被选中；金丽红则坦白地说，当初拿到《狼图腾》的书稿时并没有认识到它的市场价值，"故事叙述方式有些怪异，不像传统意义上的小说，有些地方倒像学术著作。当时的第一感觉可能是本好书，但未必能畅销，全年顶多也就卖上5万册"。我本人看到这本书的书稿时也表示怀疑。当国内图书市场上开始热销《我们仨》等书籍的时候，金丽红、黎波等经过仔细研究后，清醒地发现：一些有深度、有厚重感的书开始被市场大范围接受，而这正是图书这种载体体现它优势的地方，是报纸、杂志和电视等传播方式所无法比拟的。于是，在市场直觉的指导下，长江文艺出版社与安波舜按照项目合作原则，开始了合作。随后，在《狼图腾》取得巨大成功的同时，北京图书中心还取得了另一项意想不到的收获，即正式招安了出版界的安波舜，这是长江出版集团最可宝贵的收获之一。

二、《狼图腾》走向世界的几点启示

1. 内容为王

"内容为王"不仅是一般图书竞争的法则，也是中国图书走向世界的制胜武器。只有民族的，才是世界的。一本图书要走向世界，必须具备原创性、艺术性、人道主义精神和全球性主题。《狼图腾》的内容具有独特的魅力，是其走向成功的主要因素。当《狼图腾》还未最后确定能否出版时，其策划编辑安波舜就说："《狼图腾》的书稿拿在手上，经验告诉我，它的曲折能打动人，它的主题的无意识形态性能冲破国界而为全人类凝望。几乎从一开始我就想到，它不仅仅能风靡华夏。"

139

企鹅出版集团亚洲区总裁皮特·费尔德表示，企鹅出版集团一直要在中国寻找一部既有鲜明中国文化特点又有很强故事性的小说作品。《狼图腾》通过几十个"狼故事"，反映了人与动物如何相处，如何解决农耕文明与游牧文明的冲突等。这是全世界都在关注的话题，包含整个人类的价值观念，这样的题材非常适合海外读者。

企鹅集团北京公司总经理周海伦认为，小说中人与自然的冲突，传统文化和现代文化冲突的主题是面向海外读者的通行证，而西方读者没有经历过的20世纪70年代的蒙古草原文化则可令其着迷。"过去企鹅曾引进过苏童等人的作品，但销量一般。原因在于西方主流市场的读者对中国文化的理解困难，并且对作品讲述的故事并不是太理解。而这本书不同，既蕴含了较为深刻的道理，同时又具备很强的故事性，修养深的读者能剥出层层含义，而一般读者光看故事，也能很精彩。"

2. 宣传为翼

酒香也怕巷子深，同样的道理，好书也未必有市场。《狼图腾》成功的背后，综合运用宣传手段的作用功不可没。

《狼图腾》刚出版时，在宣传方面面临的情况就比较特殊。因为作者事先即与出版方约定，自己不出面宣传，低调处理涉及本人的宣传事宜。起初，只有《京华时报》一家报纸同意连载，而且直到长江文艺出版社召开新书发布会时，也还没有一家媒体看好这本书，认为它的定位模糊，字数太多，定价还很高，甚至有人对连载这种小说都提出了异议。于是，出版方在最初的宣传上，采取了请名人评书的方式。他们邀请《人与自然》的主持人赵忠祥、从内蒙古草原走出来的白岩松、蒙古族歌手腾格尔、企业界巨头海尔老总张瑞敏、地产大亨潘石屹等名人评书。他们在阅读了该书的样张后，都写出了具有启发性、推介性的评语。

海尔集团总裁、CEO张瑞敏先生评论说："大草原上的生物百态在揭示着一个市场竞争的准则：竞争和变化是常态，谁也无法回避竞争，只有置身其中。其实狼和羊都在为生存拼搏，在拼搏中进化，强者恒强，适者生存，永远是'有序的非平衡结构'，如果你在竞争中被平衡掉，不是竞争残酷，而是你不适应竞争。狼的许多难以置信的做法也值得借鉴。其一，不打无准备之仗，踩点、埋伏、攻击、打围、堵截，组织严密，很有章法，好像在实践孙子兵法

'多算胜，少算不胜'。其二，最佳时机出击，保存实力，麻痹对方，并在其最不易跑动时，突然出击，置对方于死地。其三，最值得称道的是战斗中的团队精神，协同作战，甚至不惜为了胜利粉身碎骨，以身殉职。商战中，这是对手最恐惧，也是最具杀伤力的。"

蒙古族歌手腾格尔说："它让我读出：深沉、豪放、忧郁而绵长的蒙古长调与草原狼幽怨、孤独、固执于亲情呼唤的仰天哭嗥，都是悲壮的勇士面对长生天如歌的表达；是献给天堂里伟大母亲最美的情感、最柔弱的衷肠、最动人的恋曲……"

评论家、作家周涛评价说："这当然是一部奇书！一部因狼而起的关于游牧民族生存哲学重新认识的大书。皇皇50万言，50万只狼汇合，显示了作者的阅历、智慧和勇气，更显示了我们正视自身弱点的伟大精神。"

中国社会科学院文学研究所研究员、评论家孟繁华写道："《狼图腾》在当代中国文学的整体格局中，是一个灿烂而奇异的存在：如果将它作为小说来读，它充满了历史和传说；如果将它当作一部文化人类学著作来读，它又充满了虚构和想象。作者将他的学识和文学能力奇妙地结合在一起，具体描述和人类学知识相互渗透得如此出人意料、不可思议，这是一部情理交织、力透纸背的大书。"

香港著名实业家李嘉诚先生在接受《亚洲周刊》的采访时说："《狼图腾》是本好书，当然，做人还是一半是狼一半是羊好。"

请名人评书，在媒体上宣传，到地坛书市上用喇叭"吆喝"，这些市场化的手段，《狼图腾》都用得恰到好处。以此为起点，该书在国内图书市场上开始热销，迈开了创造奇迹的第一步。

然而，版权输出的关键还不在于针对国内图书市场的宣传，而是要加强针对国际市场的宣传。此前我国图书版权输出的一般做法，或是在大海捞针般的版权交易会上寻找机会，或依赖于实力尚弱的版权代理公司。这样做的结果，要么劳而无功，要么收效甚微。

《狼图腾》的国际市场宣传方式则与众不同。当《狼图腾》在国内销售突破50万册时，长江文艺出版社北京图书中心就做好了版权输出、让该书走向世界的充分准备。他们精心制作了一份关于《狼图腾》的全英文的文案，内容包括故事梗概，作者介绍，国内市场销售现状，各界人士包括作家、演员、企业家、评论家等对该书的高度评价，国内平面及广播电视媒体的热烈反应，以及作为该书策划者对其全球市场发展前途的预测等。随后，该文案被传递于国际上大的出版公司之间，出版方主动邀请国际出版公司的在华办事机构参加围绕该书举行的推介会、作者见面会等各种活动。并且，随着市场的变化情况，该文案亦适时修改和充实。

同时，出版方约请熟悉中国文化和英语的人撰写书评，争取刊登在西方世界的主流报刊上，以吸引国外出版商的注意。出版方精心选择媒体，向海外主流媒体投稿，像德国的《南德意志报》、意大利的《意大利邮报》、英国的《泰晤士报》、美国的《纽约时报》等。这些媒体，一是在西方世界发行量大；二是国外出版商十分关注；三是被其他媒体转载的概率大。这一系列操作，让宣传的针对性效果充分地显现出来。《时代周刊》《纽约时报》《泰晤士报》等都曾对该书给予报道或评论，被西方大小平面及网络媒体转载者更不计其数，结果引来了诸多的国际大出版社与出版方联系。《狼图腾》针对国际市场的宣传取得了成功。

3. 团队为基

在任何一项工作中，人都是具有决定性的因素。畅销书的运作也是如此。所以，拥有一个好的团队，是运作畅销书的基础。出版《狼图腾》的长江文艺出版社北京图书中心，汇聚着金丽红、黎波、安波舜等一批出版精英。他们既有狼一样的眼光，又有狼一样的效率，在信息的搜集、流通、传播等方面具有很大的优势，在畅销书的运作方面具有丰富的成熟经验。长江文艺出版社北京图书中心曾成功推出过《我把青春献给你》《心相约》《告诉孩子你真棒》等畅销书，截至 2006 年，他们平均每种书的销量不下于十万册。北京图书中心领头的是金丽红、黎波、安波舜等三位富有编辑与发行经验的出版人，他们被业界誉为出版界的"金三角"。这样一个精英团队，经常为了一本书，在某一时段，倾尽全力，上下配合，加班加点，对每一个环节每一个细节都以职业的精神和专业的手法，集中精力认真办好，做到了选题有境界、编辑有想法、管理有章程、操作有标准。

现在来回顾《狼图腾》的成功历程，我们不难发现，《狼图腾》一书的编辑、出版、发行和宣传推广，以及后期的版权贸易都是有计划、有步骤、有方法和有预算的产物。在"金三角"中，身为《狼图腾》责任编辑的金丽红随时跟踪媒体反应，有效地监控舆论导向，使图书的宣传始终稳而不乱，健康攀升；同样身为《狼图腾》责任编辑的黎波主管图书发行，负责及时组织市场，进行动态的销售管理，对《狼图腾》的发行起到了关键性的作用；而身为《狼图腾》策划编辑的安波舜则全力开展图书宣传，尤其是针对国际市场的图书宣传，最终促成《狼图腾》走向世界。正是"金三角"及其所率领团队的通力合作，才打造了出版界的"《狼图腾》奇迹"。

比如，在版权输出过程中，在选择国外合作伙伴的问题上，就充分体现了这个团队的智慧。当时对《狼图腾》表示出强烈兴趣的海外出版机构和版权代理机构共有三四家，而他们最终选择了企鹅出版集团，原因主要有以下几个方面：

第一，企鹅出版集团的实力雄厚。企鹅出版集团是全球最大出版集团培生集团旗下的出版企业，已有百余年的历史。

第二，企鹅出版集团已具备出版发行中国小说的经验。该集团曾发行英文版的《论语》《红楼梦》《围城》，还发行过苏童、莫言等中国作家的小说。

第三，企鹅出版集团拥有强大的全球发行网络，该集团拿到全球英文版权后，可以在十多个英语国家发行。风靡全球的《哈利·波特》系列，该集团除在英国本土发行以外，其余的也全部由企鹅出版集团的海外发行机构发行。

第四，企鹅出版集团可以针对全球不同地区的市场，实行差异化战略。该集团在不同国家的出版发行，都会根据当地读者的欣赏口味进行本土化的宣传包装和装帧设计。也就是说，在企鹅出版集团的差异化战略下，同样内容的一本书，在不同国家将会拥有不同的宣传渠道，也会拥有不同的封面和装帧形式。企鹅出版集团的种种优势，都有利于《狼图腾》成功走向世界。

这样体现团队智慧和眼光的例子还有很多。正如安波舜所说，在创造"《狼图腾》奇迹"时，我们有着狼一样的协作精神，也有着狼一样的办事效率，正因为如此，我们才能像狼一样享受这份心仪的出版大餐。

三、一点思考

《狼图腾》的成功尽管只是个案——不但其成功经验不能简单复制，而且也不能改变我国图书版权贸易处于严重贸易逆差的被动局面，但《狼图腾》走向世界的内在机制却值得我们思考。

假如这本书稿不是交到了长江文艺出版社北京图书中心而是交给了别的一家传统出版社，出版社是否有这样高的效率迅速作出反应，动用全部的力量对图书展开营销，迅速在国内走红并且在国外产生影响？这种可能不是没有的，但却有可能做不到。尽管这部书当初金丽红并不十分看好，但一旦决定了，他们就把这部书当作畅销书来做。一旦市场反应不错，他们就倾尽全力把书做到极致。

长江文艺出版社北京图书中心尽管也是一个国有的出版机构，但没有传统出版社内多年沉积下的旧的观念的束缚，没有众多的环节相互制约，没有复杂的人事纠葛。以生产为中心的组织结构，以市场为导向的运作机制，保证了出版的高效率与成功的概率。当然，北京图书中心截至 2006 年只有 14 个人，"船小好调头"，但无论船大船小，动力至关重要。这里，员工的身份是社会化的，分配是根据贡献大小决定的，集中精力，心无旁骛，所以在全国畅销书排行榜上，北京图书中心总是榜上有名。据开卷统计，2005 年上半年，虚构类与非虚构类排行榜上，长江文艺出版社占有 1/10 的份额。由此可见，一个企业要想在市场竞争中立于不败之地，必须在体制和机制上，在组织结构与生产流程上，进行改革和创新，构建与市场竞争相适应的组织。

此外，从《狼图腾》的成功出版与版权输出中还可以看到，人才在其中起到重要的作用。中国的出版企业要实现走向世界的战略，达到世界水平的市场化程度，尊重人才，为人才提供可以施展才能的平台至关重要。在《狼图腾》版权的输出过程中，如果没有金丽红等人与世界出版巨头打过交道的经验，不去制定适合不同语种需要的版权贸易方案，《狼图腾》就不可能走向世界。从《狼图腾》走向世界的个案中也可以看到，发现人才，培养人才，尊重人才，充分发挥人才的聪明才智和责任心，是版权贸易成功的重要保证。

最后需要强调的是，中国走向世界，不仅出版工作者需要作出努力，政府有关部门也要统筹考虑。中国在制定长期发展战略时，政府不仅要考虑经济的发展，还要考虑增加中国的文化生产力，在政策支持、奖励措施上鼓励向外输出中国文化，不断扩大中国文化在世界上的影响力。

原载《中国编辑》2006 年第 6 期，与章雪峰先生合写

长篇历史小说《张居正》出版前后

如果没有张居正，明朝万历年间的历史将会十分黯淡；如果没有熊召政，400 年前的张居正将会十分寂寞；如果没有熊召政文学的《张居正》，长江文艺出版社荣获茅盾文学奖的时日将会延迟，但这一切，皆因我与《张居正》的邂逅而成为假设。

邂逅皆因张居正

1997 年暮秋的一个晚上，我接到了周百义的一个电话，他问我："听说你在写一部关于张居正的长篇历史小说？"我回答"是的"，他接着说："这本书我来给你出，我亲自当你的责任编辑。"可以说，这次通电话是我们友谊与愉快合作的开始。

这是熊召政在《说说我的责任编辑》一文中的开头。也许作者的记忆是对的，我在日记中没有记下我向他约稿的具体时间。

熊召政写长篇历史小说的消息是徐鲁告诉我的。徐鲁是我的文友兼同事，亦是熊召政的诗友。当时我们刚刚出版了《白桦文集》，徐鲁认为我有些胆识。

熊召政是我武汉大学的校友，同属于刘道玉校长教育改革的产物，同一年考入武汉大学中文系做插班生，但他当时分在另一个班，我们相识，但联系不多。

主动向熊召政约稿出于两个原因，一是他有过一次无妄之灾，成了文坛的边缘人，作为同学，我当助他一臂之力；二是他在20世纪80年代初即获过全国新诗奖，我还在河南乡下时，曾买过他的第一本诗集《在深山》，在某种程度上，我是他诗歌的"粉丝"。我相信他的才情，相信政治磨砺对于历史小说的创作或许会有帮助。后来，武汉大学教授昌切评价熊召政，"周旋于官场与商场之间，对官商两界的内幕多有了解，深有会心。一旦重新操笔写小说，自然会推己及人"。不过，我当时没有理解得这么深刻。

1998年的秋天，已是红莲湖高尔夫球场董事长的熊召政开着一辆加长的凯迪拉克，来到汉口新育村33号那个狭窄的小院中，在众人的惊讶与艳羡中，捧出了打印得整整齐齐的书稿。

书稿我很快就看了，就选材来说，万历年间是中国历史上一个重要的转折点，张居正是中国历史上一个有大作为、有大悲剧的人物。其"一条鞭法"的改革，在中国经济发展史上产生了重要的影响。历史时段的选取对历史小说而言是一重要因素，历史人物的选取对历史小说创作十分重要，所写的历史小说是否具有当下意义则是读者能否产生共鸣的关键，小说具有了这三点，就有了成功的把握。召政是写诗的，从文字看，毫无疑问很漂亮，但在人物的塑造上，故事情节的推动上，这一稿却缺少引人入胜之处。有时候，作者以第三人称，静止地全面介绍一个人物，从籍贯到现在的身份、外貌描写、穿戴打扮，事无巨细，集中一起交代，犹如让一个人站在那里长时间地照镜子。特别是与二月河那种一口气读下去欲罢不能的小说相比，就显得过于拘泥。我多少有些失望。

熊召政在《说说我的责任编辑》中这样记载当时的情况。

一个星期后，他来电话说他看过了书稿，觉得"发是可以发，但有些地方还要稍作改动"。不久，他把书稿退给我修改，我细心地看了他的多处眉批。如我写戚继光时，搁下故事的进展而插入对戚继光的出身及名字介绍，他批曰："此种叙述，有伤文气，建议删改。"我写高拱设计让邵大侠杀两广总督李延，他批曰："不要把高拱写得过于歹毒，建议修改这个情节。"凡此种种，有数十处之多。虽然他很认真，但我从他最初的"发是可以发"的口气中，听出了"这本书一般"的弦外之音。

召政的记叙基本是准确的。特别是塑造高拱这个人物形象时，他写高拱是个心狠手辣的阴谋家，设计派人去杀两广总督，我觉得这样写破坏了高拱这个人物性格的统一性。高拱为人清廉，有操守，政治上有追求，是典型的中国士大夫形象，他虽与张居正政见不合，但不会做这种鸡鸣狗盗之举。召政听取了我的建议，在第一卷中将高拱塑造成了一个有气节的政治家形象。在高拱去职回家的路上，张居正相送，高拱不接受张居正的恩赐，此情节一石二鸟，写出了高拱的风骨与张居正的大度。

后来有一天，熊召政电话告诉我，这一稿小说不出了，他要重新修改这部小说。他回忆此事时写道：

那年春节，我又将此书稿打印三份送给三个不同职业不同文化程度的朋友看，没有一个人下"这本书真好看"的断语。我于是痛下决心，学一次"黛玉焚稿"，把写成的第一卷的书稿全部烧掉，从头再来。当我把这个决定告诉周百义时，他有些惊讶，他说："这样你一年的心血就白费了，要不，你做一次大改动，还是可以发的。"我告诉他我决心已定，一切推倒重来。既然文学是我实现理想的一种方式，我就绝不能退而求其次。

这之后，我们时常见见面，在酒馆里讨论一下历史小说与他的书稿。我们还一起驱车到荆州，攀古城墙怀古，去张居正墓前凭吊。那时的张居正墓，孤零零地趴在郊外一片荒野中。当日夏雨初霁，墓前泥泞难行。只见一堆并不丰腴的黄土，四周灌木杂草茂盛。一尊用粗糙石质切割的简易墓碑上，"张文忠公之墓"六个用油漆描红的大字依稀可见。油漆描得已有些时日，略显斑驳。史载当年张居正病逝正是权势熏天之时，下葬不可谓不隆重。一年后万历将其爵秩尽夺，抄家毁坟，掘其神道，但48年后崇祯为其平反，张墓重修如初，但"文革"时期，张居正墓一度被夷为平地，"文革"后期张家后人方垒土为坟，草草将枯骨安葬。想当初张江陵一荆楚才子，少年得志，金榜题名，后权倾朝野，无人匹敌，此正是"古今将相在何方？荒冢一堆草没了"。

147

有一次，熊召政得了胰腺炎，住在同济医院，我去看他，顺便送了一套二月河的历史小说，我建议他认真研究一下二月河小说的艺术特色，看看在历史真实与艺术真实方面如何做到有机统一。尤其是刻画人物性格时，不要由作者交代此人如何如何，而是在情节的流变中，在人物的对话中，在侧面的烘托描写中，刻画出人物的性格特征与层次性、复杂性。

后来，他给我写了一封信，记载了当时的心情。

百义兄：

　　节前蒙招饮于江左，谈张居正书稿获益颇多。我之过分拘泥于历史而忽略偷梁换柱移花接木之小说特色，导致笔墨谨慎以文为说而缺乏酣畅淋漓的小说气象，这是已完成的三十万字问题。经过通盘考虑，我仍决定重写前面部分章节，化呆板为灿烂，推秋水而洪波。让张居正甫一登场就刀光剑影电闪雷鸣，这样一来我给自己加了一道紧箍咒，也正好应了一句古话：字字看来都是血。如果顺利，我七月份交第一卷稿，力争今年出版。其间我会摒弃一切干扰，埋首书斋。昨日自老家返汉，今日于南窗下读有关明代史料，思考张居正的悲剧，得诗一首：

　　常记先生柄政时，城狐社鼠尽摧之。
　　书生自有屠龙剑，儒者从来作帝师。
　　寂寞王侯多怨恨，萧条国事赖扶持。
　　昭昭史迹留嗟叹，社稷安时宰相危！
　　匆草即此。请赐教。
　　顺致新年问候！

熊召政顿首
己卯年正月初五

荣宝斋稿纸，竖写，一笔漂亮的行书小楷，透露出主人的旧学功底与才情。

后来，我得知召政为写好《张居正》，先后写下了二十多万字的读史笔记，先后多次到张居正生活过的地方，特别是紫禁城实地考察，这为再现明朝的社会生活细节，营造浓郁的历史文化氛围，打下了扎实的基础。

且为江陵铸史篇

从信中可以看出，熊召政当初只打算修改前面的部分章节，计划七月份交稿，实际上到了 1999 年的冬天，他才交来打印得整整齐齐的《张居正·木兰歌》。我日夜兼程一口气读完，激动之情油然而生。这一稿从谋篇布局，到情节设计，及至语言风格、叙述方式，与第一稿是天壤之别。应当说，他是完全推倒重写的。我佩服召政的毅力与才情，三天后，我就告诉了他：这是一部好的历史小说，读后有让人言犹未尽之感。

为了编好这部历史小说，我先后阅读了《明史》《万历传》，朱东润的《张居正大传》，黄仁宇的《万历十五年》，黎东方的《闲话明朝》，韦庆远的《张居正与明代中后期政局》以及有关张居正的研究性著作。我觉得熊召政这一稿既基本遵循历史的真实，又围绕着塑造人物性格，写活了隆庆首辅高拱和万历首辅张居正。在某种程度上，高拱的性格比张居正更为丰满。

为了帮助读者全面了解《张居正·木兰歌》，在卷首"内容简介"上，我这样写道：

> 张居正，是明万历年间曾因厉行改革而彪炳史册的一位传奇人物。他荣登首辅之位后，理政十年：整饬吏治，刷新颓风；整肃教育，延揽济世之才；革新税赋，梳理财政，拯朱明王朝将倾之厦，使万历时期成为明王朝最为富庶的时代。其主事时声势显赫，炙手可热，圣眷优渥，无与伦比，但隆葬归天之际，即遭人非议之时，结果家产尽抄，爵封皆夺，祸连八旬老母，罪及子孙。他生前身后毁誉之悬殊，足见政治险恶、世态炎凉，令后人扼腕叹息。作家早年素有诗名，近年徜徉于朱明王朝之间，对这位毁誉参半的乡党悉心研究，将诸多感悟凝诸笔端，力图全方位塑造出这位政治家的血肉之躯，展示万历前后社会生活的全景画图。小说围绕着张居正与首辅高拱这两位权臣之间的政治斗争，展示了宫廷内外各种政治势力的此消彼长，写出了斗争的复杂与残酷，塑造出了张居正、高拱、冯保、李贵妃等一批具有鲜明个性的人物。同时，通过对典型环境的生动再现，历史氛围的精心营造，小说既弥漫着一种典雅古朴的气韵，又给人晓畅通达、引人入胜的阅读愉悦。

149

　　熊召政的诗名在文坛是人尽皆知，当年以一首《请举起森林般的手，制止》荣获全国第一届新诗奖。但他写小说却寂寂无闻，曾见其有一部应景的长篇小说《酒色财气》，书我未读，从名字看大约可知基本内容。当年熊召政的作品，不像今天这样炙手可热，如何让这部小说走向读者、走进专家的书斋就成了关键。于是，我们围绕《张居正·木兰歌》的宣传推广做了一系列的工作。

　　首先，我动手写了三篇两千字左右的评论：《改革者的政治智慧》《一部大雅大俗的历史小说佳作》《因文生事，金碧间杂》。我从人物性格的复杂性、历史小说的雅与俗的关系、历史真实与艺术真实如何有机统一，来评析《张居正》的认识价值与审美价值。这些文章，在国内的媒体上先后发表。与此同时，我设计了一个对话提纲，与熊召政就这本书的写作缘起、题材的选择、诗歌文体与小说文体的异同、历史真实与艺术真实的关系处理等与作者对话，意在彰显作者的艺术追求，帮助读者了解创作的意图。对话的内容在武汉大学的《写作》及湖北省《学习》杂志上刊登了。

　　第一卷出版后，我们在省内外召开了一系列的研讨会，很多专家撰写了评介文章。

　　2000 年 4 月 5 日，长江文艺出版社与湖北省作家协会联合举行了《张居正·木兰歌》一书的首发式，业内媒体与武汉本地媒体报道了《张居正·木兰歌》出版的消息。

　　2000 年 8 月 26 日，武汉大学、华中师范大学两校文学院部分知名教授王先霈、陈美兰、於可训、昌切、樊星、王又平等在华中师范大学出版社会议室召开了第一卷研讨会。专家们就这一卷的人物形象、情节结构、语言文字、历史氛围的营造等发表了评论，大家纷纷认为熊召政的历史小说不仅体现了他从诗歌这种文学体裁成功转型到小说，而且承继了湖北省历史小说的创作传统，是继姚雪垠的《李自成》之后又一重要收获。

　　2000 年 9 月 2 日，《长江日报》文艺部邀请王先霈、樊星、蔚蓝、田中全等专家学者召开《张居正·木兰歌》作品研讨会。会后发表了王先霈的《以史喻今和以史娱今》，樊星的《推荐〈张居正〉》，蔚蓝的《文思：在历史的空间纵横》等评介文章。三人从不同的角度解读了《张居正·木兰歌》的审美特色。

　　2000 年 11 月 2 日，《文艺报》在北京召开了《张居正·木兰歌》作品研讨会。

我和评论家王先霈、於可训老师一起去了北京。中国作家协会书记处书记郑伯农、张锲、金坚范，以及评论家刘锡诚、何西来、陈丹晨、蔡葵、蒋巍等都出席了会议。与会的评论家一致肯定作者选择这一题材的重大意义，对作品的主题涉及的明代社会关系和上层权力斗争、中国封建文化的特征和封建时代的改革家的命运等诸多问题，都进行了深入的探讨。对第一卷作品中塑造的高拱、张居正、冯保等人物形象和惊心动魄的权力斗争，在艺术上也给予了很高的评价，认为这是一部现实主义的力作。11月14日，《文艺报》刊发了一版评论，有何西来的《绝对君权的腐败与攘夺》、刘锡诚的《古道悲风》、蒋巍的《历史的艺术化与戏谑化》、江晓天的《横空出世：历史小说上品》等。通过些有分量的评论，《张居正》这部历史小说的价值、特色、创新之处得到了阐释。通过《文艺报》的宣传，这部小说进入了专家的视野。

第一卷《张居正·木兰歌》出版后的一年时间里，先后在省内外的报刊上发表了22篇评论文章，省内外的媒体发表了10篇出版消息和研讨会消息。通过研讨会和省内外专家学者的肯定，第一卷的影响力和作品的价值得到了社会的认可，不仅直接拉动了第一卷的销售，也为后几卷的宣传营销奠定了一个好的基础。由此看来，对于长篇小说的宣传，不能靠花边新闻和明星来拉动，而是要请专家学者充分挖掘其文学价值与阅读意义，唯有如此，才能打开市场，才能为参与各种奖项评选奠定基础。

第二卷出版前，作者和我们专门召集了湖北省的作家、评论家、出版人在湖北英山和华中师范大学分别举行了两次书稿审读会。在一部小说未有出版之前，先请专家把脉，这在出版社中也是一个创举。大家通过阅读稿件，认为第二卷保持了第一卷的创作水平与艺术特色，张居正的艺术形象进一步丰满，担任首辅后的张居正的艰难改革与激烈的矛盾冲突全面展开。同时，专家们就书稿中的具体问题也提了一些修改意见。

接着，作者以每年一卷的速度创作，一直写了4卷。在每一卷中，除了《张居正》主书名外，他还各加了一个副书名。每个副书名是一个词牌，如《木兰歌》《水龙吟》《金缕曲》《火凤凰》。词牌有别，看似与小说无关，但实际上词牌寓意与文章内容有着联系，同时也增加了作品的历史文化气息。

熊召政的4卷本长篇历史小说《张居正》，普遍得到了评论家和大多数读者的好评，如香港学者、武侠文学大师金庸撰文称赞《张居正》，认为熊召政对明史深有研究，他还向熊召政请教李自成的有关史实。但文学史家马振方却在《文学评论》上撰长文批评长篇历史小说《张居正》。马振方在《厚诬与粉饰不可取——说历史小说〈张居正〉》一文中称《张居正》的前三卷"大量内容陷入滥造和悖逆历史，厚诬了高拱、魏学曾、王希烈等多位古人，颠倒了其中部分历史人事的美丑，以人为制作的反面历史人物反衬，拔高主人公，并用较多笔墨粉饰张居正的性格弱点和人格缺陷"。2003年12月10日，《中华读书报》发表了王春瑜的《厚诬乎？粉饰乎？》和华中师范大学中文系博士导师、时任湖北省作协主席王先霈的《把文学当作文学来评论》两篇文章，反驳马振方的观点。2004年3月3日，马振方在《中华读书报》撰写了《关于〈张居正〉答论辩学人》一文，再次举证论述自己对历史小说《张居正》歪曲历史，诬蔑高拱的论断是有历史依据的。之后，历史学家王春瑜先生在《文汇读书周报》撰文批评马振方，马振方在《中华读书报》再发《关于〈张居正〉再答论辩学人》一文反驳王春瑜。双方各执一词，这场文史之争持续数月，引起了学术界和读者的关注。虽然马振方对《张居正》的批评"用词很重"，但他谈的主要是作家在处理历史真实与艺术真实中如何做到有机统一的问题，对于小说的文学贡献并没有否定，从另一层面来看，反而扩大了《张居正》一书在学界的影响。

但是，当年我社二月河的《雍正皇帝》两次参评茅盾文学奖，都是因为这位学者指出小说部分情节不符合历史真实而影响了评委的投票。这次他公开撰文批评《张居正》，如果《张居正》参评各种奖项，评委们会不会也因为这个所谓的历史真实问题而影响自己的判断呢？弄不好，也会重蹈《雍正皇帝》的前辙。

2003年10月，浙江大学中文系举行"中外历史小说研讨会"，主办方吴秀明教授邀请我参加。我听说参加者中有北京大学的马振方先生，便应允而去，主要目的是希望能与马先生就《张居正》的相关问题当面讨教，也有联络感情、缓和矛盾的一层意思。会议小组讨论时，我主动要求要和马先生一组。会议休息间隙，我向他请教，他谈了对二月河、熊召政作品的看法，我没有与之争辩，反而当即向马先生发出邀约，希望他能就《张居正》的不足给我们写一篇文章。一是能让我们在作品的把关中好好"学习"；二是我们计划出版一本关于《张居正》的评论集，将来将马先生的文章也一并收入。后来，马先生如约给我们写了一篇批评性的文章，我们将其收录在《〈张居正〉评论集》中。在首届姚雪垠长篇历史小说奖颁奖时，作为评委的马先生也参加了会议，他高度肯定了出版社和作家虚心听取意见、认真修改作品的态度，并且对参评姚雪垠长篇历史小说奖的《张居正》投了赞成票。

2003 年底，熊召政的 4 卷本长篇历史小说《张居正》出齐了，湖北省作家协会组织了一组评析文章，发表在《文艺报》2013 年 12 月 23 日的《文学周刊》上。其中有曾镇南的《封建社会政治改革家的典型形象》，谢永旺的《张居正：熊召政笔下的"这一个"》，白烨的《历史题材写作的大手笔》，於可训的《权力怪圈中的改革悲剧》。谢永旺认为 4 卷"艺术质量大体均衡，笔力贯彻到底"，通读一遍，认为"这是一部在历史与文学、理性思考与小说艺术的结合上，有自己的特色与成就的作品"。曾镇南则给予较高的评价，认为《张居正》"可以说是睥睨一时的大制作"。白烨评论的题目更有广告意味，认为《张居正》是"历史题材写作的大手笔"。四位专家虽然角度不同，但都异口同声地肯定了《张居正》在当下历史小说创作中的重要地位。

之后，我们出版了《〈张居正〉评论集》，为一套书出版评论集，在长江社的历史上并不多见。评论集收录了 32 位评论家有关《张居正》的评论。大多数评论家都是中国文学批评的中坚力量，如雷达、蔡葵、曾镇南、何镇邦、何西来、刘锡诚、白烨、江晓天、谢永旺、马振方、王先霈、陈美兰、於可训、樊星、昌切等，他们从不同的角度对《张居正》的文学史学价值进行了全方位、多角度的阐释。其中大多数持肯定意见，当然也有前面提到的马先生的不同意见。马先生的意见入选不仅体现了出版社与作者的包容心态，也增加了这本评论集的学术含量。

在长达五年的出版过程中，《张居正》除获得了首届姚雪垠长篇历史小说奖之外，还分别获得了湖北省政府奖、第五届屈原文艺奖。与此同时，我们将《张居正》收入了我社"九头鸟长篇小说文库"中，在由李国文主持的第一次"九头鸟长篇小说"评奖中，《张居正·木兰歌》获得了二等奖。

2003 年，第六届茅盾文学奖要开评了，因为有了《雍正皇帝》两次与其擦肩而过的经历，尽管《张居正》得到了各界的好评，但我们不敢掉以轻心。我们通过中国作协创研部，密切关注评比的进展。但是，三轮的投票，众多的评委，谁都清楚任何人也控制不了评比的结果。一轮、二轮、三轮，从 2003 年初评到 2005 年终评，无论是作者还是出版社，都在屏息等待着最后的结果。

京都折桂终如愿

2005年4月，终于传来了《张居正》获得第六届茅盾文学奖的消息。这天，阳光明媚，我去南阳拜访二月河返回，轿车正疾驰在公路上。手机里，熊召政与我保持着电话联系，我终于知道，《张居正》以全票通过了。作为责任编辑，我与作者一样无比地自豪，那种幸福从心底由衷升起。第六届了，作为地方文艺出版社，终于加入了获得茅盾文学奖的队伍行列。

2005年7月26日，在浙江省绍兴市乌镇举行茅盾文学奖颁奖会议。我刚好有出国的任务，就委托出版社的阳继波先生代我陪同熊召政前去领奖。据说颁奖仪式隆重之极，可惜我未有福分前去领受。

2005年10月，省委省政府在武汉召开了表彰会。省政府奖给了作者10万元，奖给了责任编辑1万元。

我在会上有一个很短的发言，后来用《太阳与月亮》为题，发表在《湖北日报》上。

今天我能登上这个领奖台，首先，要感谢《张居正》一书的作者熊召政先生，如果没有他十年呕心沥血的辛勤劳作，他的长篇历史小说巨著不可能以全票当选茅盾文学奖，我也不可能获得这个"茅编奖"——茅盾文学编辑奖。如果说他是太阳，我最多算个月亮。当然，这个月亮还是省委省政府给升起来的，如果没有省委省政府对文艺精品创作与出版的高度重视，作为一本书的责任编辑，不可能获得如此高规格的殊荣。所以，我今天无比地荣幸，无比地激动！谢谢已经在天的茅盾先生，谢谢作家熊召政先生，谢谢省委省政府的领导，不仅以我个人，还以我供职的长江出版集团、长江文艺出版社的所有编辑们的名义。这不是对我一位责任编辑的肯定，而是对整个出版工作者劳动的尊重。何况，大家从这里看到了未来，都在等待着下一次再由省委省政府的领导来给我们举行如此隆重的颁奖典礼呢。

与熊召政的合作，是一次愉快的而且让我终生难忘的文学之旅。我们在八年前开始了亲密接触，从春到秋，跨越了一个世纪，终于在今年九月的一天中午，如愿以偿地得到了《张居正》斩获魁首的喜讯。那一天我正在车上，是从二月河先生所在的南阳回武汉的路上。二月河先生也是中国历史小说的大家，他的《雍正皇帝》也是我担任的责任编辑，这套书两次入围茅盾文学奖，两次因一票之差与茅奖擦肩而过；而这一次《张居正》申报茅盾文学奖，会不会也天不遂人愿呢？我与熊召政在忐忑不安中等待。好痛苦啊，奖评了两年，我们等了两年。结果呢？套用一句流行歌词：让幸运撞了下腰。当然，不是幸运，是熊召政用他丰赡的文史修养、飞扬的文采、恢宏的艺术构架，折服了21位终评委。他们睿智的目光，同时聚焦到了熊召政笔下复活的历史长廊上。400年前的荆楚才子，曾经的风流倜傥，曾经的叱咤风云，那是让每一位乡党景仰的历史；400年后，在一位同样充满才情的英山才俊的笔下，栩栩如生的张居正走进了我们的视野。"书生自有屠龙剑，儒者从来作帝师"，熊召政在写给我的第一封信中，谈到了他对张居正一生由衷地赞赏与扼腕叹息。他是抱着为后世立言的雄心壮志，开始了他的"字字读来皆是血"的扛鼎之作。十年寒窗，数易其稿，终于有了皇皇150万言的巨著。这是中国文学界的骄傲，更是湖北创作界与出版界的骄傲。

作为长篇小说《张居正》的责任编辑，也作为湖北省出版界的一位代表，站在这个讲台上，我除了激动与兴奋，还感受到肩上的重担。成绩只能说明过去，明天我们再用什么优秀的出版物奉献给我们的读者呢？党和政府赋予了我们责任、时代赋予了我们责任，台上这么多领导正用深情的目光关注着我们。我们知道，社会生活正在发生急剧的变化，读者的阅读也将面临更多的选择，经济全球化的变革、科学技术的发展，都对我们提出新的挑战。如何满足读者多元化的需求，出版更多更好的精神产品，让人们的心灵更加丰富，让我们的生活更充满希望，这也是我今天站在这个台上的思考。我知道，今天让我站在这里，不是来陶醉于过去的成功，而是来昭示着明天的责任。作为湖北省出版界的普通一员，也作为长江出版集团的领导成员，我将用加倍的努力，为湖北省的作家，为全国的作家，为更多的作者尽绵薄之力，用我们的不懈努力，出版更多能代表我们这个时代最高水准的优秀出版物。

因为书稿，包括每一卷的出版，我与召政经常一起探讨寻找最为合适的表达方式，久而久之，我们便成了最热络的朋友。有一阵子，我们与在汉的评论家作家们组成了一个未有订立章程的"美食家协会",不定期地轮流做东,吃遍三镇。喝酒、吃茶、郊游。酒桌上召政滔滔不绝,宏论甚或段子妙语连珠。如有妙龄女子在场,他更是吟诗作赋,才气逼人。

小说获奖后,召政梅开二度,文势大炽,著作一部部地出,剧本一场场地演,书法作品也行情看涨。不过,召政与其夫人均未忘我这位校友加编辑的友情。一日,他赋诗一首并书赠予我:

> 以身许国惭无补,且为江陵铸史篇。
> 萧瑟衣冠怜烈士,屡经风雨见奇男。
> 彩毫重塑神州梦,碧血常涂社稷坛。
> 莫道英魂招不起,今宵欣看月团圆。
> 百义兄为拙著责编,常有点石成金之妙,心甚感激。书《张居正》付样后作一诗见赠,以纪此段翰墨情谊。召政。

我将之装裱后嵌入玻璃镜框,挂在书桌的对面,每天,相对而视,眼前流过的是已逝的匆匆岁月。

2017 年 10 月发表于"出版人周百义"公众号

"九头鸟长篇小说文库"营销策划始末

一、缘起

20世纪90年代初，当港台言情武侠小说一度占领大陆图书市场时，长江文艺出版社曾经推出了以编选当代作家作品为主的"跨世纪文丛"，截至2002年，先后出版了7辑67位作家的代表作；20世纪90年代，当年选在图书市场上悄然隐退之时，长江文艺出版社又推出了由中国作家协会编选的文学作品年鉴；同时，我们也出版过32卷本的中国报告文学作品大系，出版过辑纳100位现当代诗人代表作品的《中国新诗库》，但我们仍然觉得在长篇小说的出版中，长江文艺出版社缺少一个品牌。当21世纪来临之时，我们经过思考，决定用最具楚文化特色的一个标志来命名我们将长期陆续出版的长篇小说——九头鸟长篇小说文库。

二、定位

这就是我们最初的思考，要通过独特的CI视觉设计，确立一个标志，要确定这个品牌的内涵与外延，要有简洁醒目的广告语，要有一批具有文学价值并有较好市场潜质的书稿，要通过持续不断的宣传营销，使这个品牌深入人心，在读者心目中扎下根来。九头鸟是神话传说中一只神通广大但又并不让人喜欢的鸟，历代典籍中多有记载，后来有人将此比喻为湖北人，天上九头鸟，地上湖北佬也。尽管过去对这种称呼不乏挪揄与讽刺，但在新的时代，这种眼观六路、耳听八方的小精灵却传达出其特殊的含义。我们认为，这个颇具争议的小精灵的形象以及它那深厚的历史文化积淀与现代感，如果用作一套书的标志，不仅让读者可以一眼从众多的图书中识别，而且通过反复出现，还能够以视觉冲击强化读者印象，所以我们用九头鸟作为这个文库的品牌名称。

有了形式，我们考虑这套文库的图书内容定位。过去布老虎关注的是都市生活、爱情题材，读者对象定位在城市白领上，他们的口号是"还大众一个梦想，一个古典爱情的梦想"。我们要求入选这套文库的小说题材不限，作品的表现领域也不限，但有一条，即每一本书在艺术上都要有所创新。无论是作品的表现形式，还是作品的表现领域与题材的选择，都要有自己的独创性，要属于精英文化的范畴。当然，我们还要考虑读者的欣赏需求与阅读期待。既要考虑作品的世界性，又要考虑作品的民族性。在表现形式上，要大致符合中国人的审美趣味和易于接受的传统形式。文体风格不能太先锋，否则会失去最广泛的读者群。另外，我们还要考虑作品的时代性。作品不去迎合某种政治需求，但要关注民生，反映当下社会生活的变化与丰富多彩。所以，我们对这套文库的定位语是：精英文化，大众趣味，百姓情怀。为了强化地域特色，我们在招贴上，将此书与九头鸟的故乡湖北省联系起来：天上九头鸟，地上湖北书。同时，我们还考虑出版一些十万字左右的小长篇，我们称之为袖珍系列，对这套书的宣传语是：让读者用尽可能短的时间，阅读最精彩的图书；让作家用尽可能短的篇幅，表现最丰富的内容。

三、造势

文库推出的第一本长篇小说是军队作家阎连科的《坚硬如水》，这是部探索性较强的小说，代表了作家创作上的又一个新的突破。小说出版前，我们在《中华读书报》刊载了这部小说出版的消息，这条消息随之被全国的几十家报纸和网站选载，结果各地销售商纷纷来电话要货。接着，我们又预告了赵玫的小说《上官婉儿》将入选"九头鸟长篇小说文库"。这部小说出版的消息同样也被全国几十家报纸和网站转载。接着，我们将文库与读者首次见面的时间选在一年一度最为隆重的首都订货会上。会前，北京一大报记者发布了《布老虎走了，九头鸟来了》的消息，尽管这个消息所带来的后果不是我们作为一个同行的本意，但其产生的效果无疑是很具震撼力的。京城同仁争说九头鸟已不是什么夸张的用语。

在 21 世纪的第一次订货会上，我们在国际展览中心举行了一次别开生面的"九头鸟长篇小说文库"推介会。我们请来了全国各大书店的业务人员，请来了中宣部、新闻出版署、中国作协、中国社科院文学所的领导，也请来了小说的作家和知名的评论家，北京及地方的 20 余家新闻媒体，我们还请来了国内著名的演播家。推介会由中央人民广播电台的播音员为我们主持，作家面对观众先介绍自己的作品及创作体会，评论家随之谈对这部作品的认识，播音员接着演播小说的精彩片断。这次成功的推介会给书店的业务人员和媒体留下了深刻的印象，中央电视台在次日的《新闻 30 分》播出了"九头鸟长篇小说文库"出版的消息，全国上亿观众的头脑中第一次对这套书有了印象，有不少边远地区的读者与朋友打电话来询问"九头鸟长篇小说文库"的消息。

四、强化

第一批图书，包括阎连科的《坚硬如水》、赵玫的《上官婉儿》、梁晓声的《婉的大学》等八种小说推向了市场，但强化读者印象的工作还很艰巨。接着，我们在全国各地的媒体上展开了对九头鸟的宣传攻势。《人民日报》海外版、《中国新闻出版报》关注栏目、《长江日报》阅读栏目、《出版科学》杂志等报刊及网站对文库做了深度报道，从两方面强化九头鸟品牌在读者中的印象。一是宣传九头鸟品牌的形成过程，包括品牌的策划缘起、品牌含义挖掘、品牌定位、品牌的发展和维护，等等，让读者对这一新的品牌有一个清晰、深刻的认识，从认识、了解九头鸟到熟悉、喜欢九头鸟，深化、强化九头鸟在读者心目中的地位。二是宣传"九头鸟长篇小说文库"中的重点作品，如《坚硬如水》《想起草原》《上官婉儿》等，对重点作品、知名作家予以突出宣传，通过使读者购买、阅读重点作品，体验、感受九头鸟，从而喜爱整个系列，喜爱这个品牌，拉动系列中其他作品的销量。不少知名评论家撰文称赞这套书中的作品，起到了引导读者阅读的作用。从 1 月份的首都订货会到 4 月份在武汉举行的文艺集团订货会，九头鸟这个形象已经在读者和销售商中产生了深刻的印象。北京甜水园批发市场上的一位女性批发商一次从长江文艺出版社进了 3000 套"九头鸟长篇小说文库"的图书，并且表示将长期销售文库中的每一本书。接着，我们在中国作协、华中师范大学分别召开了九头鸟长篇小说研讨会，请北京的专家和当地的专家对入选的作品展开讨论，听取他们的意见。请入选文库的作家到大学里演讲，与师生交流。请作家到北京、武汉、上海等地签名售书。请河北电视台"读书新体验"、武汉电视台"读书"栏目为九头鸟中的大多数作品做了专题节目。我们还与报纸合办专栏，重点介绍我们新加入"九头鸟长篇小说文库"中的作品。与此同时，我们还设置了一个九头鸟长篇小说大奖，每两年评选一次，一等奖将授予 10 万元大奖。第一次评选将于 2002 年秋举行。

尽管这套文库推出的时间只有一年多，包括袖珍系列，目前仅仅入选了 19 部长篇小说，但在专家和读者中已经留下了深刻的印象，同时也有了不俗的市场表现。目前，加入这套文库的图书最多的已销售了 5 万多册，最少的也有 1 万册。其中，《上官婉儿》《坚硬如水》被中国发行协会评为 2001 年度全国优秀畅销书，《痛失》被评论家认为是本年度长篇小说的重要收获。特别是《坚硬如水》，被评论家认为是 2001 年度最具影响的长篇小说之一。因此，作家踊跃要求加入"九头鸟长篇小说文库"的呼声很高，目前即将推出的，还有实力作家李锐的长篇小说《银城故事》，张一弓的长篇小说《遥远的驿站》。

虽然这套文库已得到了很多人的认可，但如果说已经为所有人认可还为时过早，同时，个别作品的质量有些参差不齐，这需要我们今后在坚持入选标准的前提下，通过持之以恒的市场运作，提高其质量及知名度，真正使这只文学家园中放飞的九头鸟在 21 世纪的天空中成为一道亮丽的风景。

原载于 2002 年 5 月 8 日《中华读书报》

编辑的宽容

　　《狼图腾》一书 408 页，52.1 万字，但其中作者借杨克和陈阵之口，讨论狼和羊对中华民族性格的形成、对中国历史发展走向的影响的论述，足足有44 页约 5 万字。作为一部长篇小说，不是通过情节、人物形象和文学语言，而是用如此长篇大论来思辨狼和羊的关系，探讨游牧民族和农耕民族的分离与融合乃至对整个历史、民族性格、民族未来的影响，这对传统的小说理论，不仅是背离，而且是一次挑战。这种小说稿件交到任何一位编辑手上，都会毫不犹豫地指出这个"毛病"直至退稿。

　　长江文艺出版社北京图书中心的"金三角"（金丽红、安波舜、黎波）接到这部稿子时，也曾向作者提出这个问题，希望作者删掉这 5 万字，但得到的回复是"不行"！

　　从今天看，这部缺少主要情节、至今让人认为不像长篇小说的"奇书"，从 2004 年出版至 2012 年，已经重印了 120 次，国内累计印数达 400 余万册。从 2004 年 4 月开始，一直盘踞在开卷的畅销书排行榜上。而这部书不仅得到了中国读者的认可，版权还销售到全世界 100 多个国家以 56 种语言出版。从这部书受到全世界人民欢迎的程度看，这 5 万思辨性的文字没有给读者造成阅读障碍，而且从今天看，真正起到了画龙点睛的作用——赋予了这个草原狼的故事以哲学的、历史的内涵。

如果当初责任编辑坚持要删掉这5万字呢？如果作者坚持，出版社就退稿呢？事实上，当时的姜戎并不是什么名人，书稿交到"金三角"手上时，已经被一家有名的出版社的编辑婉拒了。但是，"金三角"提了这个建议，作者坚持了自己的意见，后来呢，"金三角"就尊重了作者的选择，于是，我们就看到了《狼图腾》一书今天的这个样子。

在出版史上，因为编辑的宽容而诞生优秀作品的先例并不少，因为编辑的固执己见而使有创意的作品胎死腹中的也不在少数。所以，在编辑活动中，我们应当要求按照已有理论来规范稿件，但对于突破传统理论，具有创见的作品，我们也应当容许作者的探索与创新。如果没有宽容，我们可能就看不到毕加索的《亚维农少女》，看不到梵·高的《向日葵》。如果没有宽容，我们就看不到意识流小说，看不到荒诞派戏剧。美国著名的编辑珀金斯是一个让人景仰的人物，他总是能从作者的缺点中看到优点，因而使海明威名垂青史。

当然，宽容绝不仅仅是一种生活态度，而应是一种职业要求。在某种程度上，宽容是一部伟大作品的出生证。在科学技术的探索和文学艺术的生产过程中，创新是前进的动力，也是人类超越自我认知的不懈追求。试想，如果没有人类不懈地探求科学技术的新发明和新创造，人类社会又将是多么蒙昧。如果没有作家和艺术家的不懈创新，我们的文学艺术产品世界又将是多么单调。所以，编辑这个职业不是刀斧手，作者才是作品的主人，编辑应是一个接生婆——为人类一切有创意的书稿提供诞生的温床。

原载于《编辑之友》2012 年第 12 期

编辑的不朽

时光如流，不舍昼夜，每一个人，都希望把握住生命的一刹那。如果我告诉你，作为一位编辑，你将来可能会不朽，你会不会说我是在蒙你，或者说在忽悠你，或者说我在鼓吹"有神论"——人哪能不朽？

你说的是物质的本身，没错。按照唯物主义，人是物质的，物质消失了，人就没有了。南朝时范缜在《神灭论》里早就说了，"神即形也，形即神也。是以形存则神存，形谢则神灭也"。范缜这话，是针对梁武帝将佛教立为国教而言的。范缜不信佛，与梁武帝派来的66人展开了一场大辩论。他说的"形与神"，就是针对举国上下佛教的泛滥，针对梁武帝贵为一国之君，放着国家大事不管到寺庙里去礼佛而言的。我说的不朽，缘自《左传·襄公二十四年》，鲁国的叔孙豹与晋国的范宣子曾就何为"死而不朽"展开讨论。范宣子认为，他的祖先从虞、夏、商、周以来世代都是贵族，身世显赫，绵延不绝，这就是"不朽"。叔孙豹告诉他，这只能算得上是"享受世禄"，不能称之为"不朽"。穆叔（即叔孙豹）告诉范宣子："太上有立德，其次有立功，其次有立言，虽久不废，此之谓三不朽。"

何谓"立德、立功、立言"呢？古今均有人在探讨。唐人孔颖达在《春秋左传正义》中对德、功、言三者分别做了界定："立德，谓创制垂法，博施

163

济众""立功，谓拯厄除难，功济于时""立言，谓言得其要，理足可传"。
至于"立功、立言"，个人努力努力还可以做得到。民国时期的大文豪胡适在
《不朽——我的宗教》里对"立德、立功、立言"也开出了类似的条件。他说：
"像墨翟、耶稣一类的人，一生刻意孤行，精诚勇猛，使当时的人敬爱信仰，
使千百年后的人想念崇拜。"这才是"立德的不朽"。"立功"，又只有哥伦
布发现美洲，华盛顿建立美利坚合众国才算。"立言"，只有写出《诗经》的
无名诗人，陶潜、杜甫、莎士比亚、易卜生一类的文学家，柏拉图、卢梭、爱
弥儿一类的哲学家，牛顿、达尔文一类的科学家，才能算得上"立言的不朽"。

　　当然，胡适定的标准显然也太高了！按照这个标准，世上的凡夫俗子，
只能"形神俱灭"，如何努力也很难达到"不朽"了——更别说编辑了。

　　有人说，编辑的工作，是为他人"做嫁衣"，既无惊天动地之路径，也
无鲜花掌声相陪伴。经日案牍劳作，无丝竹之音；目光逡巡，字里行间，缺芳
草绿茵。不过，且不管天下攘攘，凡事不可自我菲薄。我依然认为，从孔夫子
开始，到未来的时代，无论是简牍、纸媒，还是数字时代，编辑这个职业，编
辑这项工作，智能人工，依然不可或缺。那么，编辑对社会的贡献、编辑发挥
的作用，当然就举足轻重。商务印书馆创业者之一的高凤池说："我觉得社会
中有三种事业非常重要，一种是银行，一种是报馆，一种是书业。这三种事业
与国家民族极有关系，力足以移转国家社会的成败、兴衰或进退。"

　　那么，我们来看看如何做到"不朽"？

　　先说"立德"。古人把"立德"摆在"太上"位置，因为"德是才之帅，
才是德之资"。古往今来，人以品为重，官以德立身。人常说："以德服人。"
作为一个编辑，我们不去谈西方的某某主义，只谈遵守公民的道德，做到温良
恭俭让，诚实待人，约己守信，己所不欲，勿施于人；编好书，出好书，不做
于事无补、欺世盗名之书，不编掺杂兑水的所谓鸿篇巨制，半夜自问，于心无
愧，便是编辑最大的德行。

　　"立德"是立功、立言的前提和基础。"修身、齐家、治国、平天下"，"修
身"为第一要义。

　　"立功"，往大的说，安邦定国；往小里说，为稻粱谋。王侯将相，是成
功典范，匠作小民，也自有成功的快乐。何况天下之大，三百六十行，行行出
状元。编辑这个行业，就整个社会而言，是一个小的行当。但苔花如米小，也
学牡丹开。何况化风育人，改造人的精神面貌，则功莫大焉。当年鲁迅弃医从

文，写作之余，开办七家出版机构，意在拯救人的灵魂。张元济一前清翰林，官不去当大学校长也不当，跑到上海滩一小胡同与夏瑞芳创办出版机构，皆因为出版业虽小，但开启民智功大。

再说"立言"。"立言"指的是把真知灼见形诸语言文字，著书立说，传于后世。曹丕在《典论·论文》中讲："盖文章经国之大业，不朽之盛事。年寿有时而尽，荣乐止乎其身，二者必至之常期，未若文章之无穷。是以古之作者，寄身于翰墨，见意于篇籍，不假良史之辞，不托飞驰之势，而声名自传于后。"这是此一。但孔子"述而不作"，教书、编书，死后才由弟子汇编他的言论。作为编辑，主要是为他人"做嫁衣"，作家虽好，但不是人人可当。清末封疆大吏张之洞曾劝人刻书，他说："凡有力好事之人，若自揣德业学问不足过人，而欲求不朽者，莫如刊布古书一法。其书终古不废，而刻书之人终古不泯。"张之洞之法今日虽不可再学，但书比人长寿，编辑亲手编定的图书能够流传于世，其名附骥于上，岂不快哉！当然，编学相长，编辑于工作之余，编创结合，更可扬名天下，如巴金、叶圣陶，如周振甫、傅璇琮。退一万步，在某一个方面，做些文字研究，不求万古千秋，助力出版本职，也为上上一策。

无论"立德""立功"或者"立言"，其实都旨在追求某种"身后之名"。对身后不朽之名的追求，是先贤超越个体生命而追求永生不朽，超越物质欲求而追求精神满足的独特形式。在转瞬即逝的时间之流中，在现世的滚滚红尘中，多些精神的追求，少些世俗的铜臭，任尔东南西北风，永恒自在我心中。《诗》《书》《易》《礼》《春秋》在，孔子就在；《四库全书》在，纪晓岚就在。美国现代哲学家詹姆士在《人之不朽》一文中曾这样讲："不朽是人的伟大的精神需要之一。"追求不朽，将会激发出你更大的生命能量。

2019 年 10 月发表于《出版六家》公众号

编辑在打造出版精品中的主体作用

—— 以美国查尔斯·斯克里伯纳出版社资深编辑珀金斯为例

一部出版精品的诞生，受制于一定时期的政治、经济、文化、社会心理的变迁，受制于作者的写作能力和提供的书稿质量，但作为一部作品的责任编辑，其对作品的鉴赏、选择、加工、提升、宣传等环节上主体作用的发挥则至关重要。正如《编辑学原理》中所说："编辑人员是图书出版的主体，编辑工作是出版物进入社会流通渠道必须经过的环节……编辑的价值是出版中其他任何环节都不可取代的。"中外出版史上，通过编辑的辛勤劳动向读者奉献优秀作品的例子不胜枚举，本文以美国查尔斯·斯克里伯纳出版社（Charles Scribner）资深编辑珀金斯为例，来说明编辑在打造出版精品中的主体作用。

马克斯韦尔·埃瓦茨·珀金斯（Maxwell Evarts Perkins）是美国查尔斯·斯克里伯纳出版社的一名文学编辑。20 世纪 20 年代，他相继发现和培养了 F. 司各特·菲茨杰拉德（F.Scott Fitzgerald）、托马斯·沃尔夫（Thomas Wolre）、欧内斯特·海明威（Ernest Hemingway）等美国新一代优秀青年作者。他担任编辑，先后出版了菲茨杰拉德的《人间天堂》《了不起的盖茨比》，沃尔夫的《天使，望故乡》《时间与河流》，海明威的《太阳照常升起》《永别了，武器》《丧钟为谁而鸣》等作品。这些作品奠定了作家在现代美国文学史上的地位，使他们成为 20 世纪 20 年代"爵士时代"的发言人和"迷惘的一代"的先驱作家，海明威则成为美国精神的象征。珀金斯在查尔斯·斯克里伯纳出版社工作了 36 年，直到去世。正如《天才的编辑》一书中所说："在此期间，没有一家出版社的编辑能像他那样发现这么多才华横溢的作家，出版他们的作品。" 人们不禁要问，为什么只有珀金斯能够"幸运"地找到这些作家，为美国文学和世界文学奉献不朽的杰作，在成就作家的同时又成就自己的编辑事业呢？

一、编辑需要有专业的鉴赏能力，能够从大量的来稿中
沙里淘金，发现作者与作品的潜在价值

珀金斯在出版菲茨杰拉德的第一部处女作《人间天堂》时，曾遇到很大的阻力。当初在斯克里伯纳出版社讨论这本书是否纳入出版计划时，遭到了很多人的反对，其中包括老板斯克里伯纳。在编辑部月度会议上讨论菲茨杰拉德修改了三遍的《人间天堂》书稿时，斯克里伯纳不置可否，说了句"我为我的出版品牌而自豪，我不能出版没有文学价值的小说"之类模棱两可的话。总编辑、美国极有声望的文学评论家布劳内尔则"断言这本书'轻浮'"。珀金斯毫不掩饰自己的愤怒，他当场表示："出版人的首要责任是出版有才华的作者的作品。如果这么有才华的人的作品我们都不出版，那问题就严重了……那我们倒不如关门好了。"他对老板斯克里伯纳说："如果我们拒绝菲茨杰拉德这样的作者，我将对出版失去任何兴趣。" 为什么 36 岁的珀金斯对 24 岁的菲茨杰拉德的小说寄予如此高的厚望，给予如此肯定的评价，甚至不惜向老板斯克里伯纳发出要辞职的通牒呢？这其实源于他了解 20 世纪 20 年代一战后被称为"迷惘的一代"的美国年轻人，并对当时美国文学出版中陈陈相因、"中规中矩"的保守现状表示不满。他认为菲茨杰拉德的处女作虽然在艺术上不成熟，但其中的描写充满了"活力"，反映了一代美国年轻人的心声。他在编辑部会议上有些固执的坚持，源于他已经让作者做了三次修改。当初编辑部在传阅菲茨杰拉德最初一稿《浪漫的自我主义者》时，总编辑认为"根本读不下去"，而珀金斯不仅饶有兴趣地读了，而且诚恳地指出书稿存在的问题，鼓励菲茨杰拉德认真修改，并且就书名、结构与作者沟通。果然，这本书出版后得到了市场和评论界的认可。"《人间天堂》就像整个时代的一面飘扬的旗帜。它不仅

167

引起了文学评论界的广泛注意，销售也势如破竹。"评论家马克·沙利文在《我们的时代》中写道：菲茨杰拉德的第一本书"所创造的分野就算不能说创造了一代人，也可以当之无愧地说它让全世界关注了一代新人"。

在编辑海明威的长篇小说《太阳照常升起》时，珀金斯也同样碰到了类似的问题。珀金斯是从菲茨杰拉德那儿知道了这位寓居法国的美国青年，于是先阅读了海明威已经出版的一本短篇集，认为"海明威的写作有一种特别的气质"，于是向海明威约稿。珀金斯在阅读完海明威寄来的小说《太阳照常升起》书稿后，写信给海明威，称赞"《太阳照常升起》写得非常出色，别人写不出比这更有生气的书"，认为这本书"堪称艺术之作"。但珀金斯十分担心这部书稿中某些粗俗的语言、与众不同的主题在出版社会通不过，便回家征求妻子路易丝的意见，结果得到妻子的坚定支持。在讨论海明威的《太阳照常升起》之前，老板斯克里伯纳认为海明威的小说中，性描写惊世骇俗，被作品中"粗俗亵渎"的内容"惊得目瞪口呆"，但他是一个有文学出版情结的人，既担心放过了优秀的作品，更知道如果断然否定这本书稿会无法说服珀金斯，只好去找作家格兰特听听意见。而珀金斯则认为这不是一部书出版与不出版的问题，而是"我们争取年轻作家的关键一步"。后来选题在编辑部会议上以微弱的优势勉强通过，但社里的年轻编辑们认为，如果斯克里伯纳真要否决了这本书，那么"珀金斯就要辞职了"。

从以上两部书稿的出版过程来看，珀金斯作为一个普通的编辑，有着与众不同的审美眼光和市场判断力，敏锐地看到一代青年作家为突破以往艺术范畴所做的探索。他具有高超的鉴赏能力，同时又具有担当精神，面对压力，敢于坚持自己的意见。"选择是编辑要素的首要原质"，珀金斯对书稿的正确选择不仅扩大了斯克里伯纳出版社的影响，而且引领了一个时代的文学风尚。

二、编辑要协助作者提高作品的质量，让作品在雕琢中焕发永恒的艺术光彩

从不少传之后世的经典作品的出版过程来看，虽然作者本身具有丰富的生活积累，有很强的创新意识，但是最初的作品可能有这样那样的缺陷，而经过编辑的点拨和修改，作品得以完善，方成为传世之作。此时，编辑的价值与主体作用就充分显现出来了。如前面提到的菲茨杰拉德的《人间天堂》，珀金

斯让其修改了三次。最初，菲茨杰拉德投来的是一部杂乱无章的个人文集《浪漫的自我主义者》，珀金斯认真地提出了意见，指出作品在结构上、情节上、人物处理上都存在问题，但他没有完全否定作者，去信希望他修改得更为紧凑，"届时我们将马上重读"。珀金斯的话给了菲茨杰拉德极大的鼓舞。他在退伍之后开始重写，并将修改稿再次送给珀金斯。但这部书稿在斯克里伯纳出版社的月度编辑部会议上再次被否定。珀金斯锲而不舍，建议菲茨杰拉德把小说中的叙述角度从第一人称改为第三人称，使作者与素材保持一定的距离。菲茨杰拉德听取了珀金斯的意见，才有了第三次险胜的结局。再如海明威的《太阳照常升起》一书中，原来有"十来处不同的段落可能会触犯大多数读者的第三神经"，因为"污言秽语和不堪的人物描述可能导致整本书被禁，引来诽谤官司"。海明威听从珀金斯的意见，花了一个多月的时间，"尽可能删去他认为可以删去的词"。菲茨杰拉德的长篇小说《了不起的盖茨比》交给珀金斯后，尽管珀金斯认为这部书稿"是非凡的，蕴含了各种思想和情绪"，但作品的人物形象模糊，情节进展缓慢，特别是第六章、第七章的结构显得"松松垮垮"，缺少节奏和连贯性。珀金斯提出的修改意见，菲茨杰拉德十分信服。正在意大利罗马的菲茨杰拉德在回信中说："你的电报和来信对我来说价值百万。" 菲茨杰拉德从第一页开始改起，直到自己和珀金斯满意为止。

三、编辑要全方位地服务作者，运用一切手段激发作者的 写作欲望，让他们保持旺盛的写作能力

一流的作者才能有一流的作品，在某种程度上，作者是出版社的"上帝"。出版社如何服务好作者，获得作者的信任，培养作者对出版社的忠诚度，作为出版社与作者之间桥梁的编辑，在其中扮演着十分重要的角色。因此，编辑不仅要有责任意识、中介意识，还要有服务意识。正如《编辑人的世界》中所说："忠于你的作者，激发他们潜在的才华，同时好好善待他们。出版你发掘到的或送上门来的最佳作品，假如文稿还有可以改进的空间，就不要急着把它送进印刷厂。"

如何服务作者？首先出版社和编辑要维护作者的经济权益，支付合理的报酬；同时，对于有潜力的作者，出版社不要仅仅局限于一时的得失。正如珀金斯对待菲茨杰拉德和海明威、沃尔夫一样，向他们预支稿费，并且解决他们

的一时之需。"我们对作者要绝对真诚，一旦信任作者的写作水准和作者本人，那么即使有长时间的亏损，我们仍会忠诚地支持他们。"除了在经济上保障作者的权益之外，编辑还要认真倾听作者的心声，理解他们的喜怒哀乐。作者也有七情六欲，因为世俗的困扰，他们往往有情绪低落的时候，编辑要能够把握作者的心理状态，不断地向他们补充正能量。如菲茨杰拉德成名之后，一度沉溺于花天酒地之中，珀金斯不断地提醒他、督促他，促使他写作优秀的作品。在 20 世纪 20 年代无线电通信尚未普及的背景下，写信成了珀金斯与作者联系的唯一方式。他每天都向秘书口授一二十封信，不仅与作者谈作品，还嘘寒问暖，掌握作者的思想动态。菲茨杰拉德后来写信给珀金斯说："我是一个优秀的作家，是你那些了不起的信帮助我树立了这种自信。"麦考米克还称赞珀金斯说："珀金斯是无法超越的，他具有非常独到、极其敏锐的判断力，又以激发作者写出其最佳作品的能力而闻名。"由于珀金斯为沃尔夫的长篇小说《时间与河流》倾注了大量的心血，沃尔夫将小说题献给了珀金斯。他在扉页上写道："献给：麦克斯韦尔·埃瓦茨·珀金斯，一位杰出的编辑，一个勇敢、诚实的人，他坚持与本书的作者度过苦涩、无望和疑虑的日子，让作者在绝望之时也不放弃。"正如美国道尔布戴出版社总编辑肯尼思·D.麦考米克评价珀金斯时所说："他会帮助他们确定作品的结构；给书起标题，构思情节；他可以是心理分析师、失恋者的顾客、婚姻法律师、职业规划师，或者放款人。"

四、编辑还要积极推介图书，让社会和读者认识作品的真正价值

编辑发现作者和作品，通过加工修改、编辑校对、装帧设计，使其成为出版物，在现代出版流程中，编辑还不能说是完成了使命。让更多的读者了解这本书，放大作者的价值，既是出版社经营的手段，也是巩固与作者友谊、留住作者的途径。珀金斯经手编辑的每一本书出版后，他都会向很多的作者和评论家推荐新作，向他们寄送样书，请他们写书评。在 20 世纪 20 年代，书评家的好评对于图书的销售是至关重要的一环。海明威的长篇小说《太阳照常升起》出版后，出版社和海明威做了大量的推介工作，让读者了解这本书的文学价值，结果销量直线上升。原来出版过海明威作品的博尼与利弗莱特出版社的一位合伙人找到他，希望海明威回到他们出版社继续合作，并允诺支付"大笔预付金"。海明威则直截了当地告诉他，"这件事情免谈，他对斯克里伯纳百分之百地满

意"。他满意的主要因素，是珀金斯为编辑此书而做出的努力以及为此书所做的"铺天盖地"的广告宣传。菲茨杰拉德一生的所有作品都在斯克里伯纳出版社出版，他认为珀金斯是自己"永远"的出版人。正如他写给珀金斯的信中所说："作为年轻人，虽然我不能完全赞同你们的某些出版理念，但你和斯克里伯纳的为人，以及我在那里一直能感受到的严谨、客气和虚心，还有你们对我的作品的礼遇——如果我可以这样说的话——都远远足以弥补我们的差异。"

五、编辑在发挥主体作用时所必须具备的条件

1. 编辑的敬业精神

编辑打造出版精品，如果是凭运气，可能偶尔会碰上一至两个优秀的作者，出版一至两本好的作品，但一个编辑能够不断地发现新人和新作品，则与其高度的责任感和充沛的激情是分不开的。如前所述，珀金斯为了出版具有新质的作品，冒着被辞退的风险，坚持要出版菲茨杰拉德与海明威的作品，与此同时，他不厌其烦，帮助作者一遍又一遍地修改稿件。如沃尔夫当初送来三大木箱杂乱的《时间与河流》的手稿，他帮助清理，然后与作者一起经过了长达两年的修改，才得以出版。这期间，他不仅奉献了自己的智慧，而且有时通宵达旦地与作者讨论、争执，甚至为了理解作者的写作意图，他们一起到沃尔夫获得灵感的酒吧去体验生活。据沃尔夫自己估计，《时间与河流》中他多写了五十多万字，只有很少一部分被收进了书中。那些被删节的内容，是在珀金斯的一再坚持下而拿掉的。

2. 编辑的专业背景

对一部手稿价值的判断，与编辑的鉴赏能力分不开，而编辑鉴赏能力的获得，在于其之前的教育背景与实践经验。如珀金斯毕业于哈佛大学经济系，在学校时担任过校园文学杂志《哈佛之声》的编辑，自己在上面发表过一些作品。毕业后他到《纽约时报》做记者，撰写过一些新闻稿件。后来到斯克里伯纳出版社担任过广告经理，然后才做文字编辑。他在应聘出版社广告经理时的信中写道："我不仅天生就爱好图书，并深受书的影响，而且我非常渴望这份工作。"他喜爱文学，反复阅读托尔斯泰的作品，自己买了很多本《战争与和平》送给

菲茨杰拉德、海明威以及别的作者朋友。同时，广告经理的经历培养了他对作品的直觉与鉴赏力，培养了他对读者阅读趋向的把握能力。沃尔夫的经纪人玛德琳读了珀金斯修改的《时间与河流》后，曾经问他："你自己为何不写作呢？我觉得你的写作水平会远高于现在的大多数写作者。" 珀金斯回答说："因为我是编辑。"所以，"他自愿把自己的想法提供给那些既有时间又愿意投身于单本书写作的作者，以此来宣泄被自己压抑的写作欲望"。 正因他具有一定的写作水平与鉴赏能力，对待作者的稿子，他一眼就会看出其中的不足和瑕疵。在珀金斯的编辑生涯中，他向秘书口授了成千上万封给作者的信，这些与作者讨论作品的信件，凝结了珀金斯对文学的思考。收到他的信的很多作家都认为，珀金斯谈起文学时比任何作家都谈得好。

3. 编辑的职业素养

"编辑是全面动员自己的个性、人格、人生观、世界观，以及知识、教养、技术，甚至日常生活方式等个人的一切，从事与作者或创作书籍有关的工作。" 一位编辑一生中要与很多的作者打交道，正确处理与不同作者的关系，因人施策，也体现出编辑职业素养的高低。珀金斯在编辑实践中，对待不同的作者，会根据他们的性格与阅历，给予不同的指导和帮助。司各特·菲茨杰拉德对批评非常敏感，他可以接受批评，但是做他的编辑，你得对自己提出的任何建议有把握， 否则，菲茨杰拉德是不会轻易接受的。海明威比较容易过度修改，矫枉过正，如《永别了，武器》的某些部分他写过五十遍。珀金斯说，"当作者要破坏他作品的本色时，就是编辑介入的时机。但别介入得太早，一刻都不能早"。 如他及时地阻止海明威对《太阳照常升起》的过度修改，保持了作品的特色。再如他花了数百个小时在"丛林般的夏夜"辛苦工作，帮助沃尔夫修改《时间与河流》时，列下了几百条很具体的修改意见。为了一个细节或一个章节，两个人彻夜讨论、争执。以至于后来有人怀疑此书不是沃尔夫本人写的，而是沃尔夫与珀金斯合作的产物，但珀金斯一直坚持，"作品是作者本人的""编辑最多是作者的仆人……不要试图把编辑个人的观点强加于作者，也不要把他的风格变得不像他自己"。

原载于《中国编辑》2017 年第 12 期

精品出版过程中编辑的价值

精品出版物反映了一个时代的文化创造能力，标志着一个民族的思想高度、文化厚度和精神高度。精品出版物一般都具有思想精深、内容精湛、制作精良、"精"久不衰的特质。而在精品出版物的打造过程中，编辑是出版活动的组织者、出版物的发现者和培育加工者。因此，编辑的高度决定了出版物的高度。在精品出版物的打造过程中，编辑发挥着至关重要的作用。

一、编辑在精品出版物打造中扮演的角色

在精品出版物诞生的过程中，有人说编辑是精品出版物的助产士、催生婆，这种比喻有一定的道理，在整个出版流程中，作者是关键，编辑只能为作者做一些辅助工作，特别是原创性的作品，单个的作品，编辑无法取代作者的劳动。美国资深编辑珀金斯曾说："书属于作者，编辑不创造任何东西。"但在很多精品出版物的诞生过程中，我们可以看到编辑除了当好作者的"助产士"和"保姆"外，有时候，编辑还是精品出版物的组织者、发现者和培育者。

1. 组织者

有不少精品出版物，特别是一些大型的出版项目，是出版社和编辑在宏观把握社会生活的发展变化、市场的需求后而主动策划与组织的，出版者和编辑在其中起着组织者与协调者的作用，甚至起着领导者的作用。如民国时期商务印书馆和中华书局分别出版的《辞源》《辞海》，皆由商务印书馆和中华书局聘请陆尔奎、舒新城担任主编组织完成，并非某位作者个人的作品。再如商务印书馆总经理王云五在20世纪上半叶策划主编的大型丛书《万有文库》，美国《纽约时报》评价其"为苦难的中国提供书本，而不是子弹"，丛书共有4000册，1721种，这纯粹是由出版单位自行策划的。20世纪80年代以来，湖南人民出版社相继出版的"走向世界"丛书、湖南科技出版社陆续出版的"第一推动"丛书、四川人民出版社逐步完善的"走向未来"丛书、商务印书馆的"汉译世界名著"丛书、长江文艺出版社的"跨世纪文丛""九头鸟长篇小说文库"等大型丛书，都是由出版社提出策划方案，与主编或作者沟通后，按照体例来组织稿件或者遴选书籍。在这些大型项目的出版过程中，出版社和编辑在其中发挥重要的主导作用。

2. 发现者

有不少的出版物，由于种种原因，藏在深闺人未识，或者说明珠暗投，唯有碰上有鉴赏力、有判断力的编辑，作品方得见天日，丑小鸭才能变成白天鹅。如作家巴金在20世纪30年代完成的中篇小说《幻灭》，本来计划自费出版，但临时担任《小说月报》主编的叶圣陶一天到巴金的朋友索非的办公室去，发现了巴金的这部稿件。叶圣陶读后觉得巴金写出了军阀统治下，上海青年人的抗争与苦闷，塑造了一个为了信仰而甘愿献出生命的青年人形象，于是决定在刊物上发表并且出版单行本。这极大地鼓励了巴金，他从此走上了文学创作的道路。他终生感谢叶圣陶，认为如果没有叶圣陶他不仅不会成为作家，也可能会饿死街头。再如四川作家阿来的长篇小说《尘埃落定》，曾先后向数家出版社投稿，但最终都石沉大海，后来人民文学出版社的周昌义、洪清波阅读后，认为这本描写四川少数民族生活的长篇小说有其特殊的价值。小说在《当代》杂志刊发后，由人民文学出版社出版单行本，最终获得茅盾文学奖。《尘埃落定》奠定了阿来在文坛的地位，也促使他充满信心，创作了一系列的优秀作品。

3. 培育者

有些出版物，可能具有比较好的基础，但达到出版标准或成为精品还有一定的差距，这些作品后来经过编辑的指导、加工，最终成为精品奉献给读者。如美国的天才编辑珀金斯，当他要求将青年作者菲茨杰拉德的处女作《人间天堂》列入出版社的出版计划时，曾遭到出版社内很多人的反对，包括出版社的老板，但他坚持认为作者的作品虽然还存在一些缺陷，但主要人物很好地反映了一战后"垮掉的一代"青年人的精神面貌，是一个新的文学形象。他鼓励作者，指导作者修改作品，经过艰苦的努力，小说最终得以出版。菲茨杰拉德从此走上了文学道路，成为 20 世纪上半叶美国的重要作家。除此之外，珀金斯后来还培养了沃尔夫、海明威等一系列知名作家。这种经过编辑的努力而使作品获得声誉的过程我也曾经历过一次。20 世纪末，当作家、诗人熊召政将他的长篇历史小说《张居正》第一卷的初稿交到我手上时，经审读后，我认为作者在构思时拘泥于史实，没有按照小说的艺术规律展开充分的想象，叙述凝滞，阅读有一定的障碍，希望作家再次进行修改。作家熊召政经过深思熟虑后决定放弃第一稿，重新构思，重新撰写，第二稿与第一稿相比有质的飞跃，最后他的 4 卷本长篇历史小说《张居正》获得了第六届茅盾文学奖。作者随书赠给我的条幅上称赞我有"点石成金"之妙。当然，这是作者的溢美之词。

二、打造精品出版物的过程中对编辑素质的要求

在打造精品出版物的过程中，能否取得成功，编辑是其中的核心要素。那么，什么样的编辑才能胜任这项工作呢?

1. 教育背景

在教育不昌明的时候，个别人通过自学可以取得成功，如编辑大家王云五，他没有受过系统的学校教育，靠自学获得丰富的知识，曾经自创"四角号码查字法"。还有历史学家张舜徽，自学成才，著述等身。当然，这是特例，不具有普遍性。在教育普及的时代，编辑必须受过良好的教育，具有良好的教育背景。同时，不同专业的出版社必须招聘相对应专业的学生，如医学编辑、古籍编辑、计算机编辑，如果没有经过相应的学历教育和专业教育，是不可能胜任专业工作的。

2. 专业训练

编辑工作有一定的规范，作为一个优秀的编辑，首先要经过职业技能的学习与训练，做到基本技能娴熟，完全能够胜任独立编辑工作才行。按照编辑职业规范，要具有编辑职称才能独立承担图书的编辑任务。这包括要了解编辑工作的全流程，了解稿件审校时的技术要求，文章修改时对语言规范的要求、版式设计时对书籍体例的要求、对现行出版政策的了解，还要有过一些编辑工作实践和经验等。

3. 勤学慎思

获得过高等学校教育对于编辑而言只能表明已经获得了进入出版行业的门槛，经过一段时间的实践，可以担任编辑工作。但如果要成为一个优秀的编辑，还必须与时俱进，不断学习新的知识，做到专与博结合。如有可能，还要进行必要的学术研究。从世界出版史和中国出版史来看，凡是有成就的编辑，大多数都是博览群书，术有专攻，写作著述，皆有所成。如鲁迅、巴金、叶圣陶、张元济、周振甫等，既是编辑大家，又是作家、学者。岳麓书社首席编辑唐浩明先生在华中师大古典文学专业研究生毕业后，负责编辑《曾国藩全集》，他从担任责任编辑入手，进而开始研究曾国藩，不仅写下了很多研究性的论文，还创作了多卷本长篇历史小说《曾国藩》等，整理评点《曾国藩家书》，成为一个集编辑、作家、学者为一体的角色。

4. 敢于实践

精品的打造需要富有创造性思维的编辑，编辑要敢想、敢干、敢于实践。很多传之后世的精品力作，当初只是一个设想，策划者也并没有估计到将会产生的社会影响，而是在试错中获得成功。陆费逵认为书商要"脑筋清楚，处处留心，要有勇气，不读无益的书"。如湖南科学技术出版社的"第一推动"丛书。当初，学工业理论的李永平在中国科技大会上受到郭沫若《科学的春天》一文的启发，希望开发一套提高全民族科学精神的系列丛书。他们引进了霍金的《时间简史》，但第一次征订，订数只有500本，他们没敢开印，直到台湾的繁体字版出版，此书在全世界翻译成多种文字后，他们才敢出版简体字版的《时间简史》。湖南科学技术出版社以此为开端，陆续推出霍金及其他作者的类似图书，形成了一套提高中国人科学精神的普及读物"第一推动"丛书。再如长江文艺出版社 1992 年出版"跨世纪文丛"时，正值严肃文学走入低谷，王蒙的小说集当时在新华书店征订也只有几百册，但出版社与策划人一次推出了格非、苏童、余华、池莉等文学新锐和先锋派的作品 12 册，结果一炮打响，第一辑销售 20 多万册，一举扭转了中国内地图书市场上港台言情武侠作品的一统局面。当时，谁也没有估计到这套书出版后能在文学界和作者中产生如此巨大的影响，但出版者和策划人敢于实践的努力，开创了中国文学出版的新局面。这套书后来陆续推出 7 辑近 70 位作家的作品，被文学批评家和文学史家认为是一套"新时期文学的丰碑"。

（5）甘于寂寞。在 2018 年举行的中国十大"优秀出版编辑"评选过程中，商务印书馆的编辑郑殿华进入了终评。如果从他的获奖图书情况来看，与别的候选者比较，他的业绩不算最突出，但参加评选的评委对他的情况比较熟悉，说他近年来的主要工作是在负责做《中华学术名著文库》这套书。这套数百册的具有文化积累价值的大书，耗时长，是集大成的工程，很多作品单独拿来评奖没有优势，一套书做出来又需要很多年，但郑殿华作为项目负责人，为此做了多年默默无闻的工作。最后评委还是将票都投给了他，以褒奖他的奉献精神和工匠精神。

在中国近代出版史上，此类埋头苦干、甘作人梯的编辑还有很多，如大家熟悉的周振甫、王仰晨，他们在编辑岗位上几十年如一日，为他人做嫁衣，赢得了作者的尊重，为社会奉献了很多的精品力作。如周振甫年轻时在开明书店担任校对时，发现吕调阳的《汉书地理志详释》一书中有不少注释不妥，便撰写长文指出不足，当时开明书店分管他的领导王伯祥认为周振甫的文章有据可依，可以代表编者的意见，同意将这位仍是校对工的文章附在书后。1948 年，周振甫担任钱锺书《谈艺录》的责任编辑，为这部书加了提要性的小标题，指出了其中很多可以商榷之处，后征得钱锺书同意，这些修改意见得以刊用。该书出版后，钱锺书亲笔赠言："校书者如观世音之具千手千眼不可。此作蒙振甫兄雠勘，得免于大舛错，得赐多矣。"周振甫一生不仅编辑了很多精品力作，而且自己撰写了几百万字的著作。王仰晨是人民文学出版社的编辑，自学成才，先后编辑了《鲁迅全集》（1981 年版）、《茅盾全集》、《巴金全集》、《巴金译文全集》等。1942 年他与巴金相识，从 1963 年到 1995 年年间，两人有 396 封通信，巴金尚在世时，有人据此编辑了《巴金书简：致王仰晨》一书。周振甫和王仰晨两位编辑几十年如一日，坚守编辑岗位，一生都没有担任社级领导职务。到了晚年，仍以抱病之躯继续为作者服务，默默无闻地奉献一生，为读者打造精品力作。

三、如何打造精品

精品打造，是一项复杂的系统工程，从选题的策划到书稿的落实，从编辑加工到装帧设计，从图书的推广到持续的营销，需要编辑全流程全方位地参与其间。为了便于大家记忆，我用几组成语来分别概括其要义。用成语来表述出版的过程，可能会出现以偏概全和不科学不准确之处，仅供参考。

1. 高屋建瓴，统筹全局

一个社出什么书不出什么书，社长和总编辑一定要站得高看得远，既要着眼当前，又要谋划未来；既要立足于专业分工、队伍禀赋、历史积淀，还要研究市场趋势、竞争对手、读者变化、技术革新。否则，出版社东一榔头西一棒槌，零乱无章，书出了不少，钱也赚了一些，但出版社总是寂寂无名。

着眼当前，出版社要根据自己目前的队伍状况、产品情况，还有在市场上的表现，制定切实可行的短期目标，不要不切实际，想入非非，一心要在短时间内坐上本专业出版的头把交椅。着眼未来，出版社要在队伍建设、产品建设以及配套的制度建设上，拿出切实可行的措施，保证在一定时间内作出成绩。

出版社在统筹全局时，一定要研究市场的发展趋势，即国内外政治、经济、军事、教育、科学、社会生活等方面可能出现的新变化、新发展，特别是要研究与出版社本专业关系密切的领域，及时着眼产品布局。在产品规划时，不仅要知己，还要知彼，要研究竞争对手，密切关注对方的产品战略，随时准备采取应对措施。

因此，出版社的负责人，不仅要明确办社方向、选题思路，还要将此思路落实在每年的选题计划上。在制定年度选题时，出版社负责人征求各方意见后，一定要拿出自己的指导思想。出版社出什么书，不出什么书，计划朝哪个方向发展，要让全体编辑心中有数。选题策划最忌讳的是出版社负责人没有思路，没有方向，编辑们各展神通，报出来的选题如天女散花，形不成拳头和特色。

在中国近代出版史上，中华书局的创始人陆费逵在商务印书馆供职时，即辛亥革命前夕，就着手准备适合"共和"的教材，结果武昌起义一声枪响后，他马上拿出了具有时代性的中小学教材，很快打开了中华书局的局面。他在那篇著名的《中华书局宣言书》上，开宗名义地指出"立国根本，在于教育。教育根本，在于教科书"。陆费逵取得成功的根本，是他的高瞻远瞩、高屋建瓴。

在世界出版史上，具有"高瞻远瞩"境界的还有德国的苏尔坎普出版社。二战后，德国人的精神大厦完全坍塌，为了重振德国精神，以翁泽尔德为社长的苏尔坎普出版人在1959年开始推出"彩虹系列"图书。从文学、哲学、社会学、历史学、心理学等方面细心选取具有前瞻性、具有引领价值的图书。这套图书对于重建德国文化、提高德意志民族的思想水准，发挥了巨大的作用，受到各方的肯定。

我在长江文艺出版社负责时，根据出版社的专业分工、资源积淀，制定了8条产品线的发展规划。一是原创长篇小说，以"九头鸟长篇小说文库"为代表，先后出版了35位作家的优秀长篇小说。其中有获茅盾文学奖的《张居正》，有在全世界产生影响的《狼图腾》，还有入围茅盾文学奖的作家张一弓的《远去的驿站》、李锐的《银城故事》等；二是以"跨世纪文丛"为代表的新时期作家作品系列；三是历史小说版块，收录了二月河、唐浩明、孙皓晖、刘斯奋等人的36部作品；四是现代作家作品经典，如林语堂、周作人、萧红、鲁迅等人的作品；五是现当代作家散文经典；六是外国文学作品经典；七是当代新锐作家作品；八是文史文化类出版物。出版社重视原创，重视经典，实现了常销书与畅销书相结合的发展策略，出版社稳健持续发展。目前，本部的图书销售码洋达到4亿元左右，年创利2000多万元。这对于一个没有一本教材教辅的地方文艺出版社而言，已属不易。

2. 触类旁通，由此及彼

精品图书的策划出版，有一个互相影响、互相促进的关系。影响不是模仿，而是互相启发。民国时期辞书出版方面，各家出版社之间你追我赶，形成了辞书出版热。如1912年，商务印书馆出版了由陆尔奎、蔡文森等费时五年编纂的新型语言工具书《新字典》；1915年，中华书局出版了由欧阳溥存等人编纂的收录了48000个字的《中华大字典》；1915年，商务印书馆出版了由陆尔奎等人编纂的词典《辞源》；1936年，中华书局出版了大型词典《辞海》。商务印书馆与中华书局互为竞争对手、互为学习对象，在一定程度上促进了精品的出版。与此同时，他们的出版风格，又影响了更多的出版社。

在 21 世纪来临之际，很多出版社注意总结 20 世纪的文学艺术的成就，如人民文学出版社出版了《中华百年散文精选》，在市场上反映不错，这时有一位散文家也编选了一本类似主题的书稿，这本书稿在一家出版社三审三校过了，结果一直拖延未有出版。当他把这个选题告诉我时，我立即想到了人民文学出版社的那本书，当即表态同意出版。后来我把这本散文集的题目改为《百年百篇经典散文》，定价 28 元，封面设计也很醒目，结果在很短的时间内销售了 8 万余册。在此基础上，我们又组织编辑沿着这个思路，编选了游记、美文、短篇小说、中篇小说、微型小说，接着又延伸到国外，编选了一些类似的经典选本。这些选本的销售，多的有三五万册，少的也有 1 万余册。后来出版社又多次改版，这套书现在成了常销书。

这种触类旁通绝不是简单的模仿。如果是模仿，不仅有法律风险，而且不会有大的市场，也不会成为精品传之后世。后出者往往要独辟蹊径，填补空白，而且要超越以往，后出转精。

3. "攀龙附凤" "狐假虎威"

出版社尽管提倡要培养新人、发掘作者，但真正能给出版社带来明显效益的，还是一批重量级的作者。一流的作者才有一流的作品，所以出版社在一定程度上要"攀龙附凤"，去"傍名人"。换句话来表述，就是要寻找、遴选优秀的作者，站在巨人的肩膀上，这样才能保证出精品。

这种争夺名人书稿的出版故事，没有比民国时期商务印书馆与中华书局争夺梁启超的作品更为典型的了。

在近代中国，用言论影响国人并开辟舆论阵地者，梁启超是第一人。梁启超一生致力于政治变革、思想启蒙及文化救国，著述等身。中华书局作为近代中国重要的出版机构之一，成立后便与梁启超建立了密切的合作关系。20年内连续三次整理出版了《饮冰室合集》。

但是，商务印书馆同样看重文化巨匠梁启超。1916 年，为争夺《饮冰室合集》的出版权，中华书局曾与商务印书馆发生矛盾。这年六七月间，中华书局首先在报上刊登发售《饮冰室合集》的预约广告，与此同时，商务印书馆也发售了预约征订梁任公先生编定《饮冰室丛著》48 册的广告。中华书局见状急了，为了表明自身对梁启超文集的出版拥有权，也为了警告商务印书馆不要插手，中华书局杀鸡儆猴，在报上刊登声明，称对《庸言》及《大中华》杂志上的文章拥有版权，将控告任何编选梁启超作品的出版者。

为了抢得出版权，商务印书馆派律师多次上门与梁启超商谈，愿代偿梁启超向中华书局所借 3000 元以赎回《庸言》版权，或将《庸言》股权交给商务印书馆。中华书局当然不愿坐视。1916 年 9 月，书局负责人陆费逵为此特访张元济于商务印书馆，出示了与梁启超所订的《大中华》与《庸言》契约。而张元济则认为商务印书馆并没有侵犯中华书局版权的意思，梁启超自行编辑，与中华书局无关。当月 24 日，张元济紧急造访梁启超，梁启超出示了与中华书局所订的《饮冰室合集》合同，并称中华书局已经复信允许其自编文集及采用《大中华》文字。最终的结果，中华书局的《饮冰室合集》和商务印书馆的《饮冰室丛著》在 9 月同时出版。

长江文艺出版社北京中心将自己"傍名人"的战术概括为"掐尖"。意为不是一流的作者不做，是一流的作者就要争取过来，这不无一定的道理。在精品出版的过程中，虽然普通作者也可能会写出有分量的作品，但从保险系数来看，一流作者写出一流作品的概率更大。

4. 推陈出新，升级提档

我们在出版的过程中会发现，精品毕竟是金字塔尖上的少数，很多精品出版物，是通过修订、整合，形成规模化，才彰显出内在的价值。

湖北少儿出版社推出的《百年百部优秀儿童文学经典》，包括了一百年来中国儿童文学创作的精华。收入这套丛书的作品，有些过去曾产生了一定的影响，但随着时间的流逝，很多作品已经不为人所知。这次集中成规模推出，影响巨大，向人们展示了中国儿童文学百年的进程与收获，大系出版后，得到了创作界、学界的肯定，成为出版社的看家书和常销书。

再如商务印书馆的"中华学术名著"丛书，日前发行了 120 年纪念版。这套书，商务印书馆 1897 年首创不久就开始出版，第一本是 1912 年出版的《马氏文通》，其后，陆续出版了一些具有原创精神并富于学术建树的精品力作。2009 年，商务印书馆在此基础上，全面整理中华学术成果，一次推出了 200 种纪念版。据商务印书馆介绍，该丛书收录了上迄晚清下至 1980 年的学术名著。以人文社科为主，涵盖文学、历史学、哲学、法学、政治学、经济学、社会学、教育学、地理学、心理学、科学史等众多学科，意在辨章学术、考镜源流、收录各学科学派的名家名作、展现传统文化的新变、追溯现代文化的根基。丛书立足于精选、精编、精校，希望无论多少年，皆能傲立于书架。

著名出版家赵家璧在良友图书公司时，曾经推出过一套《中国新文学大系》。这套书分10集，500余万字，收录"五四"以来第一个十年文学创作的精华，为后人研究现代文学史提供了十分系统的参考资料。无论是总序的作者蔡元培，还是分卷的主编，都是现代文学史上的巨擘。这10名编选者各自写下了论述精当、切实中肯的导言。这些导言梳理了现代文学第一个十年的发展情况，脉络清晰，从容有度，已基本具备文学史的雏形，被后世文学史家反复引用。

5. 动若脱兔，风驰云走

精品的出版虽然需要精雕细刻，但在市场经济的条件下，竞争激烈，在选题的策划上，作品的争夺上，需要行动迅速。人民文学出版社编辑周昌义在《记得我当年差点毁了路遥》一文中曾写道："编辑拜访甚至纠缠著名作家，争取他们赐稿，是编辑的基本功。当时有'四大美编'之说，就是四个著名的美女编辑，在更加著名的作家面前，攻无不克，战无不胜。还有一些不是美女，但坚忍执着超过美女。当时威震天下的天津作家蒋子龙，就曾经遭遇两个美女编辑抢稿，犹豫不决之时，去了一趟卫生间，桌面上的手稿就被人抢走了。"

当年开明书店出版林语堂的《开明英文读本》时，章锡琛一口气答应了林语堂要求每月预付300元生活费的条件。当时开明资本不过5000元。章锡琛的这个英明决策，为开明带来了一次重大胜利。这本书后来成了开明的摇钱树，吃饭书。

我在长江文艺出版社任职时，先是出版了二月河3卷本的《雍正皇帝》，后来希望将二月河的另外两套书拿来出版《二月河文集》。但当时争夺激烈，先是陈建功、雷达、作协书记处书记翟泰丰出面要二月河拿到作家出版社出版，后来双方因条件没有谈拢而放弃，这时不少书商闻讯，要贷款来出版发行二月河的文集。因为当时二月河开出的条件是起印十万套，一次付清版税。按2001年时的定价，一套书简装是300多元，精装是500多元，稿费需要400万元左右。2001年，这不是个小数目，但我与班子成员商量后，答应了二月河的条件，签合同首付100万元。我当时为什么有这样的底气：一是我经过了测算，如果销售三万套基本可以持平；二是二月河长篇小说《康熙大帝》版权已由中央电视台买去，正在拍摄电视连续剧，如果播放，按照电视剧《康熙大帝》的影响力，不管效果如何，都会带动二月河文集的销售；三是干什么事一定要敢于承担责任。

还有这一次部编教材配套阅读课外读物的出版。长江文艺出版社的现任社领导从教育部得知信息后，连夜乘车去找孙犁等作家，一举签下了几十本图书。等到其他社按部就班地去找作家时才发现，很多版权已经被长江文艺出版社独家签走了。

6. 精雕细凿，如琢如磨

一部精品，只有思想精深、内容精湛、制作精良，才能经久不衰。这就要求图书的出版像一件艺术品的诞生一样，需要编辑精心设计、精心打磨。在把握作品的整体结构、思想内涵、学术价值、语句规范、知识准确方面，做到精准无误。中国有一句成语叫"一字千金"，说的是战国末年秦国丞相吕不韦，组织门客编纂了《吕氏春秋》。他让人把书抄写了一部，悬挂在咸阳的城门上，说如果有谁能够增减一个字，就赠予千金。这说明了吕不韦对这套书的自信，也用来说明精品是经过反复的切磋与推敲的。

湖北人民社出版的《楚辞的文化破译》出版后曾获得中国图书奖等奖项。作者萧兵是淮阴师范专科学校的教师，他将书稿交给编辑后，由于字迹潦草，多数字编辑需认真辨别才能辨认，责任编辑为此做了很多的工作。如责任编辑在审读报告中写他做了如下的工作："①调整全书框架，从原稿中抽出 165 个字目整理出详细的章节目录；②原稿近 3000 页，90 万字，有不少的错页，径予调整理顺；③核对主要资料；④就少数观点与作者商改；⑤增加本书作为一部高质量学术著作不可缺少的重要附件，如英文内容介绍、有关评论文章摘要汇编；⑥增选大量图片，计彩图 8 码 12 幅、黑白插图 75 幅；⑦较为繁复的版式设计；⑧最后与作者商榷在此书基础上向国际学术前沿靠近，用人类学方法来破解中国文化，将此书列为中国文化的人类学破译第一种。"

湖北与四川编纂的《汉语大字典》起步于 1975 年，第一卷完成于 1986 年，全书共收单字 54678 个，总字数超过 2000 万。不仅收录了现代汉语、古代汉语，还收录了能反映字形演变的甲骨文、金文、篆体、隶书等形体，注音分上古、中古、现代三部分。释义按本义、引申义、通假义顺序排列，是一部古今兼收、源流并重、形音义结合、有史以来最大的字典。此字典的编纂最开始实行老中青、工农兵相结合，900 多人参加，有工人、农民、军人，粉碎"四人帮"后，才由知识分子来编写。

由湖北崇文书局策划并出版的《马克思主义大辞典》是一部综合性学科辞典,是全面反映中国共产党坚持和发展马克思主义理论和实践成果的工具书。这套书题材重大、涉及范围很广,参与编写的作者单位多达44个,包括中央党校、教育部、中国社会科学院、中央党史研究室、中央文献研究室、《求是》杂志社、中央编译局、武汉大学、北京大学、中国人民大学等,其中作者人数多达90多位。

这本大辞典的编写能否成功,质量十分关键。作者根据编辑体例和分工撰写条目后,各分卷主编和副主编两轮审稿,出版社经过三审三校后,又委托十位外社资深编辑外审;编委会则委托中央编译局专家和侯惠勤(中国社会科学院马克思主义研究院党委书记、副院长)、田居俭(现任当代中国研究所研究员、学术委员会顾问、中国史学会理事、中华人民共和国国史学会常务理事)、丁冰(首都经济贸易大学教授、博导)、任大奎(中国人民大学教授、教育部邓小平理论和"三个代表"重要思想研究中心特约研究员)等专家作为外审。另外,根据中宣部出版局的要求,安排北京大学等全国十二家重点马克思主义学院对书稿又进行了通读审阅。

尽管书稿经多轮审改,交稿时难免还有文字错讹。因字形相近,或译名同音误用,打字时或审阅时容易漏过。还有些致命的错误,如将"马克思"误为"马克恩",将"恩格斯"打成"恩格思"。还有译名、人名、地名、书名,同一名称在不同的条目里各有不同。如伯恩施坦/伯恩斯坦、安年科夫/安年柯夫、德谟克里特/德谟克利特、沃尔弗/沃尔夫、笛卡儿/笛卡尔、施米特/施密特、拉甫罗夫/拉甫洛夫、蒲鲁东/普鲁东、特里尔市/特利尔市、《爱尔兰的政治解剖》《爱尔兰政治剖析》。同一名称的不同译名是比较普遍的现象,不同作者采用不同来源的资料,更易出现不同用字。在前后不同、相距较远的条目中找到这些译名不是一件容易事,需要进行专项检查,根据《辞海》和中央编译局翻译的经典文献进行统一规范。有时《辞海》与经典文献不一致,还需征求作者意见,决定取舍。经过多轮会战,清样出来后,又请本省编辑抽查,仍发现好几处引文与原书有出入。于是,由作者出面请武汉大学马克思主义学院找博士生对全书引文一一核查,同时请湖北人民出版社安排十多位编辑再通读全稿,重点核查引文及作者名、作品名、人名、地名、作品发表时间、人物生卒年等资料。

上海辞书出版社的巢峰，把辞书的出版当成一生的事业，八十多岁高龄还在兢兢业业坚持工作。据巢峰透露，编纂《辞海》第五版时，审稿者提出了详细的审稿意见。其中有个学科400余个条目，终审时的意见有21页；某个收900余个条目的学科，终审意见有22页；另一学科900余个条目，复审意见有99页。条目合并后，又进行了三次通读和八种专项检查。正是基于这种层层把关的一丝不苟精神，《辞海》被称之为精品。2016年12月29日，习近平总书记致信祝贺《辞海》第一版面世80周年，并向为这项重大文化工程付出大量心血的广大专家学者及同志们致以诚挚慰问。

7. 咬定青山，锲而不舍

精品的出版并不都是一帆风顺，往往也会出现挫折。同时，既然要打造成精品，往往旷日持久，需待以时日，就不能寄希望很快就会"闻达于诸侯"。编辑要有定力，而且对于名利要有淡泊之心。只要你自己认定这是一项有价值的工作，努力一定会得到承认。俞晓群在辽宁教育出版社主持编纂"新世纪万有文库"时，沈昌文为这套书写宣传语，引用了马克思的一句话："我们的事业并不显赫一时，但将永远存在；而面对我们的骨灰，高尚的人们将洒下热泪。"作为编辑，要坐得住冷板凳，必须牢牢记住马克思的这一句话。

原载于《出版参考》2019年第2期，标题略有修改

畅销书运作及其追求

一、关于畅销书

　　畅销书，是指某一图书品种，在相对的时间内，较之于其他图书更为受到消费者青睐的一种既具有精神产品特点，又具有物质产品特点的产品。一本书在市场上销售多少才能算是畅销书呢？其实这个数量是相对当月上市图书的市场表现而言的。有时一本书当月销售 2 万册也上不了排行榜，有时销售 1 万册也可能会成为畅销书。所以，畅销书统计与发布是出现书业排行榜后才有的一种现象。

　　畅销书的概念，在国外已经有很悠久的历史了。1872 年，美国《读书人》杂志就有了文学类图书的排行榜。1912 年，美国《出版人周刊》则推出了非文学类排行榜。中国在计划经济时期，未曾有畅销书一说。畅销书概念是与市场经济，与现代化的信息统计手段的发展密切联系在一起的。目前，中国的畅销书排行榜有很多种，有各地新华书店的，有中央及地方报纸的，当然最早的、能够覆盖全国的，当数北京开卷图书市场研究所提供的开卷畅销书排行榜。

　　北京开卷图书市场研究所是一家股份制的调查机构，他们建立的开卷全国图书零售市场观测系统，是从全国范围内大中城市中最具规模的大中型零售书店里，通过 POS 系统的销售数据，每月收集加盟书店的全品种零售数据，建立起来的全国图书市场零售数据库分析系统。该系统自 1998 年 7 月正式建立，截至 2006 年，已经形成了连续 8 年的完整的图书零售市场数据库，建立了中立的书业零售市场评价体系。据开卷称，截至 2007 年 7 月，开卷"全国图书零售市场观测系统"共包括全国 304 个城市 1480 家书店门市，监测到的图书品种数目已达到 100 多万册。

但是，对畅销书排行榜的作用与真实性，始终有不同的评价。有人认为开卷对于推动出版业科学管理，起到了重要的参考作用，但也有人认为开卷提供的数据，加剧了出版业的竞争，促使了跟风与盗版盗印。但是，大多数产品依靠走市场的出版社，还是订阅了开卷的报告。北京一家出版集团的发行公司，在向客户和内部出版社结算货款时，就以开卷的数据为参考依据。很多出版社在收到开卷数据时，都会在出版社内进行自我评价以及对竞争对手进行分析。

二、哪些图书会畅销

作为一个出版人，恐怕没有谁不希望自己的图书产品能够畅销。因为畅销不仅意味着码洋、利润，而且会带来声誉、品牌及其"场效应"。《达·芬奇密码》《哈佛女孩刘亦婷》《三重门》《狼图腾》，这些销量以数百万计的图书，都是出版社、销售商、作者梦寐以求的产品。

英国作家 J.K. 罗琳的《哈利·波特》自第一卷《哈利·波特与魔法石》问世以来，一个鼻梁上架着副圆形黑框眼镜，前额上有一道细长、闪电状伤疤的小男孩哈利·波特开始让全球的青少年甚至是中老年人为之疯狂。这套七卷本的魔幻小说已被译成 64 种语言，迄今为止，全球总销量达 3.25 亿册。第七部也就是完结篇的《哈利·波特与死亡圣器》的英文版 2007 年 7 月 21 日全球同步发行，当天在英国、美国和德国共售出约 1135 万册。就连由人民文学出版社翻译出版的《哈利·波特》，也成了中国图书市场上的畅销书。据美国尼尔森公司调查，每年当《哈利·波特》上市之际，全世界的图书市场都会出现一个由此带来的销售高峰。

作为出版者，能够用较少的投入实现最大的回报，应该说是孜孜以求的最佳境界。畅销书，恰恰就是能够实现出版人梦想的"宁馨儿"。但茫茫书海，"众里寻他千百度"，哪些书能够畅销呢？

187

图书能否畅销，看似"乱花渐欲迷人眼"，雪泥鸿爪，羚羊挂角，无迹可寻，但实际上图书是否畅销有它自己的规律。

首先，从宏观上来看，图书的畅销与一定时期的政治、经济、文化、科学技术的发展有密切关系。特别是当社会生活发生转型的时期，每一细微变化，都是通过意识形态的变化最先表现出来的，通过媒体的传播来形成的，而后又推动此类作为传媒载体的图书的畅销。如新时期以来，在文学出版方面，先后出现了伤痕文学、反思文学、寻根文学、改革文学、先锋文学等不同的文学思潮，每一次文学思潮都不仅是思想解放的一次体现，而且也是此类文学图书畅销的思想基础与经济基础。科技方面，如《第一推动力》一书，成为走向中国的一本科技畅销书。还有关于普及电脑知识的图书，当电脑刚刚进入中国市场时，此类图书动辄销售上百万册。如经济类图书，中国市场经济进程的推进会带动证券、会计、金融等类图书的热销。因此，从宏观角度关注社会生活的变化，是实现图书畅销的一个重要因素。

其次，图书的畅销要求出版者不仅要把握宏观的社会形态，还要研究市场趋势，研究读者的心理。读者选择图书看似没有规律，其实，每一种图书的畅销都直接或间接迎合了读者的阅读期待。研究图书发展的潮流，在市场上找到读者的关注点与共振点，是出版畅销图书的一种重要因素。如文学观念与文学思潮的转移，虽然并没有明显的界限，但细心的出版者会从中找到蛛丝马迹。如计算机的更新换代、新软件的推出、服饰的流行、建筑风格的变化等，都为新的图书产品的推出提供了市场机遇、目前素质教育类图书的畅销，实际上既是中国人传统的尊师重教观念的发扬，又是当下人们衣食饱暖后投资方向转移的一种趋势。再如股票类图书，股市走好时，此类书十分畅销；股市疲软，此类书的销量马上大减。再如目前普及性文史类图书的畅销，与电视的拉动有直接关系。

最后，图书在实际操作中的技巧也十分重要。同一类型的书，彼社出版会畅销而他社出版却平平。有人说，图书出版如同打扑克，除了运气还要加上技巧，才可能胜过对手。德国出版界有一位专家谈到，在出版流程中必须做到四个"适当"，即必须有"适当的作者、适当的书稿、适当的时机、投放适当的市场"。可以说这句话既概括了图书出版的规律，又包含了畅销书出版的规律。

1. 适当的作者

中国十几亿人，能够写作并喜欢写作的人很多，为什么有些作家的书可以畅销而很多作家的书却销不掉呢？同样一本书，为什么换个作者署名又会畅销呢？这主要是由于作者的作品在市场上形成了美誉度，进而形成了这位作者的知名度。作者的知名度是由于其作品在市场上原有的表现给读者形成了阅读期待，所以，要想让你的这本书畅销，选择作者十分重要。

长江文艺出版社北京图书中心的金丽红和黎波对此很有研究，他们在选择作者时十分挑剔。长江文艺出版社北京图书中心出版的《我把青春献给你》《心相约》两本书，销售均已超过40万册，当初选择冯小刚时，主要考虑这几年他的贺岁片比较火，加之他的夫人徐帆很有人缘，读者会对他感兴趣。选择陈鲁豫主要考虑她的知识分子气质、成才道路，以及她在"9·11"时连续用英语转播现场实况所形成的重要影响等。

所以，要想抓住畅销书，首先要找对作者，国内在小说方面比较畅销的，有池莉、王朔、贾平凹、陆天明、海岩、二月河等；传记主要是那些在中央电视台常露面的主持人，或者是在各个领域有较大贡献和影响的人物。

当然，出版者不仅要寻找已经成名的畅销书作者，还要注意培养畅销书作者。名家在市场上有号召力，抓住名家无疑是取得了制胜的法宝，但在一定时期内知名作者寥寥无几，物以稀为贵，由于竞争的原因，作品版税往往很高，如果判断失误或者营销不到位还会赔钱赚吆喝。所以出版社在关注知名作者的同时，还要注意刚刚出名的作者，如当时的韩寒。韩寒在《三重门》出版后，接着出版了《零下一度》《毒》等，他的图书都取得了不错的销量，成了中国畅销书排行榜上的常青树。如余秋雨的散文《文化苦旅》、阿来的《尘埃落定》，开始很多社都不愿出，后来一书走红，其他书均"火"得上了天。所以，一个成熟的编辑，不仅要有意识地抓住好作者，还要具有发现的眼光，要对书稿有独到的鉴赏能力。

2. 适当的书稿

全国每年出版新书十余万种，能否要求所有的图书都畅销？不可能。图书能否畅销，书稿本身的品质至关重要，但什么样的书稿才能畅销呢？作品的定位十分重要，作品是写给谁看的，读者在哪个层次，读者面有多大，这些因素首先要考虑。比如小说，写农村题材的小说，一般不会很畅销，因为购书者

189

大多在城市；写历史题材的小说，一般也很少有人读，除非有影视的推动。《登上健康快车》销售几百万，与人们越来越关心健康有关，加之作者的讲稿曾四处流传，物美价廉，经济适用。余秋雨的散文较受欢迎，是因为他那种文风给读者耳目一新的感觉；二月河的小说畅销，是因为他作品中引人入胜的情节和对政治权谋的描写；王朔小说的畅销，是他作品中的痞子形象给文坛增加了新的典型；王小波图书的畅销，是因为他对社会的深刻剖析。

其实，并不是所有的书稿到了编辑手上就会畅销，书稿的畅销潜质是前提，编辑的加工、编排技巧在其中也起到很大的作用。如崔永元的《不过如此》发了104万册，当初，编辑金丽红要求作者不要用已做过的《实话实说》的节目内容，而要求他结合自己的成长与担任主持人的体会，利用春节关门讲述了七天七夜，然后才有了那本畅销书；陈鲁豫的《心相约》、刘墉的新书《靠自己成功》，都是作者按照编辑的要求，结合本人实际进行加工后的内容。如陈鲁豫主要突出她在学习英语上的经历，这些励志的内容扩大了读者的范围，使这种名人书成了助人成功的范本。后来这本书又增加了新的内容，第二版又销售了几十万册。

寻找畅销书稿还要注意克服认识上的误区，就是以为内容低俗的书能够吸引读者，市场容量大。其实这种肤浅的、迎合少数人猎奇心理的图书，即使畅销也只是一时的，昙花一现而已。金丽红在出版影视名人图书时，特别注意选择传主积极健康阳光的一面，体现了她的编辑观与出版观。如宋丹丹的《幸福深处》一书，作为一个曾经结婚而又离婚的女演员，她未过多表现情感上的花絮，而是十分真实地写出了自己情感上的痛苦与迷惘，体现了女性宽容与博爱的美好一面。曾子墨的《墨迹》一书，没有写她的感情世界，而是写她的奋斗与成长。陈鲁豫的《心相约》一书，只字未提陈鲁豫的婚姻变故，而是集中写她的成长经历与亲情友情。

3. 适当的时机

图书具有畅销的潜质，编辑也做了很多的工作，但何时推向市场也至关重要。如是资格考试之类的书，学生教学使用的书，一定要赶在考试之前，开学之前出版。对于一些文艺类图书的出版，更要抓住火候。如一些配合电视电影出版的图书，一定要赶在电视电影播放前上市，如美国大片《魔戒》《兄弟连》，都取得了较好的市场业绩，长江文艺出版社出版的《雍正皇帝》一书，因为电视连续剧《雍正王朝》播放的带动，短短几个月销售了 25 万册。还有很多新闻事件，也要在第一时间将图书推向市场。如《只有一个贝克汉姆》一书的出版，因为皇马队到中国来比赛，就带动了有关图书的销售。其实，关于贝克汉姆的书已经出过，但没有这本书好销。如关于"神舟五号"的图书，就一定要在发射前就做好各种准备，发射成功后立即推向市场。当然，图书能否畅销并成功登上畅销书排行榜，还要考虑当月有否更为重量级的图书推出。出版社应当了解相关信息，注意避开其他社畅销书出版的时间。

4. 适当的市场

任何图书的出版与发行都要考虑读者、考虑市场，畅销书更不例外。何况图书要想畅销，在这方面下的功夫还要大。"适当"二字，实际就是要研究读者的阅读需求，注意图书市场的细分。如《哈利·波特》一书，读者对象主要是青少年，所以，编辑、印刷、发行及装帧设计时就要考虑青少年的特点。《登上健康快车》一书的读者对象是中老年人，内容就要浅显易懂。《心相约》的读者对象是青年学生、知识女性，封面设计装帧都要体现出高雅、书卷气。《明朝那些事儿》《盗墓笔记》是青年人阅读居多，就要考虑语言的时尚、叙述角度的独特。

找到了准确的市场定位，出版社就要围绕这个市场层面展开一系列的策划。过去策划主要集中在营销层面，但随着竞争的加剧，图书的策划应贯穿于出版的每一个环节。从选题开始，到协助作者写作，到选择图书内容的侧重点、编排的版式、装帧设计的风格、宣传的策略、定价的高低，都要体现出版者的参与意识与市场意识。如长江文艺出版社北京图书中心出版的《股民基民常备手册》一书，他们有了这个创意后找来了许多同类书进行研究，发现很多书主要局限于股票知识，并且缺少操作性。如何体现这本书的独特性与实用性呢？金丽红与作者协商，要求增加除股票常识外的基金、港股直通车、QDLL 等最新的资本运作手段。在封面上用大红色，醒目的烫金黄字，象征股票市场的火爆。这本书制作完成后，恰逢股市低迷，他们一直等待着股市出现一波上升行情后才推出此书。尽管过去金丽红与黎波主要是出版文艺类图书特别是名人书，但他们第一次出手，就让此书登上了非虚构类图书的排行榜。

5. 看点、卖点与宣传点

看点、卖点与宣传点是金丽红与黎波在策划出版营销畅销书时概括出来的经验。他们认为，判断一本书是否畅销，要从这"三点"分析。"看点"其实就是对图书内容的判断，是分析此本书与众多图书的区别何在。图书是内容为王，图书具有了文化价值、艺术价值、市场价值，才为营销奠定了基础。有人认为畅销书完全是吆喝出来的，其实是大错特错了。"卖点"是从书店的角度来思考的。如果作者过去是畅销书作家，或者上一本书市场表现不错，或者本书在内容上有其特殊的文化价值，形式上有所创新，你一定要找出来，并用简明扼要的语言将你的判断传递给销售渠道。如果出版社的编辑与营销人员自己还没有找到这本书的"卖点"，那么希望图书畅销只能是一句空话。"宣传点"与"卖点"有某些相似，但又不完全一致。宣传点是针对媒体，针对大众读者，而卖点是针对渠道。宣传点可以从不同的层次上来表述，如专家的意见、企业家的意见、成功人士的意见，并且能针对不同的读者群找出不同的宣传点来。

三、怎样才能抓到畅销书

有些出版社频频推出受人瞩目的畅销书，有些出版社却总是与畅销书无缘。怎样才能把握这一机遇成为书市的弄潮儿呢？除了上述的四个"适当"外，结合工作，我认为，还必须做到如下几个环节。

第一，要做"第一"，引导读者的阅读潮流。长江文艺出版社于1999年推出了"跨世纪文丛"，是时严肃文学图书市场十分萧条，港台言情、武侠、侦破类的图书充斥书坊，这套丛书出版后，扭转了严肃文学的低潮局面，改变了读者的阅读趣味，成为一套划时代的读物。此丛书的第一、二辑出版后曾数次重印，创下了纯文学图书畅销的先例。再如长江社推出的"白桦林"校园青春读物，精选了各类散文，由于篇幅短小、文字清新、装帧精美、上市后十分畅销，两年间印刷发行了30余万套，两度被中国发行家协会评为优秀畅销书，成为青春类读物的标志性图书。再如《哈佛女孩刘亦婷》一书，不仅印证了中国人重视教育、望子成龙的心态，而且引进了西方"素质教育"的经验，一度大红大紫，销售超过百万册。

第二，要捕捉时机，迅速跟进，不能做第一，也要争做第二，适应读者的阅读潮流。中国的图书市场十分庞大，一旦一种阅读趋势形成后，需要有一批类似图书出现才能满足广大读者的需求。如《谁动了我的奶酪》一书出版后，跟风出版的有二十余种。这种现象当然不应提倡，但在实际工作中我们会感觉到时时做第一很难，能够迅速跟进也不失为一种良策。同时，跟进时要出新，要有新的角度，不能画蛇添足。如山东画报社出版了《老照片》系列图书后，随之掀起了全国图文书的出版热潮。作家出版社《哈佛女孩刘亦婷》出版畅销后，接着海潮出版社出版了《哈佛天才》，四川少儿出版社出版了《赏识你的孩子》等一批素质教育类图书。这些图书在市场上都有不俗的表现。

第三，要注意搜集信息，分析综合，快速出击。有人把现在比喻为信息爆炸时代，这不为过。在海量的信息面前，如何找到自己有用的信息，是检验一个人的综合能力之所在。中华书局开启畅销书出版的新时代，是从阎崇年的《正说清朝十二帝》开始的，而这个信息是编辑从央视《百家讲坛》中找到的线索。人民文学出版社的《哈利·波特》系列图书出版，则是少儿编辑室主任王瑞琴和编辑叶显林从《中国图书商报》上得到的消息。

四、如何才能让图书畅销

同样一个作者，同样类型的书，投放市场后销售业绩不同，除了出版社的整体形象、市场覆盖程度外，运作技巧也十分重要，前面已经提到的四个"适当"，基本上谈到了图书畅销的关键，但在市场经济条件下，传媒增多，图书品种浩如烟海，争夺读者的注意力已成为新的竞争热点。因此，图书的营销措施十分重要。

第一，营销形式要多种多样。有些出版社认为营销就是在当地的报纸上发几篇书评，其实靠这种单一的宣传对读者的影响远远不够。一般来说，书评要发，但要选择能在全国产生影响的报纸，或者选择各地能直接影响到市民阅读的报纸上去发。当然，除了书评，出版消息、报刊连载、作者访谈、座谈会、签名售书、广告、征订单、实物推广、改编电影电视等，都可以对图书的销售产生影响。随着互联网技术与数字化技术的普及，网络营销、手机营销等新的营销手段正在发挥巨大的作用。目前图书市场的营销还出现一种图书漂流的方式，这种方式要求出版者必须充分考虑图书的内在品质。如果图书品质一般，可能会适得其反。

193

就图书的宣传而言，一种书的宣传必须是多批次的。如《我把青春献给你》和陈鲁豫的《心相约》，宣传都做了三到四轮。其第一轮是发出版消息，发表能引起读者兴趣的社会性新闻，而不是单纯的出版消息。第二轮是连载，在全国各地最有影响的报纸上连载。第三轮是召开出版新闻发布会，请有关专家和名人来讨论并介绍此书的阅读价值，请各地报纸做专访，请电视台做专访。第四轮是到各地签名售书，或在大学举行报告会。每一种书的出版，都在全国发起宣传攻势。长江文艺出版社出版的长篇历史小说《雍正皇帝》先后销售达到上百万册，真正的营销是在参加第四届茅盾文学奖评选前后。当时，出版社先后进行出版座谈会、作家专访、连载，除此之外，为了打击盗版，还在行业内影响较大的三家报纸分别刊登了"严正声明"，表示要悬赏10万元捉拿盗版者。后来，全国几十家报纸刊发了这个消息，不仅震慑了盗版者，还起到了广告效应。当时，市场上还出现了一种所谓的改编本《雍正皇帝》，一些读者不明就里，以为都是二月河的原著，价格又比长江社的便宜些，纷纷购买那种版本，这样就分割了市场。为此，出版社趁媒体热炒电视剧和图书之机，向北京中级人民法院递交了起诉状，状告对方侵犯了专有出版权。此事虽庭外调解，对方赔偿了长江社7.5万元损失，但经媒体大肆炒作，所谓的改编本市场江河日下，长江版《雍正皇帝》稳稳地占据了全国市场。

第二，营销要逐步推进，稳扎稳打。营销的方式多种多样，但不可能在同一时期内将所有的方法都用上，必须有步骤、有目地开展营销活动。夏德元同志将宣传营销分为四个阶段：告知阶段、造势阶段、促销阶段、鉴赏阶段。虽然划分几个阶段还有待商榷，但这种划分是根据图书营销的内在规律来确定的，是有一定道理的。一本书出版前后，要根据不同的时机采取不同的方式，同时，要根据读者的接受心理，逐步强化印象。如山东文艺出版社有一本《五体不满足》的书，在国内出版后销售情况不佳，后来他们趁书市期间将作者从日本请到中国来，通过媒体的反复报道，此书立即引起了读者的注意。另外，营销还要持之以恒，长期坚持。美国出版的《心灵鸡汤》一书销售900多万本，其成功的最重要原因就是作者每天做一次广播电视采访。

第三，营销要有计划地进行。一本书如果具有畅销书的潜质，出版社准备作为重点书来推出，营销就必须有一个计划，否则会杂乱无章。长江社在营造"九头鸟长篇小说文库"这套书时，设计了一个较为长远的营销计划。其中包括出版消息、书评、广告、宣传资料、签名售书、专家座谈、现场演播朗诵、设立奖项等措施。出版社不仅对单本书进行宣传，还通过新书的出版，对整套书进行滚动宣传，强化读者的印象。这套书先后出版了三十几种作品，其中就有十种（次）获国家级或国家级学会奖，如《张居正》获第六届茅盾文学奖、国家图书奖提名奖、中宣部第十届"五个一工程"优秀作品奖；《远去的驿站》获国家图书奖提名奖、中宣部第九届"五个一工程"优秀作品奖；《狼图腾》获亚洲文学奖。人民文学出版社的《哈利·波特》一书因是分册出版，每一册上市时都展开新的宣传活动，所以每一次新书的出版对原已出版的图书也是一次新的宣传。当然，因为市场变化，有时可能会出现一些便于宣传营销的契机，出版社要抓住炒作点，这样会收到事半功倍的效果。

第四，建立一个能够覆盖全国市场的销售渠道。有了具备畅销元素的好书，有了行之有效的营销措施，那么最后一个任务就是要将书发到读者手上了。

在计划经济时代，图书主要依靠新华书店销售，出版社就是一个编辑部，但现在销售渠道多元化，新华书店已经不能适应市场经济条件下的销售环境。而目前中国又没有一个像日本的日贩、东贩，美国的英格拉姆那样能覆盖全国的销售网络，因此，出版社就要有一个覆盖面较广的渠道。一般而言，出版社是通过新华书店、民营书店、网上书店、邮购等渠道向全国发书。在全国的出版社中，只有极少数的出版社直接向基层供货，我们大多是通过中盘商再向零售商供货，最后送到读者手中。当然，出版社也会通过邮购这种形式少量地向读者直供图书。

大致的销售原则是这样的，但渠道的选择、管理、调整，还需要出版者做更加细致的工作。一本书具有了上述的畅销因素，能否在第一时间铺到全国各地，真正地让读者很方便地买到这本书，就看销售渠道了。当然，发货是容易，还有一个货款回收的问题，是先收款还是按常规约定，要根据你平时对客户的要求和客户对你的依赖程度。长江文艺出版社北京图书中心的图书，80%以上都是先收款后发货。当然，做到这点是不容易的。

有了销售渠道，如何发货，发货的多少也是影响并制约图书畅销的因素。如一本书如果有畅销的潜质，估计能够销售10万册以上，那么首发至少不能少于6万册。有人以为图书只要具备畅销的品质，首发多少都无关紧要，这其实不然。因为图书上市的新品种太多，如果书店不将图书放在醒目的位置，不引起读者足够的注意，两周以后，这本书可能就会被读者和书店忘却。所以出版社如果确定了对某种书按照畅销书来营销，就要将货铺到大多数读者都能看得到的地方。

总之，做畅销书，图书品质、图书营销、销售渠道是三个至为关键的因素。这三个环节并不难掌握，关键是做好每一个细节，让每一个细节都完美无缺。汪中求先生的《细节决定成败》是本畅销多年的图书，此书的社会贡献就在于提出了这样一个影响人们价值观念的理论。黎波在谈到畅销书的细节时曾讲道："操作畅销书，要把每个出版环节上的畅销元素都安排到位，比如内容介绍、标题、版式、封面、图片、排序、价格、宣传推广、市场计划，等等。只有把每个环节的畅销元素做好了，图书才会变成畅销书"。操作《我把青春献给你》一书时，封面上用了比较时尚的设计方案，既新奇又大方，很吸引人，虽然工艺复杂，但定价不贵，文中又设计了妙语栏，版式设计活泼，阅读方便，标题提炼得有时代感。宣传发行上，我们提前为各地发行商联系了当地媒体，进行连载，市场反馈效果很好，代理商很有信心。所有这些工作扎实地做好了，后期的市场就有了保证。因为读者买书，很可能就是由于中意的封面、精彩的几段话、一串动人的标题，把他打动了，他就决定购买了。很多细小的元素，都可能成为图书销售的决定因素，所以出版社绝对不可忽视每个环节。

五、畅销书与常销书、品牌书

有些书畅销，但生命力比较短。不少书在畅销书排行榜上露了一次面就销声匿迹，很快就从市场上退了下去。但有些书畅销之后转为了常销，如《围城》《老人与海》《挪威的森林》《肯定自己》《文化苦旅》等。还有些书成了品牌书，不是一本书畅销，而是一群书畅销，如知识出版社的《第一次的亲密接触》畅销后，《雨衣》《爱尔兰咖啡》都成了畅销书。有人曾说，如果将畅销书比作一支快速反应部队的话，那么常销书就是一支常备军，品牌书就是一支兼有上述两种功能的特种部队。长江文艺出版社有一批图书从畅销书成了常销书和品牌书。如《雍正皇帝》一书自1991年出版以来，每年的销售仍不下3万套。《狼图腾》自2004年5月登上全国畅销书排行榜以来，每个月都在排行榜的前五名。"九头鸟长篇小说文库"系列图书，曾希望通过锲而不舍的努力，使这些目前较为畅销的图书成为一个品牌，并通过更多图书的不断加盟，扩大这个品牌的影响，使之成为文学出版的一支生力军。因此，出版社在追求畅销书的同时，要争取让这种市场优势延伸下去，而最佳的境界，就是成为出版社的常销品种，成为一个图书品牌，让这种市场优势成为一座金矿，永远开掘下去。

六、畅销书的文化追求

畅销书是市场经济条件下的产物，业内外对其作用与价值，毁誉不一。有人认为畅销书拉动了中国的图书市场，对文化产业贡献巨大。如中信出版社2002年以前只有几千万码洋，王斌到任后，制定了新的发展战略，拟订了畅销书的赢利模式，《杰克·韦尔奇自传》一书首印了10万册，通过广泛的营销，在第二个月就加印了10万册，中信出版社从此以崭新的面貌出现在出版业的面前。而另一家百年老店中华书局也一度步入低谷，从2004年始，中华书局开始重视畅销书，从《正说清朝十二帝》出版开始，中华书局进入了一个新的阶段。其后数年，《国史十六讲》《兵以诈立——我读〈孙子〉》《万历十五年》《佛教十五题》《明亡清兴六十年》《〈论语〉心得》《说慈禧》等图书接踵而至。"正说历史"系列已推出十种，内容包括汉唐宋元明清诸帝、名臣及后妃，而《〈论语〉心得》一书的发行已超过300万册。由此，中华书局这个"古籍整理和学术出版重镇"成为广泛意义上的"传统文化出版重镇"，中华书局的出版宗旨也从"弘扬传统、服务学术"逐步递进到"传播文化""优化生活"。

由此看来，无论是百年老社中华书局，还是中信出版社这种市场经济的弄潮儿，他们并不排斥畅销书的出版，并不认为出版畅销书与自己的文化使命有什么抵触。但在文化界出版界还有一种声音，认为畅销书的内容"是浮躁心理的体现""在写法上追求通俗"，徐城北在《畅销书的负面影响》一文中将畅销书定义为"浮泛文化赠与读者的一个最灵便也最花哨的窗口"。他的观点虽不无道理，但他从整体上来这样评价畅销书难免有些以偏概全。钱锺书的《围城》在中国的畅销书排行榜上一直居于前列，于丹的《〈论语〉心得》畅销300万册，并将版权输出到全世界，杨绛的《我们仨》销售几十万册，难道这些书内容上也没有什么价值吗？他担心青少年会因为畅销书而产生从众心理，而且会导致许多没有上榜的图书受到冷落。商业化时代，青少年的偶像崇拜不可避免，但换个思路，有了具有思想内涵的图书，如《围城》《〈论语〉心得》等，通过传播手段，使其能形成从众效应，在某种程度上还是好事。畅销书是有益还是有害，其实在于出版者的把握，但我们不能因此而否定畅销书。金丽红与黎波是业内出版畅销书的高手，他们认为，一本书只要"有益无害"就行了。随着社会生活的多元化，阅读也会出现多元化，教化是一种功能，增长知识开阔视野是一种功能，休闲娱乐也是一种功能。知识分子阅读是一种层次，市井平民阅读又是另一种风景。

参考文献

①徐城北.畅销书的负面效应 [N]. 中华读书报，1998-12-23.

本文据 2010 年 10 月在武汉大学信息管理学院湖南出版骨干培训班上的讲稿整理

第三辑

全媒时代

论出版集团如何应对数字化挑战

我国出版集团在数字化的产业升级与市场运营中已经取得了阶段性的成果，但相对于整个新媒体产业的经济总量与业态发展而言，还处于较为弱势和稚嫩的状态。这既是出版集团探索一种新型传媒形态在实践进程上的必然，也是新媒体发展战略与新媒体市场环境主客观因素的使然。本文在总结出版集团已有的数字化实践成果的基础上，梳理其所面临的诸多挑战和瓶颈，进而勾勒出出版集团新媒体运营的战略框架。

一、出版集团数字化发展现状

当前，国内各大出版集团已经在数字化发展方面开启了一系列卓有成效的探索，这主要体现在：

第一，各大出版集团纷纷设立了数字产业的管理执行机构与领导决策议程，大力培育新媒体的市场运营主体与产业投资力量。例如：凤凰出版传媒集团成立了集团数字化建设委员会，由董事长、总经理亲自担任主任；湖南出版投资控股集团通过新技术新媒体产业部，统筹管理旗下两家网站媒体、两份手机报、一家动漫公司以及一家框架媒体；中国出版集团成立了中国出版集团数字传媒有限公司，本着"共建、共享、共赢"的原则，以集团内外数字出版资源整合者的角色，努力成为我国出版业态创新与文化产业升级的推动者。以上举措使得出版集团的数字化发展不再只是定位于纸媒体出版的业态附属与业务延伸，而是拥有了完善的组织机构保障与独立运营团队的支撑。

第二，不少出版集团开始重视数字传播平台建设。例如：中国出版集团公司建设的中国数字出版网，旨在实现"行业公共服务平台""数字产品销售平台""移动媒体出版平台"和"网络文学原创平台"的有机整合；湖南出版投资控股集团旗下的"红网"已经形成了一定的市场品牌效应，并努力成为一个覆盖互联网、户外与手机等各类媒体的综合性网络服务平台；湖北长江出版传媒集团打造的"现在网"旨在整合集团内容、渠道、品牌等各方面数字资源，构建一个涵盖新闻、论坛、教育、原创、读书、商城等多种产业板块的在线阅读综合门户。

第三，部分出版集团结合自身的产业资源禀赋，开始在专业领域与特色项目上拓展新媒体业务。例如：凤凰出版传媒集团充分发挥自身在教育出版方面的行业优势，将凤凰教育网作为发展数字出版的突破口，构建了以凤凰版教材为资源特色的在线教育产品体系；上海世纪出版集团以工具书平台为依托，不断加大专业数据库方面的开发力度，其推进的跨文本金字塔知识库，将是包容百亿级数据量，涵盖百科性质的专业咨询平台。

第四，出版集团所开拓的新媒体业务种类呈现多元化的发展态势。除电子书、内容数据库等传统出版产品的数字衍生形态各大出版集团均有涉及外，综合门户、网络文学、在线教育、电子报刊、动漫游戏等新媒体细分领域，都有不同的出版集团在加以尝试与探索。例如：时代出版传媒集团将动漫产业作为新媒体业务的突破口，承办全国动漫交易博览会，设立时代漫游公司，并成为国家级动漫出版基地。

第五，出版集团在发展新媒体业务的同时，已经有效地推动了企业自身的信息化建设，主要体现为内容资源的数字化与管理体系的信息化。其中，办公自动实施平台、电子文档管理制度、数字版权运营体系均在各大出版集团广泛实施。

二、出版集团数字化发展的产业瓶颈

虽然出版集团在信息化建设与数字出版探索中取得长足进步，但如果从新媒体的整体发展状况看，出版集团相关业务的市场影响、产业比重与盈利能力还较为有限，这主要是由以下六方面因素促成的：

第一，从市场布局上看，在新媒体发展的主阵地——互联网市场，网络游戏、网络广告、搜索引擎、电子商务等规模庞大、业绩突出、运营稳定的成熟细分市场，已经成为推动新媒体经济的中坚力量。但出版集团由于自身市场运营能力与产业投资力量的限制，在以上主流的新媒体细分市场基本是偶有点缀、涉入不深，仍主要偏重在与纸媒体出版具有较大关联性的电子图书产品与专业内容数据库领域展开市场拓展。由于这些领域在新媒体的产业结构中比重较轻、规模有限，还有一个市场容量培育、模式逐步成熟的发展进程，这就使得出版集团当前的产业投资力量基本布展于新媒体发展的边缘地带，自然也无法分享到当前新媒体迅猛发展的丰硕成果。

第二，从盈利模式上看，由于受到纸媒体出版运营习惯的影响，出版集团都希望通过用户付费的方式来实现新媒体的业务盈收。但从当前新媒体产业实践看，数字传播的信息供给量以几何级数高速增长，以致人们通过新媒体所能获取的信息到了过剩甚至是泛滥的地步。因此，作为供给方的信息产品与服务，已不再是新媒体市场的稀缺资源。相反，由于人们信息浏览与信息接收的能力是有限的，所以用户对信息产品、信息服务的关注度、参与度，就成为新媒体市场最为稀缺的资源。而在这一行业特性的作用下，大多数新媒体运营商都对客户实行免费的服务模式，依托平台用户规模实现衍生开发。例如：盛大文学虽然通过一系列产业并购，在网络文学领域形成较强的市场垄断力量，但其面向用户收费的模式一直无法创造较大的收益，转而开始构建内容版权运营模式；新浪、搜狐、网易等新闻门户网站主要凭借"媒体广告""移动增值""网络游戏"等业务板块实现盈收，其内容阅读服务的主要产业职能就是扩展用户规模。

可见，当前出版集团新媒体业务在盈利能力上的弱势是由行业特性和市场模式所决定的，具有一定的必然性和客观性，而这就需要出版集团在新媒体平台上实施多层次的整体开发来加以解决。

第三，从市场竞争环境看，出版集团在纸媒体市场受到"设立审批制"与"书号配给制"政策的保护，在产业布局上，出版市场又存在着较为明显的以"省域经济"与"部委归口"为界限的条块分割状况，这为出版集团创造了一个相对宽松的市场竞争环境。而反观新媒体市场，这是个市场化程度较高的领域，运营商的注册数量不受限制；数字传播业务不受地理空间与行政区划的阻隔，可进行无限的延伸与拓展；具有资本规模优势的网络企业，可以在新媒体市场直接并购竞争对手，实施产业整合。因此，出版集团不仅无法获得市场保护壁垒，还将遭遇较强的市场竞争压力。

第四，从内容资源拥有来看，出版业界认为自己具有较强的优势，但实际上当前部分新媒体运营商具有独立培育内容生成的能力，大力实施作者资源储备，已成功规避了纸媒体的"内容"产业的壁垒，逐步实现了由平台运营商向内容供应商的战略转型，在"内容"生产要素市场打开了一个资源配置的缺口。例如："盛大文学"通过构建开放式、低门槛的在线作品发布模式，让庞大的网络用户群体参与文学创作。此外，它还收购了国内七大原创文学网站，实现了大规模的内容资源战略储备，其培育原创作者达15万，拥有近600亿字的原创文学版权，网站小说平均日更新量达7000万字，已经形成了较高的市场集中度，其注册用户超过6100万。

因此，出版集团虽然在新媒体阅读服务领域的内容方面具有一定程度上的资源优势，但这种格局正在发生变化，如果不正视这种悄悄发生的位移，认真研究新媒体运营在内容资源集储上的业态模式创新，那么，出版集团的内容优势在某一天也会丧失。

第五，从产业竞争手段上看，我国出版集团出现了只重视新媒体产品市场的片面竞争观念，大多仅以盈利模式的构建为数字化发展的唯一突破口，完全希望依靠自我积累的方式来做大新媒体业务，极大忽视了新媒体资本市场的战略地位。事实上，很多新媒体运营商在企业创办之初并没有太多的资本积累，他们依靠一定的技术力量与敏锐的市场洞察力，在积极构建新兴的产品形态与运营模式的同时，一直将面向资本要素市场的融资运营置于企业成长战略的核心地位。

目前，新媒体的骨干运营商几乎全部实现了境内外上市，如新浪、搜狐、网易、盛大、阿里巴巴、携程、百度等。虽然部分出版集团已经或即将上市，其资本实力将得到较大提升，但融资规模与新媒体的海外上市企业相比仍有较大差距，这将直接导致在技术研发、人才引进、品牌构建以及用户拓展等方面的市场竞争劣势。

第六，从市场发展风险看，出版集团作为数字传播领域的新生力量，对新媒体的市场运行规律有一个探索、实践、认识的过程。而更为关键的是，新媒体运营的大多是创新型的高科技项目，本身就具有较大的市场风险，其主要体现在：（1）新媒体产品的技术开发与技术应用有很多尖端的研究课题需要解决，这不光要耗费大量的企业资源，还有完全失败的可能；（2）新媒体技术上的成熟与功能上的完善也并不一定能适应消费者的需求，还需要接受用户体验的检验，有不断进行调整甚至重新设计、开发的可能；（3）新媒体市场的产品革新速度迅猛，很多运营商的技术研发与模式创新能力较强，出版集团推出的新产品可能还未实现业绩增长，就面临着在技术与模式上被淘汰的风险。

因此，出版集团在新媒体领域的产业投资规模与业务拓展幅度上应采取较为谨慎与持重的态度，即保持较强的风险意识，它符合出版集团当下刚刚涉足新媒体市场的历史发展阶段，具有一定的合理性和必然性。

三、出版集团新媒体运营战略的探索

出版集团在发展新媒体的过程中，既要充分挖掘业已积累的传媒资源，又要牢固遵循新兴媒体的市场运行规律，进而在借鉴国内外成功的数字传播产业实践的基础上，形成一条符合自身发展现状与沿革轨迹的数字化升级路径。

第一，出版集团制定不同层次的数字化发展目标。新媒体是个产业自由竞争程度较高的市场，它不存在纸媒体出版以省域阡陌为界限的条块分割状态与区域产业壁垒，同时现有的新媒体运营商在资产规模、技术研发以及市场拓展等方面都具有较大优势，出版集团在新媒体市场将遭遇较强的竞争压力，不会呈现纸媒体出版领域"均一化的，多头并举"的发展格局。因此，出版集团应当根据自身的实际经营状况、产业投资规模与风险承受能力，制定不同层次的数字化发展目标，由低到高大体可分为：（1）实现企业信息化建设；（2）构建企业网络宣传平台；（3）定位于内容供应商，与新媒体运营商共同组建新媒体产业链；（4）在电子阅读产品、内容数据库等出版关联领域开展数字产品研发；（5）全面转型为新媒体运营商，实施平台运营战略。

目前，各大出版集团均已基本实现"企业信息化"与"网络宣传"层面的数字化发展目标；部分出版集团在"内容供应"与"数字产品研发"层面已实现成功的产业实践，唯有"新媒体平台运营战略"还处于初级阶段。因此，出版集团在数字化发展中，无论是"内容供给"的产业链模式，还是"数字产品研发"的销售模式，都是在自己享有较少的利润分层的情况下，从另一方面推动了其他新媒体运营商的发展。同时，由于不少新媒体运营商自身已经具备了较强的内容生产能力，因此，如果出版集团不构建自有的新媒体运营平台，将始终处于数字传播"原料供给"的产业链低端地位，这将有被替代甚至边缘化的危险。因此，探索新媒体平台的运营模式，应是出版集团形成数字化成熟业态形式的关键。

第二，出版集团形成可持续发展的新媒体平台运营模式。从出版集团构建新媒体平台的产业实践看，其最大课题就在于业务板块的选择。出版集团大多希望能构建出一个既能实现盈利快速增长，又能实现用户大量拓展的业务模块。但纵观中国新媒体市场发展史，唯有网络游戏业务达成过这一标准，而它与当前出版集团的企业发展远景与产业资源是不能完全对接的。

因此，出版集团既要结合自身的产业资源储备，又要参照新媒体领域现有的成熟盈利模式，进而形成轮廓明晰的互补型产业板块架构，使自身文化的使命与业绩增长兼顾的产业面貌在新媒体领域得以延续。即：

一方面，在内容资源较为充沛的情况下，设立一到两个大众阅读类的业务版块，实现较大规模的用户积累与自身的文化追求，努力形成主流图书阅读门户的市场地位，而不以短期盈利为目标。

另一方面，移植一到两个能创造较为稳定的现金流的业务板块，例如：网络游戏、移动增值、电子商务等，而不以出版集团自身的市场定位与企业使命为限制。

这样，阅读门户的市场规模就为其可盈利项目提供潜在的庞大客户资源，而现有的盈利项目又为阅读门户的扩张与新项目的拓展提供了短期的现金流支持，进而形成一种可持续的盈利开发机制。

例如：盛大在自身的新媒体平台上实现了文学、游戏、在线的三大布局。虽然网络游戏依然是盛大商业体系中盈利能力最强的业务单位，其收入是网络文学的20倍以上，占到其总收入的90%，但网络文学可以为平台带来更多用户群，其中一部分将自然转化为游戏用户。同时，网络文学将成为游戏内容的素材来源，形成文学与游戏的相互渗透，为网络游戏产品的不断推出提供剧本与创意，进而在不断壮大的平台上实现更大的商业价值。这样，不光实现了游戏、文学、在线三大领域的横向拓展，更将形成纵向的"内容创意＋游戏产品＋平台运营"的新媒体产业链。用户在文学免费阅读之余，可以直接在根据网络文学作品改编的网络游戏中进行游戏体验，而这又激发其进一步创作的欲望，为网络文学提供新的内容，在相互促进之中提升网络文学与网络游戏所构建的互动娱乐的整体市场价值。

第三，出版集团依托平台内容资源形成跨媒体的衍生开发。出版集团在新媒体平台实现横向的互补型业务板块扩展的同时，还可以将平台内容以不同的艺术手法进行改编和加工，形成影视剧、广播、舞台剧、动漫的内容创意版权运营中心。

例如：盛大文学在其用户营收状况不力的情况下，凭借其内容生成成本较低、资源存储容量较大的特点，构建规模化的版权辐射体系，努力成为面向整个传媒产业链的内容供应商。2008年，盛大文学以"国内最大的版权运营"企业形象，参展上海电视节，依托自身的内容资源，与影视制作商密切合作，力图在影视产业链中的内容源头环节占据重要的市场地位。2009年，盛大文学以100万元人民币的价格将网络小说《星辰变》卖给了兄弟公司盛大游戏，在今年这部小说又被改编为电影剧本。此外，盛大文学还启动"编剧培养计划"，招募北电、中戏等影视制作方向的人才，组建专业的剧本改编运营团队，并定期将其网络小说做成数据包，发送给各大影视传媒机构供其遴选。

目前，盛大文学已出售的电视剧改编权作品已超过100部，构建在线版权、无线传播权、纸媒体出版权、动漫改编权以及影视改编的"一次创作，多次利用"的版权运营模式。例如：《鬼吹灯》就实现了在线、无线、纸媒介、动漫以及影视的跨媒介市场开发与版权运营。

第四，出版集团构建专业化的平台运营模式。出版集团的新媒体平台在探索整体运营开发的同时，还可以将"在线教育"作为发展专业化平台的突破口，这是因为：（1）在线教育提供的教育产品拥有较大的刚性需求，具备较强的盈利能力与用户吸附能力；（2）由于采用课件、视频、互动等多媒体的产品服务形态，在线教育对纸媒介出版产品形成了较强的市场替代效应；（3）教育出版一直是出版产业的支柱板块，出版集团在相关领域有较为厚重的资源积累与市场经验。（4）在线教育在相关运营商的培育下已经初现规模、走向成熟，有成功的运营模式可资借鉴。

国内新媒体的在线教育市场，近年来一直保持着 20% 以上的高速增长，2009 年市场规模达 400 亿，已经形成了网络职业认证教育、网络语言培训、网络高等教育市场等细分领域。而从海外成功案例看，2009 年度培生集团的年度财报显示，该集团数字化的收入已占整个集团的 31%，主要是依赖在线教育平台的开发，其在线远程学习平台 eCollege，面向高校学生群体，2009 年注册用户 350 万人，增幅达 36%。

而从在线教育具体的平台业务开发形态上看：（1）在线教育给用户提供的是"视听阅"立体化的教育产品与服务，包括视频讲解、课程录音、教案课件以及信息咨询等项目。（2）用户可以不受时空与方位的约束，根据自己的作息规律与空闲时间，自主安排在线教育平台上的授课内容与学习进度，并且还能将视听内容下载至移动工具，或将教案课件在线打印成纸质资料。这十分有利于平时有较大工作压力或课业负担的用户，利用自身的零碎空闲时间，运营多样化的学习方式，达到最佳的学习效果。（3）由于没有课堂教学的物理空间限制以及数字传播较低的边际成本，在线教育平台的"名师"授课内容可以广泛、反复地供给于遍布全国各地的学员用户，优质的教育资源将得到充分的开发与普及。（4）在线教育平台提供的各种教案课件，其编排体例与知识内容基本与教材教辅图书相差无几，能起到产品替代效应。（5）在线教育平台的科目设置具有较大的弹性，可根据市场需求不断细化和调整，基本能在一个平台上涵盖所有的学科类别与应试科目。

第五，出版集团探索新媒体平台的资本运营。我国出版集团在纸媒介出版领域，主要是通过读者购买图书的货币支付方式，收回预付资本、实现价值增值。而新媒体运营商在其盈利模式尚未成熟之时，通过一系列的前瞻性投资概念炒作，从资本市场持续募集大量资金用于盈利模式的构建与市场规模的拓展，而正是有效的融资运营在资本市场的大力扶植，新媒体运营商才实现了当前的业绩井喷。

以下为具有代表性的融资运营案例。

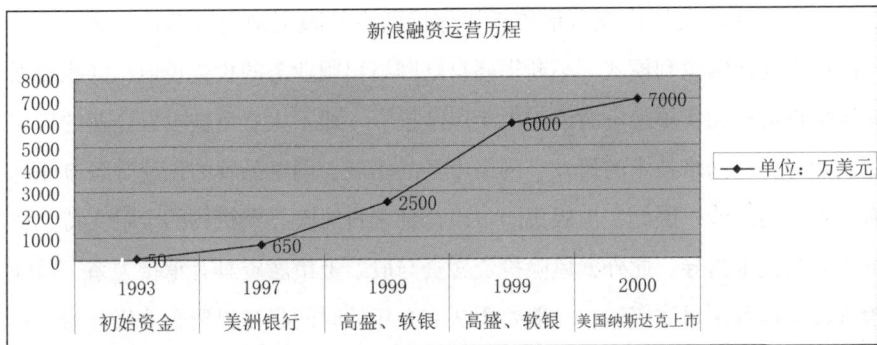

新浪累计向高盛、软银、美洲银行等风险投资机构融资 9000 万美元，并于 2000 年登陆纳斯达克，2003 年新浪宣布实现年度盈利。

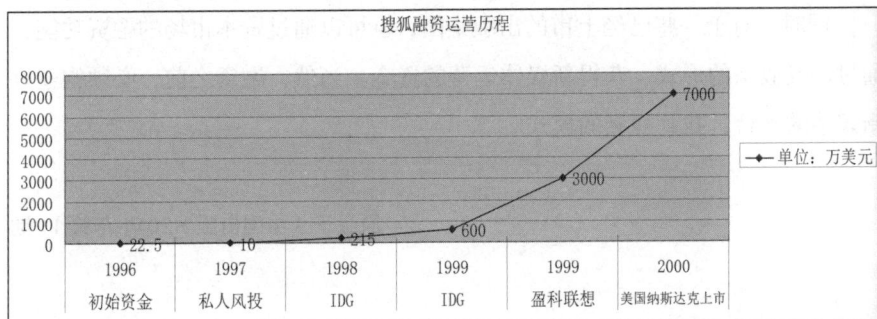

搜狐累计向 IDG、盈科联想等风险投资机构融资 4000 万美元，并于 2000 年登陆纳斯达克，2002 年搜狐宣布实现年度盈利。

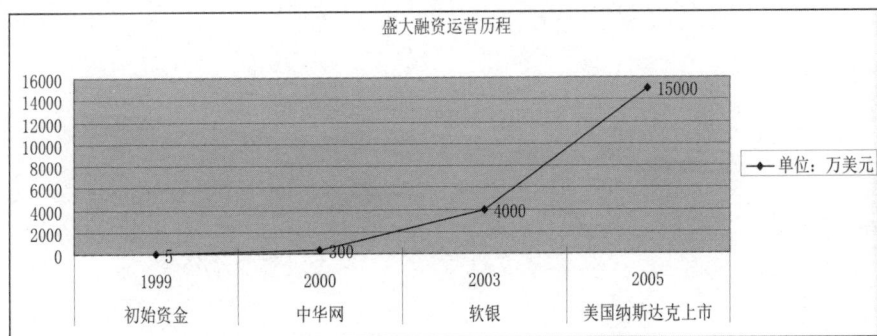

盛大累计向风险投资机构融资 4000 万美元，并于 2005 年登陆纳斯达克，2002 年"盛大"就在网络游戏领域实现了 6 亿元的年收入，超过当时国内三大门户网站收入总和。

209

因此，出版集团应充分借鉴新媒体运营商的融资型发展模式，通过吸引网络用户与探索盈利模式，不断提高自己网络出版业务的投资价值，并积极面向风险投资机构实施融资游说。由于风险投资一般不太看重被投资企业的短期盈利能力，在网络技术的研发、网络市场的拓展、网络品牌的创建等各方面都有很丰富的经验，因此，出版集团可以得到来自风险投资机构的金融支持、咨询服务与技术指导。此外，风险投资融资与股票上市融资具有承接关系。风险投资在向投资项目注资后，一般要用 3～8 年的时间将被投资企业培育为上市公司，然后才能退资套利。所以，采用风险投资的融资方式，还将极大推动我国出版集团新媒体业务上市融资进程，这势必使出版集团新媒体在一个较短的时间内实现跨越式发展。

同时，对于一些已经上市的出版集团，也可以通过资本市场的融资功能，通过增发股票的形式，获得新媒体运营的资金。当然，融资之前，必须构建好新媒体的平台，找到赢利的模式。

原载于《中国出版》2011 年第 11 期

中小出版社数字出版的困境与对策

一

有谁会想到，21世纪之初，世界出版业会因为互联网技术与数字技术的出现而发生如此巨大的变革：用鼠标轻轻一点，强大的搜索引擎会为你找到古今中外留存的人类知识的结晶；带上手机，你可以随时接收到由文字、声音、图像融合在一起的信息；在一张薄薄的电子纸上，你可以享受翻书一样的感觉；带上计算机，你既是作者，又是出版者与读者……以互联网技术与数字技术为代表的高新技术的快速发展，给传统的出版业带来了无限的发展空间。电子图书、在线阅读、手机阅读等，新的传输方式、新的出版介质、新的营销方式、新的出版流程，这是出版业继告别铅与火之后，又一次大的技术革命。这场技术革命不仅会推动出版业的转型和升级，同时，也给传统的出版业带来了最严峻的挑战。据中国出版科学研究所的调查显示，纸介质媒体的阅读率，正呈逐年下降趋势：1999年首次调查发现，识字的国民中的阅读率为60.4%，2001年为54.2%，2003年为51.7%，2005年只有48.7%，比2003年再次下降3%，比1999年下降了11.7%。与图书阅读率相反，近年来我国国民网上阅读率正在迅速增长，上网阅读率从1999年的3.7%增加到2003年的18.3%，再到 2005 年的 27.8%，7 年间增长了 7.5 倍，每年平均增长率为 107%。与此同时，出版社的库存呈逐年上升趋势。据新闻出版总署《全国新闻出版业基本情况》公布的数据，1999 年末全国图书库存 241.63 亿元，2005 年图书库存达到 482.92 亿元，7 年时间图书库存平均每年增长了 12.2%。尽管影响图书库存的因素很多，但与阅读率下降不无关系。随着数字出版技术的不断发展，广大青少年为数字阅读的魅力所吸引，传统出版物的市场份额和市场空间被挤压而不断萎缩是不容回避的事实。

在国内出版业一部分人对数字出版仍存观望和畏难之态时，有资料显示，国际出版商已经挟体制与机制的优势，凭借资金、人才与技术的优势，在数字出版上先行了一步。2000 年 3 月 14 日，美国畅销小说作家斯蒂芬·金的作品《骑弹飞行》就在网上出版，这是第一本只出电子版而不出印刷版的书。这本书开创了网络出版史的先河，成为完全意义上的电子图书出版的试验。在此之后，西方出版界数字出版发展如火如荼，如汤姆森集团在收购路透以前，数字出版收入就已经占到了总收入的 69%。2006 年，励德·爱思唯尔集团总收入 79.35 亿元，其中数字出版收入已经占到总收入的 70% 以上，2005 年，麦格劳·希尔公司数字出版收入占到总收入的 65% 以上。培生教育集团 50% 以上的收入均来自数字出版及网络相关业务。而且，这些出版巨头每年将收入的很大一部分投入到数字出版的研发之中，麦格劳·希尔公司总裁伊文森曾说："10 年以后，数字出版的比重将达到 75% 至 80%。"在中国，抢占先机的，不是拥有内容资源与出版经验的传统出版社，而是一批 IT 企业或者通信企业、技术开发商，如北大方正、中文在线、超星图书馆、书生图书馆等。这些应时代要求而诞生的高科技企业从一开始就按照现代企业制度组建，以资本运作手段在国内外金融市场融资，有高素质的管理团队、高薪聘用的优秀人才。与传统出版社相比，他们是一批有活力、有能力与条件发展数字出版的领中国数字出版之先者。数字出版之初，他们都是与出版社合作、购买出版社的内容资源、生产电子图书、向数字图书馆批量销售。在他们的努力下，到 2007 年 6 月，中国的电子图书已经达到 30 万种。其中北大方正一家占到电子图书市场的 1/3。但目前他们已经不满足于仅仅局限在这块电子书市场上，已经开始实现战略转型，由单纯的技术服务商向内容提供商转变。如中文在线于 2006 年推出 17K 网，发表原创作品，网罗原创写手；书生开发数字出版平台，成立"书生读吧"；起点中文网站内有 10 万本原创小说，超过 8 万名原创作者，800 万个注册用户，这类原创网站对出版社的冲击是非常巨大的。而与此同时，百度、谷歌、新浪、搜狐、网易、盛大、TOM、腾讯、九成等网站或搜索引擎开始涉足互联网出版业务，这些网站的市值超过了全国出版社的总资产，他们将利用雄厚的资本与传统出版社逐鹿数字出版市场。与此同时，中国移动、中国联通等通信产业巨头，也与内容提供商共同涉足手机出版。如诺基亚与外研社合作，开通英语播客、行学一族。方正阿帕比与康佳手机达成协议，将康佳手机作为移动阅读器。中文在线与中国移动合作，为其移动书屋提供正版的 eBOOK。由于技术运营参与内容提供，内容提供商又参与服务定位，有人疾呼"泛出版时代"已经到来。广播、电视、书、报、刊、通信、网络等的角色界限越来越模糊。随着数字出版市场的整合，业务、产品界限的相互渗透，产生了新的竞技市场。大众传媒的去中心化和数字时代读者、作者的平等参与，传统出版业的受众群自然会被稀释，出现相对萎缩的状况。

二

实际上，中国的出版业并不是没有认识到数字出版发展的必然性。2000年8月31日，辽宁出版集团就与美国秦通公司联手，推出第一代中文电子图书，成为中国最早涉足电子图书出版业的出版集团。辽宁出版集团推出的阅读器，人称"掌上书房"，读者通过付费可直接下载电子图书。上海世纪出版集团与上海新汇光盘（集团）有限公司和上海联和投资有限公司三方投资组建"易文网"，开展信息服务、互联网出版与电子商务等功能。国内的不少大出版社已逐步介入数字出版领域。高等教育出版社、北京大学出版社、电子工业出版社、清华大学出版社、复旦大学出版社、人民邮电出版社、人民教育出版社、中国电力出版社、中国建筑工业出版社、北京航空航天大学出版社等已先后涉足数字出版。一些中小型出版社则通过提供内容资源，与北大方正等技术运营商合作开发电子图书。但是，无论是资金雄厚、捷足先登的出版集团，还是出版社，在数字出版上还很少能形成自己的赢利模式、投入与产出至今仍没有实现平衡。

数字出版是未来出版的发展方向，有人曾断言随着科技的发展，不久的将来数字产品将会取代现有的纸媒体，当然，这是一家之言。由于阅读习惯的原因，传统的纸介质出版会伴随数字出版很长一段路程，但此消彼长的局面已不可改变。适者生存，这是自然界也是出版界的一条铁律，目前在出版社中，大多数从业人员已经达成了这种基本的共识。有出版界高层曾预言，"不数字化，必死亡"。但是，观念的转变并不能取代实际操作，也不能解决实际困难。据我观察，其障碍主要存在于如下几个方面：

一是缺少数字出版需要的资金、技术、设备与人才。目前，大多数传统的出版社主要依靠教材教辅产生利润，而目前教材利润因政策因素不断下降，同时，因民营参与，教辅的利润率也在不断减少，出版社已进入微利时代。如果仅仅依靠出版社通过自身的积累来投入数字出版，则无异于杯水车薪。同时，出版社缺少懂计算机和网络技术的专业科技人员，对数字出版与数字传输这种十分专业的现代高科技，即使引进专业人才，培养和适应也还需要相当长一段时间。

二是由于数字出版需要海量信息，对一家中小型出版社而言，现有图书信息量难以形成规模。因为中小型出版社一般员工百人左右，年出版新书百种左右，社龄平均不到三十年，按此推算，图书出版的种数大约在三至四千种左右，如果剔除一些内容陈旧过时的图书，所剩并不能满足数字出版所需的海量信息。何况很多图书的版权已经到期，与作者续签还要付出较为高昂的成本，这一点也让出版社望而却步。

三是虽说相当多的出版社都有专业分工，但专业特色并不明显，在细分市场上缺少领先地位和竞争力。产品的同质化现象比较严重，信息含量缺少唯一性，在搜索引擎这种巨大的检索功能下，一些缺少核心资源的出版社会被读者无情地淘汰。

四是中小型出版社熟悉传统图书的出版、销售，对数字出版这种全新的产业链缺少经验和必要的技术准备。大家往往还用对待传统图书的方式来处理数字出版，结果在销售与服务上不能与读者对接，互联网时代的优势得不到发挥。

五是在对待数字出版上，相当多的中小型出版社仍持观望态度。他们认为"狼来了"还只是一种可能，他们不去研究、认真思考数字出版将要对传统出版带来的影响。当然，这种观望态度在某种程度上与现有的体制以及人事制度有密切的关系。领导的工作年限、领导的科技知识、领导的事业心、领导的开拓精神，都会影响数字出版的进程。

三

　　由于中小型出版社进军数字出版并不一帆风顺，中国政府的高层主管部门，对数字出版的趋势、影响、前景，都给予了高度的重视。截至 2007 年，新闻出版总署已举办两届数字出版博览会及有关的年会，意在推动数字出版。新闻出版总署已经着手制订数字出版的规划，投入资金和人力，开发数字出版基础性的五大工程，如中华字库工程、国家数字复合出版系统、国家知识资源数据库出版工程、中华古籍全书数字化出版工程、数字版权保护技术研发工程等。但国家只是对基础性的项目投入资金开发，并不能代替出版社自身对数字出版产业的参与。对于中小型出版社而言，我认为应当从如下几个方面做好准备：

　　一是出版社在推进数字出版的过程中，必须提高认识，态度积极，制定规划，分步实施。首先，要做好数字出版的基础工作。出版社要明确机构，制定制度，指定专门人员负责数字出版工作。其次，要对现有的已经出版的拥有专有出版权的纸介质图书，进行数字化处理，保管好电子文档，积累数字出版的资源。与此同时，在与作者签订出版合同时，要注意签署网络出版、电子出版等的权益。如果出版社没有这方面的专业人才，要抓紧引进和培养，为数字出版奠定人才基础。出版社要防止在缺少必要的准备时盲目上马，但也不能有"等、靠、要"的思想。目前已经取得一些成就的出版社和运营商，都是精心运作多年才取得眼下的成绩的，如龙源期刊网，1997 年就开始筹备，经过十年努力，才具有了现在这种规模。

　　二是占据内容资源的制高点。尽管数字出版的载体与形式很多，但内容却是其根本。出版是以内容为基础的文化产业，无论技术运营商如何介入内容资源，与在这个领域努力多年的出版社而言，无论是作者资源还是编辑经验，都会相形见绌。但是，出版社拥有的内容资源，也必须是在某一领域具有核心竞争力的，具有特色的，而不是同质化的缺少专业水准的"大路货"。这方面，需要出版社在特色定位、掌握核心资源方面形成自己的优势。如 2007 年 5 月 11 日，汤姆森将汤姆森学习出版集团以 77.5 亿美元的价格出售，四天后，又以约 172.3 亿美元的价格买进路透，成立汤姆森—路透集团，使之成为全球最大的财经信息集团。汤姆森学习出版集团本来是汤姆森出版教育类出版物的专业集团，但汤姆森为了形成自己在信息提供商方面的专业地位，放弃了不具有绝对优势的学习出版集团。国内从事数字出版业务已经取得一些成就的商务印书馆，利用其在工具书出版方面的独特优势，开发"工具书在线"。社会科学文献出版社利用其拥有的年度产业报告，为专业读者提供信息服务。知识产权出版社通过自己掌握的专利信息，从销售图书、光盘转而为客户建立数据库，推广在线服务。目前，知识产权出版社 2006 年的数字出版收入已经占到全社收入的 50%，利润的 60%。实践证明，出版社的图书不在于内容广泛，而在于内容要精、要专、要新。在数字出版的时代，谁拥有具有竞争优势的内容，谁就有了话语权。各出版社在结合特色定位的同时，要进行立体开发，掌握内容资源的主导权，加强在数字出版产业链中的控制地位。

三是要从传统出版的产业链逐步过渡到数字出版的产业流程中。过去出版社出版图书，从选题的策划到图书上市，编、印、发、营销，要经过很多程序。但在互联网时代，出版的流程、销售的模式都与传统出版截然不同。出版社要从自身的信息化建设入手，实行管理数字化，进而实行内容数字化。如高等教育出版社通过建立内部的 ERP 系统，实现了出版各个流程的数字化管理，进而建立了内容的管理平台 CMS。这样，无论是向读者、客户销售条目式数据，还是为手机终端服务，都会减少额外的工作。与此同时，数字化时代的销售主要是个性化的读者服务，不能依靠过去纸介质图书印刷动辄万计而论。《长尾理论》的作者提出的新的"二八理论"，其先决条件就是建立在互联网技术与数字化的基础上的。对于中小出版社而言，只有重视内部信息化建设，才能为出版的全面数字化做好准备。

四是中小出版社在数字化之路上要有自己的发展战略，不能与大社争锋。数字出版的形式，是做光盘、电子图书、数据库，还是建立商务网站、在线阅读、网上销售，要量力而行，伺机而动。是一社单独做，还是联合其他专业社共同开发，是只提供内容资源，与技术运营商合作，还是自己既做内容，也涉足技术开发，都必须遵循客观实际规律。从实际情况来看，中小出版社可以制定一个循序渐进的发展战略，先打基础，实现内容数字化，然后与技术运营商合作，探讨数字出版的路径，与此同时，也可以考虑建立自己的商务网站，既做出版社的形象宣传与产品宣传，也可实现在线阅读，或者电子图书下载，或者做有偿的检索服务。在技术的开发上，要走专业化的道路，要注意通过技术外包实现技术上的突破，并通过技术合作培养人才，掌握主动。

五是对已经加入出版集团的中小型出版社而言，应当借助集团的力量搭建一个平台，统一规划开发数字出版的业务。在内容资源上，一个集团内会有多家出版社，目前阶段，这些出版社也有很多内容存在同质化或分散化现象，如果将内容资源加以整合，形成规模，则可以丰富信息量，增强竞争力。同时，在资金、人力的投入上，集团开发会比一个中小型的出版社自己单枪匹马要经济得多。在集团的框架内，各家出版社可以做一些个性化的内容，拓宽与消费者的接触面。

当然，数字出版的形态与载体随着科学技术的发展会不断地发生变化，中国出版业的数字化进程，将是一场漫长而曲折的破冰之旅。中小型出版社能否找到自己的生存之道，需要大家的不懈努力。

原载于《出版科学》2007年第5期

传统文学出版企业开展网络文学出版
业务路径探析

网络文学出版，就其字面意义上来说，包括两层意思。其一指网络文学作品以纸介质形态出版，其二是将网络文学作品通过数字化方式公之于众。目前在网络文学出版领域唱主角的主要有文学类网站、门户网站的文学频道和论坛等几种力量。传统出版企业虽已涉足网络文学出版，但主要形式是将网上点击率高的电子文本转化为纸介质出版。这种已经得到普遍认可的形式应当得到肯定，但还不能算是深度参与。本文将探讨传统出版企业如何挟传统出版的成熟模式与网络文学联姻，繁荣不同形态的文学出版，服务广大读者，做大文化产业。

一、转变观念——充分认识开展网络文学出版业务的必要性

网络文学是 20 世纪末期科学与艺术结合的产物。互联网的出现，使创作状态一改过去的挥笔疾书为临屏写作。这种颠覆性的写作方式一方面得到部分专家的肯定，认为网络文学是未来文学的发展方向，一方面则被认为文字粗疏、思想贫乏，缺少文学性，99% 是垃圾和糟粕。我以为，这两种观点都有些偏颇。

从文学史的角度来看，历史上任何一种新文学样式出现时，都曾不同程度地受到人们审美惯性的抵制。如戏曲创作在唐宋一度不为士大夫认可，演出者更被贬为下九流。小说是当今文学的中坚，作家成了人类灵魂的铸造者，但明清之际小说被称为"巷谈俚语"，其雏形就是说书人的鼓词。再如新时期之初先锋小说的出现，意识流、超现实主义，也一度被斥为异端邪说。网络文学诞生于数字化时代，以一种新的创作、生产和传播机制区别于原有文学样式。作为传统的文学出版企业，应当敏锐地拥抱文学新军，用自己成熟的出版模式嫁接网络文学的新枝，使之绽放出奇异的文学之花。

1. 网络文学佳作频现，引起各界注目

且不说来自宝岛台湾的《第一次的亲密接触》为网络文学鸣锣开道的恢宏气势和实体出版后的疯狂畅销，紧接其后，佳作频现。《悟空传》作为早期网络文学的代表，早已演化为网络文学史上绕不过去的经典。该作品凭借自身独特的语言方式，细腻深刻地描绘了孙悟空等人思想感情的变化，直指当下社会状况，针砭时弊，使人回味无穷。《最后一颗子弹留给我》思想脉络清晰、思维开阔，围绕着爱情、战友情、父子情展开，真实地记录了中国陆军特种兵成长的心路历程，在网络上被海外读者誉为"中国第一部真正具有国际意义的军旅小说"。《诛仙》是一部网络玄幻武侠小说，从思想内容到表现形式都十分吸引人。《明朝那些事儿》凭借生动的讲述将真实的历史以小说的形式娓娓道来，延续了来自中国台湾的柏杨先生开创的通俗历史写作之风……这些作品从语言、内容、情节和社会艺术价值上都足以媲美传统文学。甚至有学者大胆预言："十年之后，中国当代文学的主流很可能将是网络文学。"

正是这些优秀的作品逐步改变了传统文学界对网络文学的态度，让网络文学逐步走向文学的主流。2009年，网络作家阿耐所著作品《大江东去》成为第一部荣获中宣部"五个一工程"奖的网络小说。鲁迅文学院首开网络作家培训班。2010年，新修订的《鲁迅文学奖评奖条例》首次将网络作品纳入参选范围；同年，中国作协首次举办"网络文学研讨会"。新闻出版总署将网络文学纳入中国出版政府奖评选范围。三家网站的三部网络长篇小说获得中国作协重点作品扶持。2011年，新修订的《茅盾文学奖评奖条例》首次表示，将向持有互联网出版许可证的重点文学网站等征集参评作品；同年，7部作品参选第八届茅盾文学奖……既然传统文学的各类奖项都向网络

文学敞开大门，传统文学的出版怎么可以缺少网络文学的力量？

2. 网络文学作品有强烈的市场号召力

网络文学扎根民间，无论作者、传播方式还是读者受众都具有很强的民间性。网络的即时性和便捷性使作者从神坛上走下，没有准入门槛的写作瞬间进入千家万户。写什么和为什么写已经不需要写手冥思苦想，"我手写我心"展现了心灵的绝对自由。于是，网络文学作品以一种原生态的前所未有的鲜活面孔展现在读者面前。正因为如此，网络文学十分接"地气"，阅读市场十分庞大。根据中国互联网络信息中心的数据，到 2010 年 6 月底，我国网民对网络文学的使用率高达 44.8%。虽然 2012 年 12 月底，这一数据略降至 41.4%，但相对于 5.64 亿的网民基数，这一人群规模依然堪称庞大，较 2011 年底增加了 3077 万人。此外，2012 年底，手机网络文学的使用率也达到了 43.3%。可见，阅读网络文学作品已经成为近半数网民的选择。

网络文学的号召力远远不局限于网络。许多网络作品被改编为影视作品后掀起了收视狂潮，比如《小儿难养》《后宫甄嬛传》《裸婚时代》《步步惊心》《失恋 33 天》《山楂树之恋》等。网络文学业已成为各大影视公司掘金的一块宝地。数据显示，盛大文学 2011 年共售出版权作品 651 部，仅 2012 年 1 至 9 月份，盛大文学旗下的七家文学网站就售出 75 部小说的影视版权（含晋江文学城）。另有一些网络作品与传统出版社联姻后，变为超级畅销书，如《杜拉拉升职记》《藏地密码》《鬼吹灯》《斗破苍穹》等。一些传统出版企业也将网络文学视为新的出版方向，许多在网络上表现优异、点击率较高的作品都会受到多家传统出版社的哄抢。

3. 传统文学出版企业急需新的发展空间

网络文学发展得如火如荼之际，正是传统文学逐步走向式微的当口。"纯文学"曾经是传统文学出版企业的骄傲，而今已经演变为一声叹息。除了几位有市场影响力的知名作家，其他作者的文学作品因为市场原因想要得到出版都很困难。文学出版企业最重要的社会责任就是向广大读者传递优秀的文学作品，进而保证一个民族的文学传承。当社会效益和经济效益不可避免地屡次发生冲突的时候，变革、寻求新的发展空间，将是传统文学出版企业走出困境的必然选择。

"从本质上看，'网络文学'仍然是用汉字（其中夹带的符号都有汉字的对应含义）抒情和叙事，仍然是通过阅读提供给读者审美愉悦，这说明它仍然沿袭了'传统文学'的基本功能，只是在传播方式与写作形式上有所变化。"有的学者进而认为，不关注网络文学就是不关注文学的未来。因此，传统文学出版企业与其一味跟风追求自身并不熟悉的令人眼花缭乱的各领域的畅销书，不如发挥自身文学出版的优势，与网络文学"亲密接触"，依托网络文学庞大的读者群找到新的发展空间，也为文学的传承托举出新的天地。

二、深入了解——理解传统文学出版与网络文学出版的异同

对于传统文学出版企业及其从业人员来说，网络文学出版业务是一个相对比较陌生的领域，要想涉足该领域首先必须深入了解，并且与自身已经熟稔的业务相比较，找出其中的相同与不同之处，做到知己知彼，优劣互现，以整合各类优势资源，实现可持续地健康发展。总体而言，从出版的角度来看，二者主要有以下几个方面的异同。

1. 不同之一：书稿价值的评判主体不同

传统文学出版领域对书稿价值的判断主要由一个或者少数几个编辑完成，书稿能否得到出版完全取决于编辑个人的审美能力和审美取向，这难免会错失一些优秀的作品。在传统文学领域一些较为优秀的作品，比如《尘埃落定》《狼图腾》等都曾经因为不被某些编辑看好而险失出版的机会。相反，也有许多作品受到编辑青睐，得到出版企业的极大投入，最后却败走麦城。只要编辑主导评判书稿价值的传统文学出版体制不变，这种情况就始终无法避免。

网络文学出版从一开始就直接面向读者，读者的点击率决定一部作品生命的长度和宽度。这其中虽然也需要编辑把关，但相对传统出版，这个环节更加宽松和人性化。这一方面是由于网络文学作品海量，读者基数也很庞大，需求呈现多样化。另一方面，则归因于网络文学出版的成本很低，即便编辑决策失误，在经济上也不会造成什么损失。哪怕是不知名的作者，只要作品的情节好，点击率就会节节攀升。反之，即便是知名作者，如果作品欠佳，也可能等不到连载完成就夭折了。因此，读者才是网络作品最初也是最终的价值评判者。

221

2. 不同之二：内容的把关和加工机制不同

传统文学出版最让读者信任的就是内容，这得益于三审三校的优秀机制的贯彻执行。三审制严格地保证了作品的思想价值和艺术价值，内容上经过了精细的审查和选择，三校则为厘清作品的文字错误等提供保障。

网络文学出版在内容上的审核则比较随意。编辑面对不断涌现的海量来稿根本无法做到精挑细选，只能通过快速浏览、关键字审查等方式，保证作品基本合法合理。网络读者对作品的更新速度要求很高，一天上万字左右的规模和一日两更甚至三更的频率导致编辑根本无法对文字做更多的打磨就必须使之面对读者。这些都影响了网络文学的整体水平。

3. 不同之三：宣传营销的方式方法不同

随着畅销书时代的来临与发展成熟，传统文学出版也进入了全方位的整体营销阶段。时间选择上，营销活动往往在选题策划之初就已经开始了，并且贯穿出版过程的始终。宣传方式上，则广泛利用人员推销、平面媒体、影视媒体、网络媒体等多种手段。许多传统文学出版企业都设有专门的营销部门，负责出版产品的营销宣传。据美国出版商协会统计，美国出版社的宣传推销费用超过利润，为编辑费的两倍多，高达定价的 5%。按照这个比例，我国出版社的营销投入还将逐步加大。

网络文学出版的营销宣传采取首页各类推荐、点击排行榜、作品精选、置顶、加精、飘红、预告等简单的方式，一般不需要支付额外的宣传营销费用。而一部作品是否能够脱颖而出，更多取决于基于点击率的读者的自发宣传，出版方的营销活动在其中并不占据主导地位。

除此三项以外，传统文学出版和网络文学出版在题材选择、表现形式、具体出版流程、出版周期等方面也不尽相同。除却这些区别，这两种文学出版业务也有许多相同的地方，最主要的有以下两点：

1. 相同之一：提供具有一定思想价值的文学作品

无论是传统文学出版还是网络文学出版，核心的价值就在于为读者提供具有思想价值的文学作品，做优秀文学作品内容的提供者。二者在追求思想价值、社会价值和文化价值上是统一的。传统作家邱华栋认为："网络文学表达的内容，其实全部都是'传统文学'一向所表达的内容……只是多了一个传播渠道，这个渠道相对新而已，并不会因为渠道新了，文学也新了。"网络作家李寻欢则认为，网络解决了文学之于民众的"通道壁垒"问题。可见，网络文学与传统文学之间并非壁垒森严，二者的出版业务都旨在通过不同的传播渠道为读者提供具有一定思想内容的文学作品。这些作品的价值都需要通过读者的阅读来实现。因此，两种出版方式在应对诸如影视、游戏、棋牌等五花八门的娱乐业态上有共同的利益诉求。

2. 相同之二：走产业化道路，追求一定的经济利益

文化产业大背景下，传统文学出版企业和网络文学出版单位都必须走市场化道路才能获得生存和发展的机会。传统文学出版企业包括国有出版社和各类名目的民营文学图书出版力量。其中出版社从 20 世纪末期就开始经历一系列改革，最终从事业单位变成市场化的企业，在图书市场中开始积极寻求经济效益。民营文学图书出版力量一开始就有浓厚的市场经济烙印，完全依赖市场生存，具备较高的市场敏锐度。各类网络文学出版单位从诞生开始就没有任何行政保证和经济保障，从出版的作品到运作的方式都直接面向读者和市场。在向市场要效益的过程中，这些出版企业积累了一些共同的经验和教训，也形成了一套适合自己的行之有效的运作机制。

三、适时调整——尊重网络文学出版规律

实际出版过程中，并不是所有的网络文学出版单位都能生存下来并且获得很好发展。在网络文学十几年的发展过程中，每年都有许多文学类网站倒闭。传统文学出版企业进军网络文学出版这一块相对陌生的业务也同样具有极大的风险。要规避这些风险，最关键的是要尊重网络文学的出版规律，对已经形成固有模式的一些传统出版环节作出相应调整。

1. 选题上充分关注类型文学

"网络文学最大的特点是类型化，在这一意义上，网络类型文学承接了'五四'新文化运动前的传统，重新回到日常生活的文学，可以说是一个新的开端。"因此，对于网络文学类型的划分深深地植根于人们对新时期文学的需求之中，是人们某种审美取向和情感需求相结合的结果。这就要求传统文学出版企业在对网络

文学稿件进行选题取舍的时候要充分尊重网络文学类型化的特点，不要按照传统文学的遴选标准来要求网络文学。否则不仅会掩盖优秀网络文学作品的光芒，也会让自身的业务举步维艰。目前仅就网络小说这一块来说，就分为玄幻奇幻类、架空历史类、穿越类、武侠仙侠类、都市言情类、灵异惊悚类、军事类、游戏类、竞技类和科幻类等。这些大类下面还可以细分出若干小类。

对于准备运作网络文学业务的编辑人员，要做到先看书再做书。先把最好的网络文学作品都看一遍，自然就能对选题内容有比较准确的把握，能够理性而清晰地梳理出网络文学的发展脉络，对类型文学这种相对较新的文学分类范式了然于心，从而感性地理解优秀网络文学作品的选题特点。

2. 作品价值判断上以读者为中心

网络文学的传播，无论从传播主体、受众还是方式上都全面地体现了文学的民间性，编辑在此不再是专断的作品价值评判人，而更加倾向于默默无闻的中间人角色。只要网络文学作品的内容不触犯法律法规，有一定的艺术审美价值，都可以得到出版的机会。网络作品的投稿，特别是长篇的网络小说，都具有非常明显的边出版边创作的特征，作者一般只完成了几万字和一个整体的提纲，因此，编辑一开始无法预知一部作品的整体价值，接下来则通过点击率了解读者对作品价值的判断，以确定一部作品是否能够得到完整的出版机会。

同时，价值判断还可以充分利用网络互动性的特点，通过与读者的即时交流了解读者的价值取向和对作品的价值判断，进一步影响到作者，让作者在接下来的写作中作出适当的调整。

3. 调整出版的节奏和规模

"据不完全统计，全世界中文文学网站总数在 4000 个以上，而国内汉语原创文学网站也已超过 1500 家。一个文学网站一天收录的各类原创作品可达数百乃至数千篇。如目前最大的中文网络原创文学网站'起点中文网'，就存有原创作品 20 余万部，日新增 3000 余万字，总字数超过 120 亿。"这是 2009 年以前的数据，对于传统文学出版来说，已经相当惊人。网络文学出版的节奏和规模是传统出版望尘莫及的，而这又是在读者对网络文学的期盼和要求下逐步发展起来的。传统文学出版企业开展网络文学出版业务就必须适应这种节奏和规模，否则无法在这一领域占有一席之地。这就需要编辑在审稿和加工的过程中，在保证质量的前提下，与网络文学编辑充分交流，探索出适宜的审校方式。

4. 建立优质的网络出版平台

传统文学出版企业必须建立起自己的网站才能自如地开展网络文学出版业务。这类网站不同于已有的介绍宣传性质的网站，而是网络原创文学的出版平台。早期的起点中文网能够脱颖而出，最初的框架设计者藏剑江南功不可没。他以领先对手一小步的技术让起点中文网站在了更高的起点。在技术日益成熟的背景下，网站更需要强大的技术支持和一群技艺精良的运营者才能保证文学作品的顺利出版，吸引并留住读者。VIP制度是组建网络出版平台必须考虑的，有利于了解作者和读者的基本情况和提高他们的忠诚度。同时，网络出版平台的人性化设计也是衡量其质量的重要标准。

不过，对于单个出版企业来说，从人力物力上都很难让自身的出版平台持续造成较大影响，进而成为网络文学出版格局中的一极。所以，一些有志于进军网络文学出版业务的传统企业可以联合起来，形成一股合力，或者将各自的网站整合，或者共同打造一个新的网站，甚至建立类似于苹果公司或者淘宝网的经营模式，由出版社提供内容、自主维护，按比例分账。

5. 确立起适合自身的盈利模式

网络文学可以是自发的，但是网络文学出版要得到长远发展必须是自觉的。因为出版是一项经济活动，必须靠理性的价值实现才能立足和发展。所以，传统文学出版企业进军网络文学出版业务从一开始就必须探索出一条适合自身的盈利模式，而不是公益性质的宣传和完全免费的阅读。

网络文学出版的盈利模式有起点中文网、幻剑书盟、新浪读书等网站实施的按字数收费模式，也有龙的天空奉行的以低价大量买入网络流传较广作品的出版权，再以较高价格卖给书商的类似出版经纪人的方式，还有让读者免费阅读，收取广告费的方式等。这些方式无所谓孰优孰劣，但以第一种方式最为流行。

四、坚守优势——注入传统文学出版的优良基因

传统文学出版单位想顺利进军网络文学出版业务，如果仅遵循其规律，而无视自身的独特优势，是很难在这一领域独树一帜的。所以，必须要为网络文学出版业务注入传统文学出版的优良基因，这才是传统文学出版单位进军网络文学出版业务的核心竞争力所在。

1. 坚持三审三校制度，把好内容关和文字关

网络文学饱受争议，根源于其在线出版的原创作品在思想内容和文字质量上都乏善可陈，这两点恰恰是传统文学出版企业长期积累下来的保证出版物质量的法宝。高度有效执行的三审三校制度，可以为传统文学出版所用，也能提高网络文学出版的整体质量。如长江文艺出版社出版的网络文学作品《大江东去》，编辑对作者发表在网上的作品在情节上、文字上，进行了大量的加工。如果说没有出版社责任编辑的把关，这本书不可能入选中宣部"五个一工程"。目前在市场上十分流行的《斗破苍穹》，责任编辑也对网络上下载的作品进行了大量的加工，使之在情节上更合理，语言上符合青少年阅读的习惯。虽然网络文学出版自身对出版的节奏和规模有较高要求，但如果没有高质量的文学作品，始终停留在业余写手"码字"的水平上，网络文学的发展就会在短暂的喧嚣后出现沉寂。当然，既要强调速度又要保证质量对传统文学出版企业的确是一个很大的考验，这就促使他们必须创造出更多新型的审校方式，比如加强外审外校的力量、发展部分网站 VIP 读者加入审校队伍、加大校对软件的使用、与作者签订文字质量保证协议等。

2. 将传统出版的营销方式引入网络文学出版领域

传统文学出版单位在长期的出版过程中屡次见证了营销力量的神奇，也创立了自己的营销模式。传统文学作品在面世之前就通过各类营销渠道和营销方式进入人们的视野，极大地促进了图书的销售。这些渠道和模式也可以选择性地为尚处于营销初级阶段的网络文学出版业务所用。当前许多优秀的网络文学作品，如果不是通过实体出版、影视改编等方式，根本难以为不习惯网络阅读的大众所知。而一旦出名，点击率将激增。这一方面得益于多媒体时代全产

业链运作的功效，一方面也反映出网络文学出版在营销环节上的薄弱。传统文学出版广泛利用各类媒体宣传，而网络文学出版宣传仅仅立足于网络，并且多局限于网站本身。成本是一个问题，但不是唯一的，还有营销观念、渠道和方式的建立问题。传统文学出版企业已有的一些营销资源渗透到网络文学出版将会带动其进入新的快速发展阶段。

3. 利用传统作者资源，壮大网络文学出版的创作力量

不少网络文学作者在积攒了一定的人气后转而投靠传统文学出版。网络文学出版向传统作家抛出橄榄枝的历史同样由来已久。成立于1999年的博库网站，曾以与王朔、陈村等传统作家签约为契机，大肆网罗国内几乎所有的知名作家学者。可惜此举生不逢时，由于当时上网速度、上网人数、支付条件的限制，最后以失败告终。此后，传统作家和网络文学出版甚少接触。2008年，起点中文网举办了"全国30省市作协主席起点写作大赛"，虽然赚足眼球，但没有让网络出版深入传统文学作者的内心。可见，网络文学出版非常重视传统作者资源。在这方面，传统的文学出版企业有毋庸置疑的优势，一是出版社可以发挥现有作者群的作用开展网络文学出版，如在出版纸介质图书的同时或者稍后以电子书的形式，以网络出版的形式推出他们的数字产品。二是对于自由来稿的作者的作品，如果暂时达不到用纸介质出版的水平，可以指导他们修改，先通过网络文学平台出版，听取读者反应，提高作者的写作能力。相对于现有的一些网络文学出版力量，传统作家对传统文学出版企业更加了解、熟悉，也更容易建立起互相信任、比较稳固的合作关系。传统文学出版企业开展网络文学出版业务可以有效地利用这一优势，吸引更多的作家参与到网络文学创作与出版中来，打造出一支优秀的出版创作队伍。

参考文献

①邵燕君.面对网络文学：学院派的态度和方法 [J].南方文坛，2011（6）：42.

②马季.网络文学透视与备忘 [M] 北京：中国社会科学出版社，2010：49-50.

③马季.数字化阅读中的网络文学 [N].光明日报，2011-01-25.

④欧阳友权.网络文学：前行路上三道坎 [J].南方文坛，2009（3）：41-43.

227

原载于《出版发行研究》2013年第3期，系与芦姗姗博士合写

从三个维度看融合出版

    传统出版和新兴出版的融合发展，自 2015 年国家新闻出版广电总局和财政部出台《关于推动传统出版和新兴出版融合发展的指导意见》以来，成了一个高频的热词。不少出版单位寻找融合发展之路，在内容、技术、平台、人才、服务模式上进行探索，加大融合型人才的培养，试水融合出版，在一些具体项目上取得了初步的成功。如吉林科学技术出版社出版的《勇敢孩子的恐龙公园》一书，使用跟踪系统即时定位读者的位置，读者通过手柄的操作，与虚拟现实技术（VR）眼镜中的恐龙进行互动，与传统图书比较，体验感和娱乐性大为增强。另外，一些新兴的数字出版企业，携带自身的创新基因和人才优势快速抢占融合出版先机，在知识服务和知识产权（IP）开发上取得了丰硕的成果。如阅文集团、中文在线、同方知网、龙源等，借助多年的积累抢占融合出版高地。但是，无论是传统出版单位还是新兴出版单位，在融合出版的概念、路径、方法上都还存在一些需要探讨和解决的问题，我试从三个维度来说明融合出版的现状及其关系。

第一个维度：大与小

    根据相关统计报告，2017 年全国图书零售市场总规模为 803.2 亿元，纸质书市场包括民营书业在内整体规模约 1800 亿元。但数字出版收入，据中国新闻出版研究院发布的《2017—2018 中国数字出版产业年度报告》称，2017 年国内数字出版产业整体收入规模 7071.93 亿元。其中：互联网期刊收入达 20.1 亿元，电子书达 54 亿元，数字报纸（不含手机报）达 8.6 亿元，博客类应用达 77.13 亿元，在线音乐达 85 亿元，网络动漫达 178.9 亿元，移动出版（移动阅读、移动音乐、移动游戏等）达 1796.3 亿元，网络游戏达 884.9 亿元，在线教育达 1010 亿元，互联网广告达 2957 亿元。乍一看这些数字，数字出版发展迅猛，传统出版与数字出版比较，传统出版的销售额不到数字出版销售额的七分之一。所以，社会上不时有人发出传统出版将于某某年消亡的预测。这种"狼来了"的呼声加大了人们的焦虑。但是，如果我们认真分析一下官方发布的数字出版的数据，会发现其在分类上尚待商榷。

第一个问题是，数字出版统计中的很多项目是否应当被看作是传统意义上的出版。出版这个概念，虽然国内外出版界在表述上有一定的差异，但对出版的本质和基本概念的认识却比较接近，其中包括四个要素：①有反映人类文化知识和思想、情感的作品。②进行一定的编创工作。③运用复制技术，将作品记录在一定的载体之上。④通过发行或者其他办法进行传播。数字出版中的网络游戏只有娱乐功能，广告只有商品推广作用，显然并不含有一定的思想文化内容，将其计入出版有些勉强。何况，在传统出版统计中也未将游戏和广告列入出版范畴，现在将其列入数字出版中并作为统计对象，两者明显有出入。另外，从目前数字出版的统计数据来看，互联网广告与游戏在数字出版统计中占了一半以上的份额。如果现在再用数字出版的 7071.93 亿元与国有出版传媒企业传统出版的 803.2 亿元收入来比较，从规模上看一个大一个小，差距很大，统计明显不够科学。因此，无论从广义还是从狭义的角度上，我们不能将凡是在流程中使用了二进制技术的传播过程都称为"出版"，以此泛化出版的内涵，进而消解出版的功能与作用。

第二个问题是，融合出版从统计学的角度如何计算，是将其归于传统出版还是归于数字出版，抑或将其重新划为一个类别。这个问题看起来仿佛是个伪命题，但实际上确实存在概念不清、内涵与外延容易混淆的倾向。融合出版指的是传统出版与新兴出版在产品、平台、服务上的融合，但落实在具体产品上，其既具有传统出版的属性又具有数字出版的属性。如《三联生活周刊》围绕自身期刊的品牌特色，打造知识付费产品《中读》，以碎片化时代的深度阅读赢得读者，获得良好的市场反响。他们通过在刊物上印刷二维码，构建作者通向知识付费的"虫洞"。从目前看，《中读》这个项目十分成功，但这种收益我们将其归之于融合出版还是数字出版？如人民文学出版社的《朗读者》一书，用增强现实技术（AR）将中央电视台同名节目嫁接到图书上。该书除了文字，还有将近 1000 分钟的视频片段供读者欣赏，实现了文本与节目视频的有机融合。自 2017 年 8 月出版以来，纸书销量已超过 150 万册。这些融合出版的成功范例均涉及一个归类问题，是将纸质出版物的销售与知识服务相加还是分开统计？纸质出版物的 IP 开发是计入融合出版还是数字出版？既然是融合，在实际操作中，无法像统计传统出版和数字出版那样将其归入某一类。虽然数字统计对出版发展本身影响不大，但评估一个行业的发展速度，往往又习惯于用数字来说话，所以，随着融合出版的项目增多、规模日渐扩大，有关统计部门要考虑这个在新技术条件下出版的新现象。如果在统计上确实无法区分，我们是否只统计一个出版单位的销售收入，或者不要发布类似的"传统出版"与"数字出版"的收入数据。大约为了解决这个矛盾，新闻出版署出版融合发展重点实验室武汉理工数字传播工程有限公司将这种兼有传统出版与数字出版功能的项目称之为"现代纸书"，将后台延伸的收入都计入图书，从出版统计的角度来看也不失为一种方法。

第二个维度：冷与热

融合出版是顺应互联网时代传播出现的移动化、视频化、互动化趋势，综合运用多媒体表现形式，生产满足用户多样化、个性化需求和多终端传播的出版手段，在编辑、印刷、发行诸环节同步进行的一场技术革命。但由于体制、机制及人才、运作经验等诸多因素的制约，加上融合出版在一定时期内投入大、收益并不明显等因素影响，因此出现了传统出版单位"冷"、新兴出版单位"热"的局面。

传统出版单位"冷"主要体现在三个方面：一是从数据上看。2017 年，互联网期刊、电子图书、数字报纸的总收入为 82.7 亿元，与 2016 年相比增长 5.35%，低于 2016 年 5.44% 的增长幅度，在数字出版总收入中占比为 1.17%，较 2016 年的 1.54% 和 2015 年的 1.77% 来说，继续处于下降阶段。二是从已经上线的产品看，能够盈利的融媒体出版物不多，很多传统出版单位的融合出版项目还是处于投入阶段。三是从数量上看，据第八届中国数字出版博览会发布的《全国数字出版转型示范动态评估报告》显示，传统出版单位除了中国科学出版集团、建筑工业出版集团、人民卫生出版社等几家外，走在融合出版前列的多是新兴出版单位，如中文在线、阅文集团、掌阅、咪咕阅读等。

传统出版单位"冷"有其客观原因，一是体制。传统出版单位多是国有企业，虽然在理论上鼓励国有企业创新发展，但对于具有一定风险的新兴出版产业，国有企业的决策机制不允许冒太大的风险，特别是不允许出现大的失败。国有企业的文化氛围偏向稳妥与保守，对于目前还看不到明显收益的项目，往往无人愿意承担亏损的责任。二是机制。国有企业的人才队伍建设缺少激励手段，特别是股权激励，如果要引进成熟的专业人才，现有的分配制度明显缺少吸引力。同时在人事制度上"劣币驱逐良币"的现象依然存在：有能力的跳槽走了，安于稳妥的留了下来。三是从现实考虑。国有企业的考核，除了社会效益指标外还有很多经济指标。如果一个企业在融合出版上投入人力物力财力较多，短期又不能产生效益，对当年效益目标责任制的考核不利，会影响到整个企业的员工收入。

新兴出版单位"热"主要体现在三个方面：一是产品形态不断创新，企业规模不断壮大。如中文在线数字出版集团，从电子书起步，从服务教育开始，拓展到原创网络文学；从互联网阅读拓展到移动互联网阅读；从单个产品形态拓展到全媒体出版；从国内发展到国外。二是不断运用资本的力量发展壮大。如阅文集团从网络文学阅读到IP系列开发，从阅读拓展到知识服务，形成一个全方位的数字出版产业链并通过在香港上市，用资本推动融合出版。三是新兴出版企业多是技术驱动型企业，本身具有创新的基因，而且他们很早就以市场为导向，产品创新速度快，因此对处于风口的融合出版捷足先登。如喜马拉雅音频分享平台，总用户规模突破4.7亿，2013年3月手机客户端上线，经过两年多时间，手机用户规模已突破2亿，成为国内发展最快、规模最大的在线移动音频分享平台。

融合出版大潮中还有一个重要的现象——大型传统出版单位行动迟缓，各地诞生的星罗棋布的小型工作室转型快。目前由于有中央和地方财政资金的支持，一些传统出版单位分别上马了一些融合出版的项目。但这些项目多是单个产品，与传统出版项目比较而言，无论是数量还是规模比例都很小。同时，传统出版单位大多数还处于观望阶段，寄希望于政府资金支持，否则没有扩大

231

融合出版的计划。而一些小型新兴出版单位从一开始就从最受欢迎的微信公众号、移动智能端的第三方应用程序（APP）入手，迅速切入知识服务领域，其中如"罗辑思维"旗下的微信公众订阅号、知识类脱口秀视频节目:《罗辑思维》、知识服务 APP: 得到 APP。"得到"微信公众号于 2016 年 5 月上线，目前已有超过 700 万用户使用。除了知识付费项目，还在经营自己的微店。2015 年10 月完成 B 轮融资，估值 13.2 亿元人民币。

第三个维度：浅与深

融合出版的方式之一，是通过二维码扫描进入微信公众号或者 APP，通过音频视频进行知识传播。有人认为 2016 年是中国的知识付费元年。根据艾瑞咨询发布的《2018 年中国在线知识付费市场研究报告》显示，2017 年中国知识付费产业规模约 49 亿元，预计 2020 年将达到 235 亿元。目前主流的知识付费产品形态有五种，即问答、听书、专栏 / 课程、社群和咨询。其内容可分为三大类型：一是资讯类，如新闻获取与信息咨询等；二是经验类，如职场经验、沟通技巧、理财方案等；三是认知类，如通识学科和知识点讲解、专栏等。截至 2018 年 6 月，知乎已提供 15000 个知识服务产品，生产者达到 5000 名，知乎付费用户人次达到 600 万，每天有超过 100 万人次使用知乎大学。

以音频视频为主的知识付费服务方式，在给人们工作学习带来便利的同时，也面临使人丧失"思考能力"的质疑。各种读书栏目都打出"帮你读书"的旗号，"为你"提供"精华版"、"帮你"提炼"要义"。有人也因此陶醉于这种"听书"的方式，沉浸于自己一年读了上百本书的喜悦之中。其实，从人类知识积累的规律来看，听书，只能是获取知识的一种方式，从阅读的心理学来分析，听书还只能算是一种"浅阅读"，必须与其他方式结合才能形成知识链，形成知识体系。正如学生在学校学习，要通过"听说读写"四个步骤才能巩固所学知识一样，老师要通过一定的教学技巧才能让学生深刻领会，而不能仅靠"填鸭式"教学完成知识传授过程。美国爱荷华大学一项发表在公共科学图书馆的杂志（PLOS ONE）上的研究发现，人们对听到事物的记忆并不牢固，人更能记住看到的或者感觉到的事物，而阅读才是调动各种器官深入学习的方法。因此，虽然知识付费是融合出版的一片蓝海，但随着付费者的理性回归，知识付费市场将面临一场大的调整。

总之，我提出上述问题，希望我们在开展融合出版中共同厘清思路，寻找方向，拓宽路径，同时，通过讨论寻找最大公约数，有助于编辑出版学学科建设和统计权威性。

原载于《中国出版》2019 年第 1 期

传统出版单位的融合出版之道

图书、报纸、期刊作为我国传统新闻出版单位的主营业务，一直颇受重视。近年来，随着计算机技术、信息技术与互联网技术的快速发展、新媒体不断涌现，"数字原住民"数量持续增加，传统出版单位意识到转型升级、融合发展的重要性与迫切性。进入 21 世纪以来，各出版单位在继续做好传统出版的前提下，加快实施数字出版业务，加快实施传统出版与数字出版的融合出版，并取得一定成效，但与其他新业态相比，增长仍然缓慢，发展中也面临诸多瓶颈，如体量仍然偏小、产品和业态不够丰富、资本运营能力有待提升等。如何从观念上和人才队伍上提高融合出版水平，如何在内容和技术上实现真正的融合，成为融合出版实践中必须克服的障碍。我以为，需从以下几个方面来着手推进。

一、融合出版的关键在于培养互联网思维

长期以来，关于数字出版，出版企业之间的工作人员见了面，会问对方："你们做数字产品了吗？""做了一点，你们呢？""我们也是。""做了一点"折射的是制约传统出版企业下决心向数字化方向转型的"鸡肋感"——食

之无味，弃之可惜。投入资金进行数字化建设不一定收得到成效，放弃它又意味着跟互联网时代脱节。这导致多数出版社进行的数字化转型，或是出于响应行政管理号召的需要，或仅仅是"尝鲜"，保持追随行业发展趋势不至于落伍而已，真正进行彻底的、结构性的融合创新的企业较为鲜见。

出现这种现象，其深层次的原因，还是对数字时代将会给人类社会生活带来的变化，特别是对传统出版带来的变化估计不够，认识不足。对于数字技术的迭代发展将会出现的新业态、新文明缺少研究。或者说，尽管出版社积极引入新兴技术，建立线上平台，打造数字资源库，丰富内容形式，但对技术的应用始终处于初级阶段。平台、技术与出版社原有经营业务不能对接，不能拓展新的盈利渠道，这样的融合出版只能算是开了个头。究其根本，主要是缺少互联网思维。互联网技术的应用与互联网思维的培养是出版融合发展中面临的最突出的问题。

互联网思维包含两层意思：一是对数字化时代的认识，是否具有思维的前瞻性、行动的紧迫性；二是在融合出版的实践中是否秉承一种用户至上的理念。在某种程度上，互联网思维是一种科学思维，客体与本体，在互联网中界限被模糊。互联网＋不仅代表了一种新的经济增长形态，其实还代表了一种全新的开放、共赢的思维理念。要将这种业态和思维理念彻底注入行业发展的血液中并非易事。传统出版所代表的，是一种立足于自我的、单向性的内容生产，受众的地位被弱化，或者说，读者的反应是延迟和滞后的，编辑对读者的评价可以忽略不计。在传统的编辑思维中，更擅长与关心的是"内容"，而不是承载这种内容的产品以及消费这些内容的读者。出版融合时代，已从内容为王的时代升级为"好产品"战胜"坏产品"的时代；从单向传播的时代升级为"交互"主导的时代；从"用户被动接受信息"升级至"为用户赋能"的时代。或者说，从编辑主体的单向信息传输变成了双向信息传输，产品的创造从单纯的"我"变成了与用户共同创造价值。因此，传统出版的理念与思维已经远远跟不上互联网快车的飞速发展。

二、做好顶层设计

在当前形势下，传统出版单位的融合出版如何推进，在某种程度上取决于领导的决心与信心，取决于领导对于转型发展的态度，取决于出版社是否有

235

一种开拓进取、不断创新的企业文化，只有解决了上述问题，才能谈得上顶层设计。

所谓顶层设计，指的是一个单位对融合出版的路径及实施策略的总体安排，它包括战略方向、具体目标、实施步骤、风险评估，也包括机构设置、人员配备及人员待遇、设备购置、资金投入、启动时间。

（1）专门机构。传统出版单位推进融合出版，要有专门的机构负责执行本单位的融合发展规划，特别是对于具有一定规模的出版社而言，成立机构的重要性不言而喻。如果是小型出版社，也要有专人负责。传统出版机构的设置，是按照传统出版物的生产流程而设置的，与数字出版的新型业态完全不匹配。如果放在传统出版单位的某一个部门来实施，势必顾此失彼，融合出版流于形式。

（2）引进与培养专业人才。融合出版涉及计算机技术，因此必须引进计算机专业的毕业生。如果出版单位能够制定优惠政策，引进有数字出版经验的专业人才，无疑会缩短摸索的时间。

（3）投入必要的资金。融合出版如果要制作音频、视频，或者运用 VR/AR/MR 技术，都必须有设备和团队。而购置设备和软件，与第三方合作，都会需要部分资金，出版单位要留有这部分的预算。同时，国家和省级主管部门近年来都列支有一定的数字出版资助资金，出版单位要了解政策，提前做好项目立项申报工作，积极申请项目资助经费。

（4）制度保证。为保证融合出版顺利推进，出版单位一定要建立必要的管理制度。如有关部门的考核指标、有关人员的工资待遇，一定要将风险和时间成本考虑进去。为控制风险，调动从业人员的积极性，出版社也可以采取事业部制、模拟股份制、年薪制及技术入股的方法，将单位利益与个人利益捆绑在一起，激励从事融合出版的员工全身心投入。特别是吸引从事过融合出版的有经验的高端人才，此外，还需要在薪酬政策上体现出灵活性。

三、当下融合出版的路径与建议

（1）摸清家底，确定主攻方向和突破口。融合出版虽然是未来出版的主要方向，但目前并不是所有的图书都适合去做知识付费，AR/VR 技术并不是适合放在每一本书上。同时，也不是所有的作者都适合去与读者沟通。因此，出版社要对自己多年累积的作者资源、版权资源、读者资源进行梳理，找出当下最适合开展融合出版的项目。如人民文学出版社推出的融合出版项目《朗读者》一书，是根据央视同名栏目的内容编辑制作的。电视节目的视频通过运用AR技术放在文字的适当位置上，这让读者既能阅读到优美的文字，又能通过手机扫描印刷图片回到节目现场去感受当时热烈的气氛，再加上栏目主持人董卿的号召力，出版社用最小的成本，实现了最大的效益。在短短的8个月内该书销售达到150万册。

（2）以具体产品作为抓手，进行融合出版的探索，进而积累经验、培养人才、总结规律。目前，使用二维码这种成熟的"桥梁"技术，读者扫码后进入后台网站或者公众号，享受增值服务或有偿服务，是一种比较普遍的应用方式。

当然，对于不同的产品要使用不同的融合出版路径。如果是听书、讲座、问答、培训，使用音频技术，通过二维码，出版单位就可以与用户直接沟通，实现价值兑现。如果是少儿读物，为增加互动性，吸引孩子阅读使用，可以采用AR/MR技术。

（3）利用出版社独特的版权资源开展知识服务。国内有一些传统出版单位，过去属于中央部委，在行业内具有一定的垄断性和权威性。在职称考级、资格评审、标准制定上具有一定的话语权，如果将他们拥有的版权资源和人力资源通过知识付费的形式，与传统出版融合开发，将会获得比较好的边际收益。如中国建筑工业出版社通过书网互动，一是为每年报考注册建造师的230万人提供在线知识服务。这一服务在2018年上半年实现爆发式增长，获得2000万元的营收，累积用户过150万人次。二是将工程建设标准规范资源库升级为中国工程建设标准知识服务网，实现优质内容向在线知识服务的转化。三是以城乡住房建设智库为代表，打造"知识+"立体化服务。出版社真正实现了从图书生产商向知识服务商的转变。再如知识产权出版社，系国家知识产权局的下属出版单位，通过多年积累的知识产权信息以及人才的优势，建立了专利信息数据库，为不同的消费者提供知识产权专利信息技术服务，获得了良好的效益。

（4）与有关新兴出版公司、技术公司或出版融合实验室开展项目合作、资本合作的方式，进入融合出版的方阵。目前部分出版社由于缺乏人才和经验，开展融合出版不知从何入手，在此情况下，可以采取与新兴数字公司展开合作的方式，进入融合出版的领域。如原新闻出版总署在全国设立了20个融合出版实验室，联合产、学、研进行项目攻关，开发了一批有引领性的重点项目。目前国家融合出版重点实验室之一的武汉理工数传技术公司，已与全国200多家出版社和400家期刊展开合作，为传统出版单位提供技术服务、内容整合服务、培训服务、发行服务，为出版社量身定制融合出版的方案。如方正集团"方正书畅协同编纂与动态出版系统"采用云计算技术，基于XML结构化数据标准，为出版社和期刊社等出版单位构建基于互联网环境的一体化数字化生产平台。其中包括知识服务解决方案、协同编纂及动态出版解决方案、新媒体运营发布解决方案等。

（5）运用资本，通过兼并收购，高举高打，进入新兴产业。如果传统出版单位已经上市，或者资金雄厚，可以通过资本运用，迅速收购新兴出版公司，进入融合出版的主战场。如腾讯集团用50亿元人民币收购盛大集团旗下的起点中文、红袖添香等十几家网络文学网站，并成立阅文集团，开展网络原创及阅读服务，开发听书业务、IP业务，迅速成为国内最大的数字出版运营商。2017年阅文集团在香港上市，上市首日市值达到近千亿。如江西出版集团旗下的上市公司"中文传媒"用26.6亿元人民币收购专注于国际化的互联网综合平台企业——智明星通，迅速进入网络游戏产业。智明星通2018年6月挂牌新三板，其2017年的营收近40亿元，净利润7.25亿元。

原载于《出版参考》2019年第3期

融合出版产品开发中金融与出版相结合的
有益探索

　　传统出版必须与新兴出版走融合发展的道路，才能适应数字化时代科学技术不断迭代更新、读者获取知识方式不断变化的要求。但是，在融合发展的过程中，传统出版单位不仅面临着人才短缺、技术短缺的问题，更重要的是面临着资金短缺、转型预期效益不明朗的困境；一方面，很多出版社认识到转型是大势所趋，但如何转、向何处转存在困惑。另一方面，出版社因为要考虑当下的经济效益，融合出版不敢投入资金，在一定程度上制约了融合出版的进程。目前，国家新闻出版署出版融合发展（武汉）重点实验室、武汉理工数字传播工程有限公司除了为全国的出版界提供"现代纸书"融合出版系统平台之外，又联合武汉知识产权交易所，提供了数字版权衍生产品交易服务，将"互联网＋内容＋金融＋交易"结合起来，为出版单位的融合出版探索出了一条创新之路。武汉知识产权交易所自 2017 年在全国首次开展"出版融合"交易业务以来，截至 2019 年 4 月，共为 40 余家出版单位完成出版融合产品挂牌5950 项，成功为出版单位引入资本完成交易额 8608.2 万元，有力地支持了出版单位融合出版的开展，并为金融"加持"出版做了有益的尝试。本文以此为例，分析融合出版与金融服务整合的路径。

一、融合出版产品交易的运营体系

融合出版产品交易体系的主体包括转让方、受让方、运营机构、推荐机构和交易机构。转让方指数字衍生产品的提供者，包括出版社（含图书、音像、电子）、报社、期刊社等法人实体及其授权经营的控股子公司，也包括具有发行资质的民营出版公司。受让方指产品购买方，是指通过交易所购得出版融合产品的一方。受让方须具备出版融合产品投资资质，且是在国内合法注册登记的法人、社会团体或其他组织。受让方购买产品后，享有产品在一定时间段内的运营收益；当产品运营有效期限截止后，数字衍生产品仍归出版社所有。受让方通过交易获得标的后，不得进行转卖和拆分交易。运营机构是指为出版融合产品交易提供市场和技术运营服务的市场参与人。目前主要由国家新闻出版署出版融合发展（武汉）重点实验室、武汉理工数字传播工程有限公司负责。运营机构在不改变数字出版内容本身的（除非双方有特殊约定）前提下，通过合理运营的方式，对出版内容产品进行运营，挖掘产品的最大收益，实现产品增值。运营机构将运营获得的收益统一汇入武汉知识产权交易所，再由交易所结算给受让方。推荐机构是指经平台审核批准、有权从事出版融合产品推荐业务的法人或其他组织。推荐机构负责在转让方进场交易前，对其进行尽职调查、资格审核、材料辅导；在交易过程中对其进行交易辅导；同时，开展推荐业务的推荐机构须向知识产权交易所提供转让方进行出版融合产品交易的质检报告，交易机构是武汉知识产权交易所。武汉知识产权交易所负责提供出版融合产品交易的场所和设施；制定出版融合产品交易的业务规则；审核批准出版融合产品进场交易的申请；组织、监督、披露出版融合产品交易活动等。

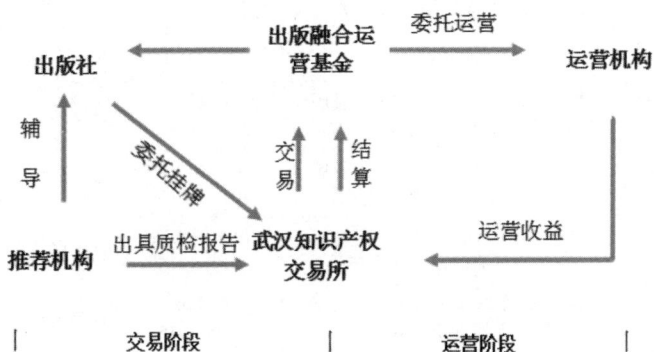

出版融合产品交易运营模式图（武汉知识产权交易所提供）

二、融合出版产品交易运营流程

出版融合交易定位于资本、内容与技术的交汇点，致力于打通并加快三要素流转，使其相互促进，不断提高出版融合的整体速度和效率，创造多方融合、多方共赢的局面。武汉理工数字传播工程有限公司以其研发的 RAYS "现代纸书"系统做技术支撑，指导有关出版单位设计交易产品，并负责运营。武汉知识产权交易所组织由政府、社会组织和个人组成的投资基金群参与竞标，为出版社提前锁定收益，分担成本风险。表 1 为广东经济出版社 2019 年 4 月挂牌的 28 项融合出版产品的部分截图，标的为 869730 元。

在交易阶段，出版单位将融合出版衍生产品在一定时期内预期所产生的收益，作为交易标的委托武汉知识产权交易所进行交易和转让，投资基金通过武汉知识产权交易所来购买标的，在该阶段出版社利用社会资本提前回收成本，并提前锁定预期利润，用于生产内容的投入；在运营阶段，投资基金在不改变交易标的的前提下，在收益期内对其进行合理合法的运营，并由武汉知识产权交易所对其收益进行统一结算。在该阶段，购买方可以利用资本及互联网技术力量，以最快速度使出版内容价值最大化，并保障收益安全。运营期结束后，交易标的重新回归到出版社，实现交易和运营的双循环。表 2 为《知音》杂志社基于杂志开发的融合出版产品挂牌后形成的交易结果公示。

241

表1 广东经济出版社挂牌的融合出版产品部分截图（武汉知识产权交易所提供）

项目编号	标的名称	挂牌时间	交易方式	挂牌价格（元）
CB-20190404-02472	基于2019年春《写字》人教版一年级下册的出版融合产品	2019-4-9至2019-4-15	挂牌转让	8083
CB-20190404-02473	基于2019年春《写字》人教版二年级下册的出版融合产品	2019-4-9至2019-4-15	挂牌转让	5688
CB-20190404-02474	基于2019年春《写字》人教版三年级下册的出版融合产品	2019-4-9至2019-4-15	挂牌转让	10354
CB-20190404-02475	基于2019年春《写字》人教版四年级下册的出版融合产品	2019-4-9至2019-4-15	挂牌转让	7714
CB-20190404-02476	基于2019年春《写字》人教版五年级下册的出版融合产品	2019-4-9至2019-4-15	挂牌转让	8386
CB-20190404-02477	基于2019年春《写字》人教版六年级下册的出版融合产品	2019-4-9至2019-4-15	挂牌转让	8750
CB-20190404-02478	基于2019年春《写字》苏教版三年级下册的出版融合产品	2019-4-9至2019-4-15	挂牌转让	3327
CB-20190404-02479	基于2019年春《写字》苏教版四年级下册的出版融合产品	2019-4-9至2019-4-15	挂牌转让	2507
CB-20190404-02480	基于2019年春《写字》苏教版五年级下册的出版融合产品	2019-4-9至2019-4-15	挂牌转让	2867

表2 《知音》杂志融合出版产品交易公示（武汉知识产权交易所提供）

项目编号	标的名称	公示时间	成交价格（元）
CB173113	基于《知音11月上半月版》的出版融合产品	2019-1-29	52500.00
CB173114	基于《知音11月下半月版》的出版融合产品	2019-1-29	52500.00
CB173115	基于《知音11月月末版》的出版融合产品	2019-1-29	52500.00
CB173116	基于《知音12月上半月版》的出版融合产品	2019-1-29	52500.00
CB173117	基于《知音12月下半月版》的出版融合产品	2019-1-29	52500.00
CB173118	基于《知音12月月末版》的出版融合产品	2019-1-29	47500.00
CB173119	基于《知音2019年1月上半月版》的出版融合产品	2019-1-29	47500.00
CB173120	基于《知音2019年1月下半月版》的出版融合产品	2019-1-29	47500.00
CB173121	基于《知音2019年1月月末版》的出版融合产品	2019-1-29	47500.00
CB173122	基于《知音2019年2月上半月版》的出版融合产品	2019-1-29	47500.00
CB173123	基于《知音2019年2月下半月版》的出版融合产品	2019-1-29	47500.00
CB173124	基于《知音2019年2月月末版》的出版融合产品	2019-1-29	47500.00

三、融合出版产品交易运营风险防控

武汉知识产权交易所本着积极创新与防范风险并重的原则，制定了一系列规章制度，包括《武汉知识产权交易所出版融合产品交易管理办法》《武汉知识产权交易所出版融合产品交易资金结算管理暂行办法》等六项管理办法和《武汉知识产权交易所出版融合产品业务合同管理制度》等三项操作细则，实现了对各市场主体和内部行为规范的覆盖。从各交易阶段所需规范文本着手，武汉知识产权交易所制定了标准化的出版融合业务操作流程，并针对业务中涉及的各类文字材料，制定了《出版融合产品转让申请书》《出版融合产品受让申请书》等多项标准化文本，在保证武汉知识产权交易所内部操作合规性的同时，提高了交易业务的整体工作效率。同时，武汉知识产权交易所还制定了从出版交易内部审批管理、备案管理到信息发布各环节的周密的内控管理体系，并形成《出版融合产品交易业务内控管理手册》。武汉知识产权交易按照传统国有产权交易的风险控制标准，严格开展交易服务，其产品与交易、结算模式均得到了市场的检验。2017 年 3 月至 2019 年 10 月，武汉知识产权交易所已为出版社和投资机构安全结算出版融合产品交易价款近 80 笔。

四、出版单位如何参与融合出版产品的交易

1. 选好适合开发融合出版产品的题材

从已经挂牌并达成交易的标的来看，题材主要集中在基于教材教辅和课外辅导而开发的融合出版衍生产品上。交易的标的不包括纸质出版物，也不包括作者和出版社的版权。如湖北少年儿童出版社 2018 年 12 月在武汉知识产权交易所挂牌达成交易 287 项，成交金额 7424068.25 元，主要产品是该社《优质课堂》等系列教辅配套的融合出版产品。湖北教育出版社成交 12 项，成交总金额 211857.50 元，主要产品是围绕《长江作业本（同步练习）》系列开发的融合出版产品。辽宁少年儿童出版社成交 3 项，成交总金额 42400 元，主要产品是围绕《小学生优秀作文（低、中、高年级）》系列开发的融合出版产品。《学习报》成交 19 项，成交总金额 158940 元，主要内容是基于江西地区使用

的语文、数学、英语的出版融合产品。广东经济出版社成交 28 项，成交总金额 427554.50 元，主要产品是围绕《家校导学》年级版，《学考精练》分科分年级的融合出版产品。广东新世纪出版社成交 53 项，成交总金额 2474524.50 元，主要产品是围绕《百年学典同步导学与优化训练》开发的融合出版产品。安徽教育出版社成交 48 项，成交总金额 1120804.50 元，主要产品是围绕《新编基础训练》开发的融合出版产品。除此之外，基于期刊开展融合出版项目的只有中国青年出版社主办的《青年文摘》和《知音》杂志社以杂志为平台开发的融合出版产品。据初步统计，目前在武汉知识产权交易所成功交易的约 6000 项融合出版产品，90% 以上是围绕教材教辅和课外练习开发的。

2. 在产品定位、产品设计、产品定价上要贴近市场、符合实际、保证各方利益

2019 年 4 月 30 日，在武汉召开的第一届出版运营基金投资决策委员会项目路演会，就是在总结以往两年出版融合产品交易与运营中存在的问题的基础上采取的对策。因为传统出版与新兴出版的融合是一项新生的事物，很多出版社对如何贴近读者需求设计融合出版产品，如何向使用者收费，如何把控在交易所挂牌定价上缺少经验。此次路演组成了由中国青年出版社社长皮钧、长江少儿出版集团董事长何龙、中国新闻出版研究院所长刘颖丽、新兴产业政府引导基金产业投资合伙人计划发起人武向阳等出版专家、出版融合专家、投资专家，对 21 家出版社汇报的多种形式的"现代纸书""现代报刊"进行评审，现场给以指导，以保证转让方、受让方的合法权益。同时，21 家出版社同台路演，介绍各自的产品，对于参会者而言，也是一次交流与学习的机会。如《知音》杂志用 APP 介绍他们的融合出版思路，计划设置"精品电台节目""情感情商课""情感视频课程""成长名家专栏""情感咨询服务"等栏目，并介绍了每个栏目的详细内容与规划、每个栏目的收费标准，让参与各方对于《知音》的项目有了一个比较完整的印象。通过专家的评审和完善，投资方、运营方对《知音》的产品能否在市场上达到预期效果有了基本判断。因此，对于有意参与融合出版产品交易的出版单位而言，要提前在产品定位、产品设计、产品定价上做好充分的市场调研，充分考虑读者的需求，参考已经成功交易的标的，将具有核心竞争力的融合出版产品带到交易现场来。

3. 做好已达成交易的融合出版产品的后期维护工作

对出版融合产品通过交易平台提前锁定收益，为出版社开展融合出版提供资金，减少风险，但同时，这种模式如果要持续发展，转让方必须做好融合产品达成交易后的开发与维护工作，让融合产品真正服务读者，产品能够变现，让受让方从中获益。否则，这种交易和运营模式很难持久。以长江少年儿童出版社此次参加路演的引进版系列图书《棚车少年》为例，出版社通过产品，设计使读者购买图书后，通过微信扫描书上的二维码，可以获得包括英文原版音频、中文故事音频、双语字幕音频、中英文电子图书、英语伴读练习等内容。在英文伴读练习上，可以实现计时答题、检查交卷、得分查看、问题解析。收费设计双语字幕音频 2 元，伴读练习每册 3 元，中文音频每册 2 元。每套书 4 册，共有付费资源 28 元。因此，这些衍生产品即使在交易中能够成交，还需要转让方和运营方持续配合，否则产品原有的设计将无法全部落实。如有些教材教辅，后台需要老师答疑，面对面授课，如果这些设计使用者体验不理想，就会影响购买，进而影响受让方的利益。因此，虽然成交时交易机构会对转让方提出明确的要求，并签署合同，但还需要出版单位对当初的产品设计完全付诸实施并保证质量。这样，投资人的利益才能得到保证，进而增强他们进一步扩大对融合出版产品的投资意愿，促进融合出版的良性发展。

总之，组织社会资本参与融合出版，是互联网时代金融创新与出版创新的一次积极的尝试，参与其间的各市场主体要围绕自己的分工，忠实履行职责，积极开拓创新，在实践中将融合出版引向新的高度。

参考文献

①贺悦，叶芳.数字版权衍生产品交易运营探索与实践——以出版融合产品交易为例［C］.武汉知识产权研究会年会论文.2019 — 01 — 20.

2019 年 10 月 13 日发表于《出版六家》公众号

国有出版传媒企业融合出版发展中
体制与机制问题探析

　　随着互联网技术、信息技术的不断迭代发展，数字化阅读群体日益增大，传统出版面临严峻的挑战。以辽宁职业技术学院图书馆为例，2011 年至 2016 年纸质图书的借阅量整体呈下降趋势，每年的减少量为 1 万至 2 万册。学生课外阅读纸质图书的比例仅占 20% 左右。湖南理工学院学生纸质图书的借阅量，从 2006 年的每年借阅 40 万册，逐年以 20% 的速度下滑，到 2015 年，全年借阅量仅为 6 万册。2017 年的问卷调查表明，除专业书外，学生阅读纸质图书仅为 0.4 册。 与纸质书阅读的衰落相比，随着技术的迭代更新，数字阅读产品越来越受到追捧。截至 2018 年 6 月，我国手机阅读用户规模已达 3.8 亿，占手机网民的 48.3%，年阅读数量超过十本。虽然上述抽样不具有普遍性，但数字化阅读和使用逐步取代纸介质阅读的趋势已经形成。因此，从阅读群体对互联网的"热恋"以及对纸介质图书的"背弃"来看，传统出版走与新兴出版融合发展的道路不仅必要而且十分迫切。

一、数字出版收入呈下降趋势，
国有出版传媒企业转型升级形势严峻

　　鉴于新技术新媒体时代出版与阅读的现状，2015 年，国家新闻出版广电总局和财政部联合发布《关于推动传统出版和新兴出版融合发展的指导意见》，又相继公布了20个出版融合发展重点实验室的依托单位和共建单位，全国各家出版单位对于融合出版都注入了极大的热情。不过，从现有的统计数字来看，数字出版物收入在整个数字出版收入中占比仍然不高。据2019年8月22日在北京举办的第九届中国数字出版博览会上发布的数字显示，2018年，国内数字出版产业整体收入规模为8330.78亿元，比上年增长17.8%，但是除了互联网广告、在线教育和网络游戏之外，互联网期刊、电子图书、数字报纸的总收入只有85.68亿元，相比2017年的82.7亿元，增长幅度为3.6%，低于2017年5.35%的增长幅度，在数字出版总收入中所占比例为1.03%，相较于2017年的1.17%和2016年的1.54%来说，继续处于下降态势。以上数字说明，传统出版产业，特别是国有出版传媒企业在转型升级和融合出版发展中，在探索产业新形态、研发新产品、提升产品质量与服务水平、增强国有出版传媒企业在数字内容产业中的核心竞争力方面，还有很多工作要做。与此同时，民营企业和以民营为主体的股份制企业，在网络文学、网络游戏、互联网广告、网络动漫、在线教育等数字出版和数字服务领域，借助新技术、新形态和新媒介，在内容、产品、品牌、模式等方面持续探索，创新能力有了显著提升，市场地位已基本形成，资源趋向集中化，头部效应明显，已进入良性发展阶段。国有出版传媒企业在新时代如何顺应时代潮流，发挥主力军的作用，构建适应融合出版发展的生态体系，加快融合出版发展的步伐，需要我们进一步探讨。

二、国有出版传媒企业体制与机制以及人才队伍的建设不配套，影响融合出版的健康发展

国有出版传媒企业的融合出版成效不够明显，发展比较迟缓，目前看主要存在如下问题：

1. 企业发展战略不够明晰，导致业务布局不准，执行缺少持续性

"在企业的管理体系中，战略是最关键的环节。……战略分析、战略制定和战略实施也是最基础的工作。"从成功企业的发展过程来看，企业发展的方

向与布局，决定着企业的生死存亡，决定着企业能否可持续发展。但战略的制定到实施，往往需要一个周期。如马云的阿里巴巴云平台从构想到实施，华为鸿蒙系统的开发与上线，都经历了较长的时间。融合出版从战略制定到落地，到形成成果，也需要一个较长的周期，并且要承担一定的风险。如果企业的发展战略不够明确，或者主要负责人中途工作变动，融合出版的战略在制定和实施上就会大打折扣。目前，各家出版社虽然在具体项目上尝试做了一些融合出版的产品，但要形成规模、构建融合出版的方阵甚或主力，还需要一定的时间。只有出版集团一级的组织机构，方能集中各方资源向纵深拓展。但从国有出版传媒企业的现有干部管理体制来看，特别是出版集团一级的主要负责人，有些是从出版企业基层成长起来的，有些是从行政机关调任来的。那些从行政机关调来的负责人，他们有丰富的从政经验，有驾驭全局的能力，但对融合出版这种技术新、形态新、耗时长、投资大、成效难以迅速兑现的新产业，他们在决策前，往往需要一段时间熟悉和调研。因此，在融合出版战略的制定与落实上，如何避免因主要负责人的更换而"人亡政息"，保持战略执行的连续性和稳定性，还需要从体制上入手建立长效机制。

2.企业培育产业耐心不足，导致业务发展短视，顶层设计流于形式

目前，国有出版传媒企业的两个效益指标的考核，虽然是将社会效益摆在头等重要位置，但经济效益也不应该被忽略。如果是上市的国有出版传媒企业，财务报表还要公开，企业的经济效益指标十分重要。如果一家上市公司同比出现利润下降，股市立即就会有所反应。同时，上市的出版传媒企业除了股民的监督外，国有资产管理部门也会对企业实行年度和任期考核。因此，在具有较长周期或较大的投资时，国有出版传媒企业不可能像华为那样，能拿出利润的10%用于新技术新产品的开发。另外，国有出版传媒企业，如果要对某些新兴产业进行投资，还需要上级主管部门批准。而民营企业在决策上虽然也很谨慎，但决策程序比较快捷，在项目的选择和实施上，只要经过充分论证，通过董事会和股东会的批准，很快便会作出决策。

3.企业团队建设灵活不足，导致业务推进乏力，人才发挥空间有限

融合出版的成果虽然体现在产品上，但能否成功关键在人才。由于融合出版涉及互联网等方面的专业知识，有些传统出版社的老员工明显不适合专业

248

要求高的岗位。新招聘的新媒体专业的毕业生，如果按照现行的出版社工资体系，与新技术公司的薪酬待遇相差较大，因此大部分毕业生不愿意进传统出版社工作。如果出版社按企业薪酬标准向新媒体专业人才付酬，在出版社内可能会引起纷争。何况融合出版项目一时无法看到成效，甚至可能会中途夭折，因此，导致出版社只好争取一点政策资金，做三两个项目点缀一下。如果成立独立法人的新媒体企业，中小出版社囿于原有资源，加上资金的不足，业务开展前景不明，即使引进人才，往往也很难留住。

三、建立现代企业制度，制定符合融合出版发展的效益目标责任制，打破国有出版传媒企业推进融合出版的瓶颈

融合出版如果要打破瓶颈，实现快速发展，必须在如下几个方面采取有效措施。

1. 建立现代企业制度

从党的十四届三中全会开始，为适应社会主义市场经济发展的要求，党中央和国务院对国有企业提出深化改革要求，其中包括要在国有企业中建立"产权明晰、权责分明、政企分开、管理科学"的现代企业制度。现代企业按照《中华人民共和国公司法》的要求，要形成由股东代表大会、董事会、监事会和高级经理人员组成的相互依赖又相互制约的公司治理结构。虽然国有企业的现代企业制度的构建已经推进了多年，但成效仍不明显。2019年7月16日，国务院国资委再次召开会议，要求进一步理清党委、董事会、经理层等各治理主体的权责边界，加强董事会建设，让董事会能够切实有效地发挥作用。在现代企业中，董事会受投资方的委托，形成信任托管关系。公司董事会获得委托后，将企业的经营权授权给公司的最高管理层。由此，公司的授权关系形成一个沙漏状的体系，由上到下，层层授权。其中，董事会对投资方负责，经理层对董事会负责。董事会负责公司的战略性决策，经理层必须对董事会的战略贯彻落实。但目前国有出版传媒企业的管理制度、股权结构、公司治理、企业运营机制等方面还有待进一步完善，诸如在融合出版发展这种事关企业发展方向的重大决策上，存在战略不明晰、执行不能善始善终、决策效率低等老问题。因此，落实现代企业制度，国有资产管理部门通过董事会，对企业战略发展作出决策

并保证决策的科学执行，是当前的首要任务。

2. 建立有效的任期目标责任制

在现代企业制度的框架下，无论是采取有限责任公司还是股份有限公司的组织结构，企业的董事会和职业经理人必须实行任期目标责任制。无论是有限责任公司、股份制公司，还是上市公司，在董事会和职业经理人的责权利上，一定要通过法律形式确定下来，执行中不能有随意性。无论是董事长还是总经理，任期没有结束，不能因"工作需要"随意调整，导致发展战略朝令夕改。即使上届任期届满，如果继任者未获投资方或股东大会批准认可，也不得中途更改投资方向。同时，要加大职业经理人的社会化遴选，提高国有出版传媒企业经理人的经营管理能力和道德操守，保证国有出版传媒企业的战略制定与实施得到始终如一的贯彻执行。

3. 将融合出版的发展放在两个效益的考核之中

从 2018 年开始，为加强党对新闻舆论工作的集中统一领导，加强对出版活动的管理，发展和繁荣中国特色社会主义出版事业，国务院机构改革方案确定将国家新闻出版广电总局的新闻出版管理职责划入中宣部。这次调整体现了党对新闻出版工作的高度重视，在一定程度上强化了新闻出版的意识形态属性，同时，也对出版传媒企业提出了更高的要求。但由于互联网技术与信息技术的迅猛发展，传统出版传播力、引导力、影响力、公信力，不仅关系着出版企业如何生存与发展的现实问题，还涉及在新的形势下如何进一步构建主流意识形态，更好地发挥出版工作的社会效益问题。所以，在出版企业的管理体系中，还需将融合出版纳入出版企业的考核指标之中，作为一项事关未来的战略性任务，对其实行量化管理，将社会效益与经济效益、短期利益与长期利益有机结合起来。通过导向牵引，打破融合出版徘徊不前的局面。

4. 与民营新兴产业对标，打造适合新媒体、新技术产业发展的生态体系

国有出版传媒企业应借鉴阅文集团、中文在线、喜马拉雅、知乎等新媒体的企业发展战略，组建新媒体公司，或者与新媒体公司合资共谋发展，发挥民营新媒体公司在适应新技术、新产业转型升级方面的优势，借以克服传统出

版企业的不足。如果出版集团或出版社成立新媒体公司，也应当在产权制度的设置、股权的安排、职业经理人的遴选上，与民营公司对标，形成一个完善的生态体系，促进融合出版健康发展。

5. 打破行业界限，实现跨行业联合，发挥"1+1>2"的整体优势，促进融合出版发展

在数字化时代，融合发展不仅包括传统出版与新兴出版的融合，还包括传统出版如何与其他行业融合的问题。如各地的县级融媒体，将电视、广播与报纸融合在一起，利用不同的平台和各自的媒体特点，扩大宣传影响力，取得一定成效。传统出版也可以发挥内容优势，通过资本的纽带，与电信、计算机等技术公司合作，发挥双方各自不同的优势，促进融合出版快速发展。如中国移动与中文在线等单位组建的咪咕阅读，一个发挥渠道优势，一个发挥数字内容生产优势，通过优势互补，在移动阅读上取得了丰硕的成果。

参考文献

① 唐日胜. 高校图书馆纸质图书借阅率低的原因及改进措施 [J]. 辽宁农业技术学院学报，2018，20（6）.

② 谢海欧，陈焕之. 新业态环境下高校图书馆纸质图书借阅服务的困境与突围 [J]. 图书馆界，2018（6）.

③ 2018—2019 中国数字出版产业年度报告发布 [J/DL] 出版人，[2019-08-22]. http：//www.sohu.com/a/335583901_211393.

④ 宁向东. 公司治理理论（第二版）[M]. 北京：中国发展出版社，2006：39.

原载于《中国编辑》2020 年第 1 期

网络文学发展现状探析

近年来，我国网络文学随着科学技术和社会生活的发展变化也得到突飞猛进的发展。中国作协 2018 年 5 月 17 日在浙江杭州网络文学周上首次发布的《中国网络文学蓝皮书（2017）》披露：截至 2017 年 12 月，中国网络文学用户 3.78 亿，其中手机网络文学用户 3.44 亿。国内 45 家重点文学网站的原创作品总量达 1646.7 万种。中国网络文学创作队伍非签约作者达 1300 万人，签约作者约 68 万人，总计约 1400 万人。

从中国 1994 年接入国际互联网始，20 余年来，中国的网络文学无论是作者、传播平台、阅读群体，产业化延伸，其数量与规模，都出现了深刻的变化和飞速的增长。在世界范围内，从文学发展史和出版史的角度来看，无疑是一种特殊的文化现象。

一、中国网络文学的现状

1. 中国网络文学的特点

中国的网络文学，无论是作者的创作、作品的发布，还是读者的阅读，均是在互联网或移动互联网上完成的。与传统的文学创作与出版比较，网络文学的创作与出版呈现四个特点：（1）创作主体相对自由，无论是题材的选择，还是表现手法的运用，作者都是在没有任何范式约束的氛围中进行文学创作。（2）没有层层的审查与旷日持久的等待，作者只要轻轻地敲击一下键盘，作品就会立即发表。（3）网络文学巨大的作品数量，使读者可以从容地选择自己喜欢的内容，还可以与作者互动，交流自己阅读的感受，在一定程度上参与作者的创作。（4）作品的价值由读者的付费阅读与打赏实现。

随着网络文学的发展和管理机构的要求，互联网平台和网站开始借助软件对作品进行必要的审查，但由于网络文学创作数量巨大，审查只能是对关键词加以审核，对作品的艺术价值、思想倾向、语言文字的表达水平，只能交由读者来判断。读者的点赞和打赏、购买与否，是检验网络文学能否生存的唯一标准，也是作者能否为读者接受的试金石。

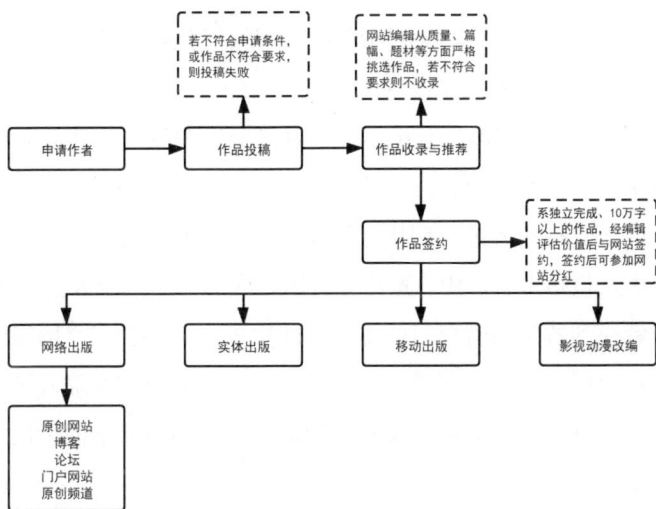

图 1　网络文学创作与出版流程

2. 中国网络文学的作者群体

基于艾瑞咨询的监测统计，2017 年，网络文学作者数量与 2015 年相比，增长了 30.2％。以阅文集团为例，到 2017 年 12 月 31 日，其平台上作者已达 690 万人；掌阅原创作者达到 1.5 万名。在网络文学作者中，20 世纪 90 年代及以后出生的居多，40 岁以上的只占作者总数的 4.9％，网络文学作者的平均

253

年龄是 27 岁，大多生活在二三线城市。作者中虽有如安妮宝贝、李寻欢、当年明月、宁财神这样的专业作家，但大多是业余写手，很多是在校大学生。这些写手，往往系非文学专业毕业，理工科学历居多。如网络知名作家血红是武汉大学计算机系毕业，骁骑校是电力工程师。为了方便管理和付酬，网络平台一般将作者分为五个星级，一星级为小白作者，二至四星级为普通作者，五星级为大神作者。按阅文集团自己制定的评级标准，大神作者占作者总数的 17.8%。大神作者是平台和读者关注的对象，也是平台创造经济效益的主要保证。一批大神作者已经成为品牌：如 20 世纪 90 年代的痞子蔡、安妮宝贝、李寻欢、邢育森，目前活跃的作者如唐家三少、我吃西红柿、天蚕土豆、江南、酒徒、蒋胜男等。

网络文学的作者，往往通过举办写作大赛和文学年会来发掘。对于有潜力的作者，进行作品定制，由专人辅导，或者与传统的教学研究机构合作，请专家授课，提高作者的写作能力。2013 年，在中国作家协会的指导下，中文在线联合其他网络平台，在京成立网络文学大学，聘请诺贝尔获奖者莫言担任首任校长。网络文学作者只要提供两万字以上的作品，即可成为网络文学大学的学生。阅文集团于 2017 年 6 月发布内容全生态战略，并成立内容产业基金，从优质内容出版、内容方商业扶持、内容品牌传播和优秀青年作家创作扶持四个方面支持作者进行创作。阿里文学也与其影视业务共同宣布将为内容生产者提供包括平台、IP、宣传等资源在内的一站式服务。与此同时，网络文学作者受到各级主管部门的重视，除中国作家协会成立网络文学委员会外，各地作协相继成立了网络文学专业委员会，部分作家加入了作家协会组织。这标志着整个社会对网络文学身份的认同，网络文学的价值为主流文化所逐步接受。

3. 网络文学的主要发表平台

中国的网络文学发表平台，曾经有上千家之多，后来盛大集团与腾讯阅文集团、中文在线通过资本运作，将一些优秀的网站集中到几家主要的平台运营。从 2017 年网络文学平台日更新作品的数量看，阅文集团及其旗下的起点中文、云起书院、创世中文网、起点女生网、晋江文学网、潇湘书院位列网络平台前十名，其中起点中文网日更新作品数量过万，排名第一。纵横中文网、塔读文学、红薯小说网、17K 小说网，位列第二梯队。从绝对数量来看，阅文集团以 72% 的作品数量占比、88% 的作者数量占比位列第一，截至 2017 年 6 月，阅文集团拥有 640 万位作家和 960 万部文学作品，中文在线、掌阅及百度文学分别位列二、三、四名，中文在线、掌阅及阿里文学分别拥有 300 万、50 万、40 万部作品。移动终端目前由掌阅、QQ 阅读领先。据速途研究院数据显示，2017 年我国网络文学市场规模已增长至 130 亿元，2017 年，国内市场份额名列前位的多家网络文学网站中作品的总数约为 1647 万部，预计 2019 年，作品规模将超过 2000 万部。

4. 网络文学的作品类型

中国的网络文学一改过去传统文学作品中体裁划分的方法，加上网络技术的发展，很多作品有意将不同体裁融合在一起，并运用了多媒体的表达手法，形成独有的网络体。但是为了方便读者阅读，大多数网站将作品划分为玄幻、奇幻、都市、历史、军事、竞技、美文、同人等类型。在虚构类作品中，又分为穿越、架空。为了方便读者查找，以言情小说为例，网站往往将作品贴上不同的标签：一见钟情、青梅竹马、欢喜冤家、前世今生、灵异爆笑、情有独钟、日久生情、后知后觉等。读者从这些标签中，能够迅速选择自己喜欢的作品。

网络文学作家的素材，一是取材于现实生活；二是从中国的传统文化中汲取灵感和营养，如从中国历史、神话、古典小说中寻找人物和情节线索；三是从游戏中寻找题材；四是根据科学的有限假设而虚构的幻想事件。

5. 网络文学的阅读

据 2018 年中国互联网信息中心发布的第 41 次《中国互联网络发展状况统计报告》，如前所述，截至 2017 年 12 月，网络文学用户规模达到 3.78 亿，较 2016 年底增加 4455 万，占网民总体的 48.9%。手机网络文学用户规模为 3.44 亿，较 2016 年底增加 3975 万，占手机网民的 45.6%。另据《2016—2017 中国数字出版产业年度报告》，文学网站日更新总字数达 2 亿汉字，文学网页日浏览量达到 15 亿次。与此同时，网络文学在数字阅读中的主流地位日益提高，据《2016 年数字阅读白皮书》显示，相对于 2015 年，2016 年数字阅读内容总量增长率达到 88.2%，其中原创占比从 69% 上升到 79.7%。

6. 网络文学的产业化延伸

网络文学作为重要的 IP 资源，越来越受到人们的重视。网络文学的很多作品除以纸介质图书形式出版外，还被改编为游戏、动漫、电影、电视剧、有声读物及周边产品，全版权、全产业链的经营模式逐步形成。从最早的《第一次的亲密接触》到《明朝那些事儿》《诛仙》，从《杜拉拉升职记》到《欢乐颂》，这些图书不仅在网络上受到热捧，出版为纸介质图书后，也连续占领国内的图书畅销榜。如《杜拉拉升职记》从一个不到 2000 字的博客，延伸到系列图书、电影、电视、话剧、音乐剧、周边产品，形成一个 10 亿元的大产业。

7. 网络文学的赢利模式

中国的网络文学，最初是免费阅读，从 2002 年开始，起点中文网试行收费阅读，这种模式很快被其他网站效仿。经过多年的探索发展，中国网络文学产业运营模式逐渐成熟。一条由网络写手、文学网站、内容经纪人、出版商、影视投资商、游戏厂商、动漫公司，电信运营商、客户端产品制造商、广告代理商等组成的完整而复杂的产业链已经形成，并逐步形成了以作品版权为中心的运营模式，其盈利来源主要包括：（1）VIP 付费阅读收入。（2）网络广告收入。（3）无线阅读运营收入。（4）线下出版、影视改编、动漫游戏改编等版权延伸收入。其中，VIP 付费阅读和无线阅读运营是最重要的两大营收来源。随着移动互联网的飞速发展，手机等移动终端已经成为网络文学阅读最重要的载体。

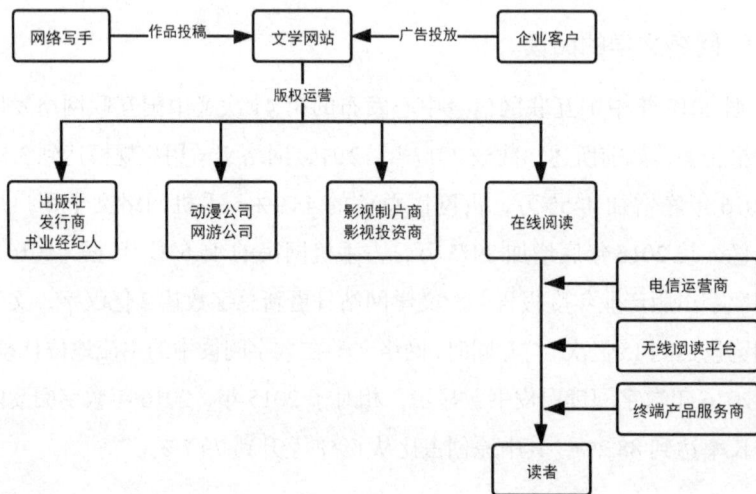

256

图 2　网络文学的产业链

同时，如前所述，高点击率的网络文学改编成实体图书后，也会获得一笔不菲的版税收入。据《华西都市报》2018年4月11日刊登的《中国网络作家富豪榜》，2017年，网络文学作家唐家三少年收入1.3亿元，天蚕土豆年收入1.05亿元，无罪年收入6000万元。据此推算，网络平台的收入也不菲。据2018年中国互联网信息中心发布的第41次《中国互联网络发展状况统计报告》显示："网络文学业务营收进入全面盈利期。公开资料显示，阅文、掌阅、纵横等网络文学企业在2017年均已实现盈利。"除此之外，2017年下半年，国内两大网络文学平台阅文集团和掌阅科技相继上市，从资本市场融到了所需的资金。

二、中国网络文学的贡献

1. 网络文学在探索中发展，产生了一批社会效益与经济效益俱佳的优秀作品

从中国文学史的发展角度来看，一个时代有一个时代的文学。网络文学通过二十余年的发展，带着信息化时代的技术特征，占领了中国的文化版图。尽管网络文学的大多数作品因为写作的仓促，还存在这样那样的艺术缺陷，但由于其规模庞大，沙里淘金，其中还是留下了不少脍炙人口的优秀作品。2008年，在中国作家协会指导下，《长篇小说选刊》杂志社和中文在线曾举办过一次网络文学十年盘点，评出了十大优秀作品:《此间的少年》《成都，今夜请将我遗忘》《新宋》《窃明》《韦帅望的江湖》《尘缘》《家园》《紫川》《无家》《脸谱》。同时，还有一批受到读者好评的作品，如《诛仙》《明朝那些事儿》《星辰变》《梦回大清》《斗罗大陆》，等等。这些作品因其在网上的点击率很高，成为各家出版社关注和追逐的出版资源。据统计，网络文学每年向实体出版输送的文艺类新书和畅销书占其总数的1/2以上。2017年，先在网络上先发表后又以纸介质的形式出版的网络小说6492部。同时，网络文学业已成为各大文化公司掘金的一块宝地，许多网络作品被改编为影视作品后赢得了很高的收视率，如《小儿难养》《后宫甄嬛传》《裸婚时代》《步步惊心》《失恋33天》《山楂树之恋》等。同时，网络文学逐渐被文学主流接纳。2009年，网络作家阿耐所著的《大江东去》成为第一部荣获中宣部"五个一工程"奖

257

的网络小说;《上海文学》杂志的编辑金宇澄发表在上海"弄堂"论坛上的网络文学《繁花》经反复修改后获第九届茅盾文学奖。

2. 网络文学的 IP 开发推动了整个文化产业的发展

中国的网络文学、美国的好莱坞电影、日本的动漫,成为风靡世界的文化现象。网络文学作为重要的 IP 资源,IP 经营不仅成为网络文学自身的重要收入来源,也带动了整个产业链,甚至一个产业的繁荣。2017 年,由网络文学经过加工而出版的纸介质图书达到 6492 部,被改编成电影、电视连续剧 2427 部,游戏 605 部,动漫 712 部。据统计,根据网络小说改编的影视剧占据了影视剧市场的半壁江山。除此之外,听书作为网络文学的衍生业务得到迅速发展。根据国家新闻出版广电总局在 2017 年 4 月发布的《2016 年中国阅读白皮书》数据,2016 年国内近七成数字阅读用户用过听书功能,听书用户超过 1 亿,愿意付费的用户比例达到 65.3%。在这一趋势下,蜻蜓 FM、懒人听书等垂直应用均在 2017 年获得过亿元人民币融资;而微信读书也于同年 7 月发布新版本,宣布全面上线音频内容。天涯社区、铁血科技、天下书盟、博易创等数量众多的网络文学公司在新三板挂牌。

同时,网络文学的 IP 运作模式从一次性售卖向深度开发全方位合作发展。网络文学与网络游戏、网络动漫、网络影视、网络音乐等多元文化相互渗透,根据网络小说改编的《微微一笑很倾城》电视剧与移动游戏《倩女幽魂》实现双向剧情渗入,影视与游戏深入融合。据游戏工作委员会数据显示,2016 年影游联动开发的移动游戏实际收入达到 89.2 亿。

3. 网络文学逐步由国内走向国外,网络平台不仅获得了经济效益,而且彰显了中国文化的软实力

互联网时代,网络文学在中国产生的影响,很快也在世界各国赢得了反响。富有中国元素的武侠、玄幻、科幻、言情作品,以其曲折离奇的情节,引人入胜的叙述,吸引了海外的读者。据统计,盛大文学网站 3600 万注册网民中,有 30% 的注册用户来自国外,这些用户分布在全球 200 多个国家和地区。起点中文网 3100 万注册用户中,同样有 30% 来自海外,分布在全球 100 多个国家和地区。晋江原创网日均浏览量超过 4000 万用户,拥有注册网民 320 万,全世界共有 211 个国家和地区的网民访问过晋江原创网,海外流量占全站流量

的 30% 以上。

中国网络文学出海，与网文海外门户及网文翻译网站的建立是分不开的。目前在网文翻译网站中，Wuxiaworld（武侠世界）是海外本土第一批成立的中国网文翻译网站，2014 年 12 月成立至今，已拥有了一批忠实的用户，并形成了一定的影响力。截至 2018 年，Wuxiaworld 在全球网站排名为 1005，拥有来自全球 100 多个国家和地区的读者。Gravity Tales 是一个海外本土作者的翻译 + 原创平台，不仅与阅文集团合作，对中国网文进行翻译，而且拥有原创版块，孵化了一批平台自身的网络小说作者。

与此同时，中国的网络文学也被海外的出版商所青睐。《成都，今夜请将我遗忘》《藏地密码》《诛仙》《杜拉拉升职记》等一大批图书的版权被世界各地的出版商所购买。从输出国家来看，从最初的东南亚，到日韩地区，再到后来的美国、英国、法国、俄罗斯、土耳其等欧美地区，足迹已遍布 20 多个国家，被翻译为英语、韩语、泰语、日语等十几种语言文字。

另外，网络文学网站主动走向海外，重视海外布局。如中文在线在欧洲和美国设立分公司，向海外读者推广网络文学。2017 年 5 月，起点中文网的国际版——起点国际正式上线。目前，起点国际已上线 90 多部作品，语种以英文为主，首波主打品类有仙侠、玄幻、科幻、都市等题材，除 PC 端以外，Android 及 ios 版本 APP 也已同步上线。

三、中国网络文学尚需努力的方向

1. 网络文学作品的质量参差不齐

（1）不少作品思想内容肤浅，创作态度主观随意。网络文学的作者为了取悦读者，营造一种狂欢的氛围，往往有意反传统、打破规范，恶搞历史和文化，生造语言文字。同时，跟风、抄袭、注水现象十分严重。（2）暴力色情隐现其中。无论是标题还是作品的内容，往往有一些露骨的色情、暴力、凶杀情节，有些还宣扬一夜情、换妻、虐恋等不健康的观念。（3）思想倾向不够健康。尽管近年来因为监管加强，色情描写的作品有所减少，但作品宣扬的权力、金钱、物质崇拜仍然充斥网络文学。不少穿越小说，都是描写草根穿越到另一个世界，不是当"王爷"，就是娶得三妻四妾，或者获得巨

259

额财富。（4）语言文字粗疏。在网络文学世界里，20万字是短篇，中篇在20万—60万字，比较走红的网络小说，都以千万字计。在网上连载的作品，作者一天要"码"1万字左右。在这种以迎合读者、等待点击的状态下创作的作品，缺少生活的积淀，缺少艺术的构思，缺少修改打磨，其粗疏可想而知。阿耐的网络长篇小说《大江东去》虽然最后获得了中宣部"五个一工程"奖，但长江文艺出版社的责任编辑在稿件修改上投入了很多的精力。天蚕土豆的《斗破苍穹》在湖北少年儿童出版社出版时，责任编辑雇请了几位武汉大学研究生为其整理，做了大量的删削工作方达到出版水平。(5)模仿抄袭严重。网络文学由于是类型化写作，很多情节的设置已经形成了模式，因此作品的抄袭现象比较严重。还有一些作者使用网络软件写作，尽管不能指证其作品抄袭，但这种机器写作的方式缺少感情投入，很难突破原有模式。

2.网络文学需要多方扶持

与传统文学创作相比，网络文学的进入门槛很低，很多作者缺少文学修养和写作技巧，作品一味地迎合读者，追求点击率，结果"鸿篇巨制"很多，但缺少文学性和思想深度。中国的网络文学如果要实现经典化，在中国文学史和出版史上留下一批精品，必须在如下几个方面努力：（1）提高作者自身的文学修养和文学史意识。目前有些网站组织重要的"大神"级作家与传统作家结对子，或者组织专家讲学，将他们送到鲁迅文学院之类的机构学习，意在提高作者的写作水平，但短期的学习并不能迅速提高写作能力，网络作者自己要有意识地阅读文学经典，放慢写作速度，有意识地打造能够传之后世的文学精品。（2）展开必要的网络文学批评。现在对网络文学的评价，主要从发展文化产业的积极方向来做宏观的判断，印象式批评多，对具体作品的思想性、艺术性缺少学理性的分析，有关部门要组织批评家，放下身段，客观地分析当前网络文学的趋势，展开对作家作品的有理论有深度的批评。（3）引导网络文学进入主流社会。目前各级作家协会都十分重视网络文学作者的创作，很多作者从网络文学的世界走入了文学主流群体。如安妮宝贝、金宇澄、慕容雪村、张悦然、当年明月、李可等，他们的不少作品已经成为文学精品进入文学史的视野。但与庞大的网络文学作者队伍相比，这些作者仅仅是"冰山一角"，主流社会对网络文学要采取包容和引导的态度，在探索中提高网络文学的文学性与思想性，让网络文学从草根进入殿堂，真正成为我们这个时代标志性的文化现象。

参考文献

①中国互联网信息中心.2018年第41次中国互联网络发展状况统计报告.http://photo.china.com.cn/2018-01/31/content_50367080.htm

②张立.2016—2017中国数字出版产业年度报告［M］.北京：中国书籍出版社，2017.

③禹建洲.网络文学产业论[M].北京：中国社会科学出版社，2011.

④中国作家协会.中国网络文学蓝皮书（2017）.http://www.chinawriter.com.cn/n1/2018/0530/c404027-30022514.html.

原载于《中国编辑》2018年第10期

第四辑

人才培养

出版人才的培养、引进与使用

　　所谓的出版人才，既包括管理人才，也包括专业人才，如编辑、发行中的佼佼者。无论是在领导岗位还是具体业务部门，每一个人都应当是复合型人才，才能适应市场经济的需要。如作为出版企业的管理者，首先必须精通出版业务，有过实践经验，才能指挥、协调、组织一家出版企业的经营，才能制定出版发展战略，保持持续发展的势头。而作为一个编辑，如果仅限于案头工作，不了解市场，不知道采取措施开展市场营销，显然不能适应竞争激烈的环境。而作为发行人员，不懂图书，不懂市场营销，显然不能做好发行工作。这就需要我们的专业人员必须参与相关部门的工作，在图书走向市场的系统工程中发挥作用。

　　人才是发展的关键，这点毋庸讳言。那么，如何培养一支既适应市场竞争又具有专业技能的人才队伍呢？我认为必须做到如下几点：

一、确立发展方向，调整人员结构，建立一支与出版产业发展相适应的人才队伍

　　出版社在人才队伍的建设上，必须目标明确，持之以恒；在培养人才、

引进人才中高度重视而且措施得力，这样才能使出版社的人员结构与人才储备呈现良性发展的态势。

出版业在 20 世纪 80 年代的大发展中，吸收了一批缺少良好教育背景与基本学历的员工，加上后来的子女接班、转业人员的安置，出版社就出现了编辑发行一线工作人员与后勤服务人员比例不协调的状况，出现了营销发行人员基本上是家属子女的状况，但是，当时中国已经加入了 WTO，民营资本与外资正在按政策逐步进入出版业，随着出版业由计划经济全面向市场经济转轨，出版社在竞争中能否保持健康发展的态势，从业人员的素质就显得尤为重要。首先，出版社必须根据发展规划制定明确的人力资源计划，必须提出明确的从业人员资质标准，再引进的人员必须通过公开招聘，必须具有本科或硕士研究生以上学历。其次，根据出版业实践性很强的特点，必须分期分批引进，形成阶梯形的年龄结构，如果经过几年的努力，在人员编制基本保持原有额度的情况下，出版社人员配置的知识结构会得到根本性的改观。最后，利用出版单位转制为企业的契机，对于完全不适应的从业人员，可以用买断工龄、分流的办法一次性地解决人员比例不协调的状况。如果分流的办法难以大面积推行，出版社可以创办具有独立法人资格的第三产业，将这些人推到竞争的前沿；或者按照社会人力成本支付工资，降低这部分人的收入，减少企业负担。

引进合适的员工是长期的战略任务，但面对现实，必须注意根据现有人员结构的状况，通过培训、在工作中压担子等方法，使之增长才干，在实践中培养自己的人才队伍。如制定政策，鼓励员工利用业余时间，提高现有受教育程度，改善人员知识结构。与此同时，更要注意在实际工作中，通过总结经验、分析教训，用典型引路，现身说法，提高员工的业务能力。如请单位内外在某一方面实践经验比较丰富的同志结合工作实际具体分析图书市场走向、图书成本规律，分析畅销书的营销等，特别要注意在本社内寻找典型，安排他们总结自己的成功经验，这样更会有榜样的作用。同时，还要在出版社内提倡研究学习之风，结合工作实际总结出版规律，这样既能提高大家的研究能力，又能直接促进工作，将企业办成一个学习型的社区。

二、以人为本，形成民主开放的企业文化，为人才成长营造良好的人文环境

按照马斯洛的需要层次理论，人的自我实现，是追求的最高层次。特别是文化企业内的知识分子，他们认为，个人收入多少并不十分重要，关键是看能否有合适的岗位充分地发挥自己的聪明才智，这就要求企业为员工创造一个公平竞争的环境。虽然出版社是一个企业，但由于多年来政企不分、政事不分，无论是社级领导还是中层干部，都是能上不能下，这就使青年人感觉自己的才干无法施展，这无形中消解了他们抢前争先的积极性。从现阶段来讲，在没有完全转制为企业的情况下，出版社可以采取"按需设岗、公开选拔、竞争上岗、择优录用"的办法，打破过去论资排辈的做法，公开透明地选拔干部，使青年人能脱颖而出，形成一种"赛马"而不是靠少数人相马的局面。同时，如果作为企业，首席执行官需要董事会决定，副职则由总经理提名报董事会批准。其余中层干部，则由经理任命，干部的去留一切靠业绩说话。

通过"赛马"的方式，把具有发展潜力的员工放在岗位上"压担子"是培养人才的一个重要方面，但是，在分配上建立一个激励与约束机制，也是促进员工成长的重要手段。在分配上，要尽量压缩公共福利，重视按劳分配，鼓励多劳多得，在出版社形成"谁多得谁最光荣"的氛围。除了物质奖励外，还要通过评选"年度先进""生产标兵"等措施，给予他们精神的奖励，肯定员工的努力与创造。公平的奖优罚劣措施会使企业形成良好的舆论氛围，同时通过典型引路，会形成比学赶帮的态势，这种无形的企业文化会使企业产生可持续发展的驱动力。

当然，对人才的评价与界定，要重视学历，但在实际工作中，学历只是一个受教育的背景，特别是出版社这种文化企业，实践才是衡量人的能力的一个重要标准。有些社从社会上招聘的年轻同志，虽然只有本科学历，但由于他们有工作经历，也有创作实践，到出版社后，很快显示出与众不同的工作能力。

三、面向全国，引进业内的优秀人才，为快速发展奠定基础

出版社要快速发展，就必须打破常规，在更大范围内选拔人才、引进人才。

267

近年来，出版社之间的人才流动呈上升趋势。而人才的流动，实际上是一种双向的运动过程，如果你这家出版企业在行业中没有领先地位，没有可持续发展的态势，没有一定的品牌效应，人才也不会朝你抛去绣球的。谚语云"家有梧桐树，不愁凤凰栖"，这说明首先你要有"梧桐树"，这棵梧桐树不是遮风挡雨之树，不是仅供表演用的舞台，不是画地为牢，限制人自由的方寸之地，而是体现现代人理念的平台。这座平台可以让人才施展现有本领，也可以让人创造性地发挥作用。这样，才能吸引人才，实现双赢。

如长江文艺出版社北京图书中心，吸引了国内出版业较有影响的金丽红、黎波的加盟。经上级批准，聘任他们担任长江文艺出版社的副社长，主管北京图书中心的工作，并兼管《报告文学》杂志的经营工作。北京图书中心成立一年来，他们出版的冯小刚的《我把青春献给你》、陈鲁豫的《心相约》等多种图书先后登上全国畅销书排行榜。后来，春风文艺出版社原副总编辑、布老虎创始人安波舜也接踵来到北京图书中心，国内另一资深的出版人、韬奋奖获得者、原漓江出版社社长刘硕良受聘为长江文艺出版社社长顾问兼外国文学编辑部主任。这些出版专家的加盟，不仅带来了直接的经济效益，也扩大了长江文艺出版社的品牌影响，增加了巨大的无形资产。同时，对长江文艺出版社的出版工作是一个直接的促进，社内员工不仅在观念上得到了改变，而且在具体的运作上也受到启发。2004年，长江文艺出版社又在上海成立了图书中心，聘请上海出版业内人士负责上海图书中心的工作。我们希望利用我们在文学出版方面的品牌优势与资源，广泛吸纳人才、集聚人才，走内涵式发展道路，在未来的三至五年内，使长江社成为国内文学出版的重镇之一。

总之，在多年的出版管理实践中，我们意识到，在市场经济的大潮中，出版社能否抵御风险，实现持续、健康、稳定的发展，与是否拥有一支适应市场经济竞争、懂得出版规律并且有丰富实践经验的队伍是紧密联系的。出版社的负责人在人才的培养与引进中，要有战略性的前瞻意识、与时俱进的眼光、开阔的胸怀，善于识才、敢于用才，创造人才健康成长的环境，这样才能集聚人才，发挥人才优势，保持企业长久的竞争力。

原载于《湖北省文化体制改革与文化产业研讨会论文集》，2004年6月

领军人与领军人才

一、领军人与领军人才的区别

领军人与领军人才，是近年来各行各业在评价人才时所常使用的一句术语，工具书中并未收录。这些术语，大约是从军事术语中借代而来的。如果从管理学的角度看，领军人实际上就是管理者。如果借用到出版行业中，一个编辑部或一个出版社的管理者都可称为领军人。但作为领军人才，则必须是管理者中的佼佼者，实际上就是领导者。从领军人到领军人才，其间有一个质的区别。

区分领军人与领军人才，犹如区分管理者与领导者一样，是一件十分重要的事情。美国南加州大学领导学院创始人、工商管理杰出教授沃伦·本尼斯曾描述了管理者与领导者之间的差别。他认为管理者好于管束，是模仿者，因循守旧、依赖控制、目光短浅、只顾眼前、接受现状等，而领导者善于革新、不断开拓、追求发展、营造信任、目标远大、放眼未来、挑战现状等。另一位杰出的企业家，戴尔·卡内基联合公司总裁兼首席执行官奥利弗·克朗姆对优秀领导的定义为：领导者满怀信心、积极进取、目标明确、道德高尚；他们具有各种良好的价值观和思想交流的技能,具有善于与人相处和激励他人的才能。本尼斯教授的概括有些偏颇，管理者按部就班、追求稳定是职责应有之义，但他对优秀领导者的描述则比较客观。奥利弗·克朗姆的概括与本尼斯基本相同，但后者则更为全面。

二、对领军人才的要求

综合以上关于优秀领导者的评价，我们认为，在出版传媒不断变革的21世纪，传统媒体面对新媒体的冲击，在后转企改制时代，作为兼有社会效益与经济效益双重任务的出版界而言，一个领军人物，无论是个人素养、价值追求，还是领导魅力、驾驭能力，都必须具有如下才能：

（1）具有远大的理想和抱负、强烈的使命感和担当意识。凡能成就大事业者，往往对自己从事的工作具有崇高的情怀。他们不是眷恋权力，而是希望能够借助现有的平台实现自己的抱负。从弃官从文的张元济，到心忧天下的邹韬奋，还有今天离开仕途、在出版领域耕耘的许多出版家，都是耐得住寂寞的。"昌明教育平生愿，故向书林努力来"，张元济七绝中的这两句诗，应当说代表了今天许多成功的出版家的心声。不过，"昌明教育"只是其中的理想之一。叶圣陶曾经做过新闻出版总署副署长、民进中央主席，有人在问到他的职业时，他说："先是教员，后是编辑，但做编辑比做教员的时间长得多。"言下之意他不是做官的。正是凭着对出版事业的热爱，他们才在自己的岗位上作出了巨大的贡献。

（2）敢于创新，不断探索。在不同的阶段，作为领军人才，都必须深刻洞悉事物的发展规律，能够从事物的表象看到事物的本质。外语教学与研究出版社在李朋义担任社长时从1000万元码洋做到了16亿元，蔡剑峰从20亿元又做到了30亿元，在全国外语图书市场整体萎缩的形势下，在传统出版一片唱衰声中实现这样骄人的业绩，与他们以出版为核心、向教育延伸、向文化拓展、实现产业发展的理念是分不开的。

（3）善于调动团队的工作积极性。优秀的领导者，会向下属描绘未来的美好愿景，让他们跟随自己赴汤蹈火而不计得失。如何调动不同员工的积极性，卓越的领导者在这方面总是能够找到恰当的方法。当然，调动员工的积极性不是空头的许诺，也不是靠严苛的管理来实现的。重要的是要让下属在集体中找到归属感，发自内心地为这个事业而奋斗，因此，企业的文化建设显得尤为重要。沃尔玛公司的创始人山姆·沃尔顿治理企业的原则之一是，视沃尔玛的员工不是"雇员",而是"合作者"或"同事"。把"同事"当成合伙人,与他们分享利润。他认为,关心你的同事,你的同事也就会关心你。他通过制订利润分享计划、雇员购股计划、损耗奖励计划来实现"同事是合伙人"这一概念,最终将美国阿肯色州本顿维尔镇的一家小店发展成为全球知名零售业的巨头。

(4)勇于牺牲,充满激情,有奉献精神。大多数企业需要领导者全身心地投入,富有牺牲精神,甘做"拼命三郎"。《孔子家语》指出:"欲政之速行也,莫善乎以身先之;欲民之速服也,莫善乎以道御之。"这里的"以身先之"即指领导者的示范作用,要身先士卒、全身心地投入于尚在履行中的业务、使命和目标;"以道御之"即指领导者以正确的思想、方法去带好队伍,做到上下一心、行动一致。一家企业,无论是发展初期还是进入成熟期,在市场竞争中,任何时候都会面临新的问题和新的挑战,优秀的领导者,会时刻保持清醒的头脑,以昂扬的斗志,始终走在队伍的前面。

(5)在挫折面前永不气馁。一个优秀的领军人才,在困难面前,或者处在危险的境地时,会以一种超然的淡定和沉着,率领部下渡过难关。美国的IBM公司在20世纪80年代曾经四度被《财富》杂志评为"最受尊敬的公司",到了20世纪90年代,公司累计亏损额达150亿美元,IBM市值也从1050亿美元暴跌到320亿美元。但从纳贝斯克来到IBM的郭士纳实施战略重整,通过调整公司结构,重塑品牌形象,建立以业绩为导向的激励机制,形成明确的业务核心后,几年时间IBM又东山再起了。

三、如何培养领军人才

所谓的领军人才,应当不是钦定或某个组织认定的,必须是已经"木秀于林"、具有一定的知名度和美誉度、行业内已经公认的人物。或者说,已经在某一方面崭露头角,虽然还没有形成气候,但必须具有明显的潜质。

民国时期的商务印书馆总经理王云五,如果用今天的标准来衡量,算不算领军人才呢?这也许没有疑议。商务印书馆请胡适来做编译所所长,胡适不肯放弃自己的学术事业,因此推荐他的老师王云五自代。王云五没有学历和文凭,但他自学成才。他19岁受聘于中国新公学做英文教师,胡适是他的学生。在此之前,他做过孙中山的秘书,应蔡元培之邀做过教育部的专门教育司一科科长。虽未正式读过学堂,但读书甚多,知识渊博且又有过多个岗位的历练。

271

35 岁出任商务印书馆编译所所长，后始任商务印书馆的总经理。他在任时，商务印书馆出书占到全国的 1/3。后来他从政，出任民国政府经济部长、行政院副院长、财政部长等要职。领军人才的培养，最关键的还是需要给他们提供合适的岗位，让他们去发挥自己的聪明才智。最终能不能成为领军人才，实践是检验真理的标准。但如果不能给他们提供舞台，再好的演员也没有表演的机会。

当然，我们不仅要给领军人才压担子，还要给他们提供必要的条件，如学习的机会、研讨的机会。对于领军人才在实践中取得的经验教训，要组织专家对他们进行总结分析。另外，当领军人才在探索中出现失误，在创新中出现挫折时，我们要有宽容之心，容许他们在新的实践中进行调整。

原载于《中国新闻出版报》，2014 年 11 月 17 日

案例分析——编辑成长的必修课

在出版社的生产诸要素中，编辑是第一推动力。编辑素质的高低，决定着出版社图书质量的高低，决定着出版社市场竞争能力的高低，提高编辑的业务素质，无疑是出版社提升竞争力的最重要一环。

编辑的业务素质，应当包括受教育程度的高低、从事出版工作时间的长短，但最重要的，还是体现在编辑的创造性与开拓性上。在实际生活中，相同学历、相同工龄，但作出的贡献却完全不同的情况比比皆是。所以，我认为，看一个编辑的能力，并不是看他的学历与工作时间的长短，而应看他策划及编辑了多少具有独特价值的图书，编辑了多少对人的心灵与思想产生影响的读物。

显然，编辑的这种能力不是从学校的书本上学到的，也不是进社时间长短决定的。那么，编辑的创造力从何而来呢？从现实生活来看，一个人的禀赋差异是存在的，每一个人的情商与智商是有区别的。但从客观上来看，出版社必须具有一种人才成长的机制，才可能培养出一批而不是一个两个骨干编辑。

出版社的这种机制，分为两个层面，一个是制度建设上的，一个是出版实践上的。

出版社在人才的培养上，必须建构一套制度来保证员工自主创造的冲动与压力。如出版社的干部政策与分配政策。在干部的提拔使用上，必须重实绩而不是靠学历与入社时间的长短；在分配上，靠本人创造的效益决定分配的多少而不是按资历，或者采取平均主义大锅饭。这就从制度上促使编辑有一种内在的动力，而不是仅有外在的压力。

当然，仅仅靠干部制度与分配制度是培养不出高素质的编辑的，在出版社中，尤其是图书出版，不同于期刊与报纸编辑，每一本书的出版过程都是一次个性化的劳动，它不同于工业化流水作业，其中尽管有规律可循但绝没有可以照搬照用的方法。所以，提高编辑的能力，必须从实践中来，一点一点地培养编辑对市场的感觉和悟性，进而帮助编辑找到走向市场的"通天塔"。

案例分析，则是帮助编辑获得这种能力的最好方式。我以为，案例分析可以分为如下几种方式。

一、综合案例

综合案例指对某一企业、某一单位的发展态势与整体经营状况的分析。如对新中国成立前中华书局与商务印书馆的全面研究，总结中国近代出版史上这对双子星座的发展历程，如资产结构、产品布局、管理方式、经营策略、人才培养等，找出其成功的经验与可借鉴的地方。如对国内发展较快的外研社、电子工业出版社、机械工业出版社、高等教育出版社快速发展的战略定位、经营策略的剖析。这种对某一单位、某一企业的全方位综合性分析，一是帮助领导层理清思路、找出差距，二是帮助普通员工通过比较认识到所在单位的现状与差距，便于统一思想，找准目标。我在出版社时，曾经多次举行这种综合性的案例分析。如 2000 年前后，我在出版局组织的一次讲座中听到了关于海尔的情况，会后我根据记下的笔记，自己动手制作了多媒体幻灯片，向全社员工介绍海尔的发展道路、成功经验、先进理念。"没有最好，只有更好""吃休克鱼的办法""砸冰箱的故事""市场竞争就是推石头上山"等海尔的经营理念与成功范例，一下子成了出版社耳熟能详的故事，成了我们与员工讨论工作的口头禅。我们也曾请作家出版社原社长张胜友介绍作家出版社的改革经验，请他谈"放开与管住"的实践，谈作家出版社的管理模式；也曾请人介绍外研教学与研究出版社的发展思路、产品结构、人才培养、经营管理，介绍我们同一出版范围的人民文学出版社的出版思路、产品特色、经营状况。

二、局部案例

局部案例是指某一企业或某一产品发展过程中，局部的成功经验与教训。对于一个企业而言，也许所有方面都做得很成功，也许就在某一局部做得很成功。我们截取整个成功案例中的某一局部，或者借鉴别人某一方面的成功经验，都可以为企业的发展带来启迪。

在出版业中，成功的企业很多，但是由于环境不同、条件不同、基础不同，所以出版社在进行案例分析时必须实事求是、结合自身需要。如对于一个资金雄厚的大出版企业而言，可以分析贝塔斯曼集团的多元化经营策略，他们对于不同媒体的互相渗透，对于相关领域的拓展，对于不同媒介产品的互相支持。对于一家中小型企业而言，可以分析个性很强服务于小众的出版社的出版策略。如我们可以选取辽宁科技出版社的产品战略，分析他们建筑、酒店类图书的引进方略，或者研究广西师范大学出版社的大众学术类图书的出版思路。总之，我们要根据企业成长中遇到的情况，研究或分析业内优秀者的某一局部成功案例，用来校正企业的方向或补充企业的营养。

我在出版社时，奉行"拿来主义"的主张。如我们的人事制度改革，我们既研究了国内民营企业、上市公司的用人方法，也借鉴了公务员选拔时的做法，更研究了业内出版社在人才选拔时的成功经验，结合自己的实际，每年对中层干部、中层干部与本部门员工进行一次双向选择，然后签署责任状。如我们在确定自己的产品定位时，着重分析了人民文学出版社、作家出版社、春风文艺出版社、上海文艺出版社等社的特点，然后确定自己的产品发展方向。如长江文艺出版社的"九头鸟长篇小说文库"，既借鉴了春风文艺社"布老虎"丛书的策划经验，又有意进行差异化经营，在几年时间里，得到了业内人士的认可。再如图书市场的营销，我们请已经加盟长江文艺出版社的金丽红、黎波来本部为员工培训，结合他们的实际操作经验，进行案例分析，帮助大家提高营销能力，增强营销意识。

三、编辑环节案例

以上是从案例所涉及的范围来区别划分的，实际上，从出版物的生产流程上来看，影响出版物成功与否的关键还是在编辑环节与营销环节上。在编辑环节，主要体现在策划阶段，其更多地体现了编辑的智力含量，也反映了编辑的市场适应能力。出什么书，不出什么书，前人与市场并没有给出明确的答案，这就需要编辑本人必须潜心研究图书出版的规律，研究市场的动向，注意总结前人或者同行的经验，密切关注市场释放的信号。要提高编辑选题策划的能力，培养编辑适应市场的能力，案例分析是最好的选择之一。

余秋雨的《文化苦旅》为什么会受到读者的欢迎？《谁动了我的奶酪》为什么一度洛阳纸贵？《达·芬奇密码》释放了什么样的市场信息？《亮剑》为军旅文学打开了什么新的视觉？《狼图腾》的成功使人们对小说的概念又有了什么新的理解？《品三国》怎样使学术走向了大众？选题策划的案例分析就从市场上选取最鲜活最具代表性的话题开始。当然，市场是变化的，排行榜上的面孔不断变化，话题也就常说常新。在一个出版社里，这种分析应当是出版社负责人，也是编辑的一日三餐，出版社要保持敏锐的进取性，就必须汲取这些营养。

我在出版社时，讲的最多的，动脑筋最多的，还是关于选题。出版社是否成功，其中有许多因素，但能否多出书出好书则是出版社的重中之重。发行要上码洋，但巧妇不可能做好无米之炊。所谓的纲举目张，我认为选题则是出版社的纲。如何特色定位，如何做好产品线，如何做到常销书与畅销书兼备，则是通过不断深化而得来的，而深化的过程就是通过对一个又一个案例加以分析得来的。我们的历史小说方阵，是从二月河的《雍正皇帝》开始，而后的唐浩明、凌力、孙皓晖、赵玫等当代最畅销的历史小说作家都站到我们这里。我们的"文学作品年选系列"，是在一片荒芜的土地上开始的，从5种开始，发展到近30个品种，引出了中国年选出版的热潮，目前此类同质化的年选已经有10家出版社在效仿。

四、营销环节案例

在一个充满竞争的市场上，如何找到合适的客户，并把商品送到客户手上，留住这些忠诚的或者并不忠诚的客户，就是企业需要下大力气解决的问题。出版社关于客户的概念并不长久，加之体制的、人才的因素，克服现状并积累经验就成了一个有志于做弄潮儿的出版社的向往。

　　但业外已经有了很多成功的先驱，哈佛商学院的讲坛上每天都在重复这些经典。如何把冰卖给爱斯基摩人，成了大家的话题。大家都在思考如何确定目标市场、细分市场，如何锁定客户，如何筛选客户，如何分级管理渠道，如何合理地控制风险，诸如此类的问题，也困扰着正在市场化的出版社。当然，业外的成功营销案例比较多，业内的更具可参照性。

　　人们最关注的还是业内许多图书的营销个案。如人民文学出版社是如何让《哈利·波特》在中国落地生根并赢得小读者的喜欢；中信出版社是如何让一块奶酪激荡整个中国；上海文艺出版社是如何打造"学术超男"易中天的；"金黎组合"是如何让一本又一本图书火遍大江南北的？他们采取了哪些营销手段，是偶然因素还是掌握了营销的规律？

五、案例的选择

　　选择案例，一般是选择成功的案例。成功的案例，更能给人以启发，使人们从中找到借鉴的密码钥匙。但如果能够选取一些经典的反面案例则更能使人警醒。如浙江人民出版社曾经出版过一本叫《大败局》的图书，其中分析了许多企业失败的教训。上海三联书店出版的《出版大崩溃》一书，描绘了日本出版业目前的窘况，但中国出版业由于体制所限，虽是深秋，大家也还没有做好过冬的打算。我在出版社时，比较重视对失败案例的分析，主要是自己在经营中的不成功案例。我曾经写了一篇《得失三章》的小文章，讲了社里三本（套）书的教训。一次是一套书重印时的印数控制不合理；一次是一本图文书制作时没有考虑市场，定价也不合理；一次是为一位本不该出文集的作者出了一套卖不掉的文集。同时，我们在每年甚至每月的例会上，都会对当年或本月的出书情况加以分析，找出成功抑或失败的原因，总结教训，找出规律。

六、案例分析的时间

　　案例分析不要寄希望讲一次或者两次就能解决企业或产品中存在的所有问题，必须经常性地，反复地开展案例分析。这种分析可以就存在的某些问题进行专项分析，如前所述，就宏观或微观，就战略或战术，针对性地进行分析，但更多的是随机分析，因为过于拘囿于形式，可能过于呆板或不可能及时解决

277

问题。如选题论证会、营销例会、生产调度会、月度会或周会上，都可以就存在问题进行分析。

七、案例分析的人员

进行案例分析的人员，可以是某一方面的专家、领导，如业内的出版理论工作者、大学从事出版教育的教授、出版界的领导等，当然，如果从实际工作来看，最好请业内有实践经验、有理论修养的出版工作者来讲。因为出版是一个实践性很强而且重在结果的行业，理论固然很重要，但出版成功者的现身说法会收到更佳的效果。国外的出版专业的授课教师，基本都是由曾经在出版业有较多的实践经验的从业者担任。在国内，从案例分析的手段来看。

集中时间，请专家讲几次课，或者找来别人的策划与营销案例，请编辑加以分析，这种感觉的培养，是可以起到一定的作用的，但这些还是固态的，过去时的，要想让编辑近距离地活生生地获得经验，还要结合本社出版实践中的具体案例，加以剖析，使编辑从中获得经验与教训。这也就是毛泽东在指挥战争时所说的"在战争中学习战争"。

这种案例分析，可以是制度性的，定期的，也可以是随机的，不定时的。对于一个规模不大的中小型出版社来说，应当固定时间，或半月，或一月召开一次有关人员参加的业务会议，有条件的，应当让编辑与发行人员全部参加。会议上要有专人分析当前图书销售的动态，如整体图书市场的走势，外社同类图书的市场表现、装帧设计的特色，分析本社同类图书的市场表现、优劣得失。可以对整体情况加以分析，也可以就某一本书展开点评。要分析成功与失败的原因，要具体而不要抽象。如是内容不适合读者，还是销售时机不对？是封面设计缺少冲击力，还是定价价位偏离行情？是首次铺货覆盖不全面，还是营销措施不到位？通过这样一次又一次的案例分析，大多数编辑与发行会从中找到适应市场的规律，找到图书出版与发行的真谛。

这种开诚布公的案例分析，必须是对事不对人，必须是善意的而不是针对某个人的。言者要谆谆，听者不可藐藐。评点人可以是社里市场营销部的负责人，也可以是分管经营的副社长，最后，由社长对整体情况加以总结。当然，这种评点，无论是市场营销部的负责人，还是副社长、社长，都必须要对图书市场的整体情况、对竞争对手的产品特点、对本社图书的优劣得失、了如指掌，烂熟如心。在评点完后，应当允许编辑本人就某本书的情况加以说明，或者就某本书的得失发表自己的看法，这样就可以形成一种讨论的气氛。

如果是一个大型的出版社，编辑发行人员众多，吾以为，可以按事业部的分工，或者产品线的划分，或者按一定的组织机构，组织定期的市场案例分析。这种分析必须是深入到每一位编辑之中，而不能拘囿于级别之类的人为界限，否则就达不到培养员工的效果。

试想，如果一个编辑在这种环境中，是不是会很快地把握市场把握图书的出版规律呢？我过去在出版社担任负责人时，曾经在一段时间内采取这种"官教兵兵教官"的案例教学法，应当说，一批青年编辑在这种氛围中，很快地成长起来了。当然，由于这些青年在主观能动性上存在差异，他们成长的速度与成功的概率各不相同，但从整体上来看，都有很大的进步。所以有人戏称当时的出版社是"黄埔军校"，言外之意，就是培养了一批人才。后来"金黎组合"加盟长江文艺出版社，成立北京图书中心，中心每周五都要组织全体人员学习总结，频率更快，这进一步说明了案例分析的作用。

当然，案例分析只是培养编辑的方法之一。一个编辑要想成为一个复合型的专业人才，还必须辅以其他的措施。

原载于《编辑之友》2006 年第 6 期

我的出版实践与观察

问话者： 湖北大学文学院出版专业教师张晓蒙博士

回答者： 湖北省编辑学会会长，原长江出版集团总编辑，长江文艺出版社原社长周百义

问： 周老师，1987年您从武汉大学毕业后，开始在长江文艺出版社做编辑，请您谈谈当时作出这个选择是机缘巧合下的决定呢，还是说早已心有所属？

答： 1987年我从武汉大学毕业后，到何处去工作，面临着很多的选择。当时北京需要人，但要没有结婚的，我当时已经成家并且做了父亲。所以，我做好了各种准备，要么回河南去，要么留在武汉。当时担心没地方去，所以毕业前我在郑州已经找好了省教育厅的一家报社，他们已同意接收我。不过，按我自己的打算，是希望留在武汉。毕业前夕，经过武汉长江大桥，看着长江两岸的万家灯火，心中突然涌出一种十分眷恋的暖流。后来，有很多武汉的单位来学校要人，如报社、电台、电视台。当时《湖北日报》要人，按我当时的情况是可以去的。我专程到报社去看了看，但没有进去，只是围着报社的大楼转了一圈。当时这儿还很荒凉，报社大楼四周一片荒地，半尺高的茅草，盖住了我的双脚。我想，这可能就是我将来要来工作的地方了。结果，系里告诉我，长江文艺出版社来学校要人，原因是他们虽然从学校进了一个研究生，但这个

研究生只待了不到一个月就离开了。在我的内心，我是希望到出版社的。在读书之前，我在县委宣传部新闻科做过两年的新闻干事，对中国新闻的现状及其可以发挥的作用是太了解了。另外，在读书前，我已是河南省作家协会会员，写过一些文学作品，出版过一本书，与出版社、杂志社有过一些交往。在我的心目中，编辑工作是一份十分神圣的事业。当年写作时，编辑给我的来信，哪怕是只言片语，我也保留至今。

问：您的个人文集《周百义文存》于2014年出版，里面既有收录您的文学作品，也有您对出版业的一些思考。虽然我们熟知的是您作为出版人的身份，但您觉得自己更像一个作家还是出版人呢？

答：我自己也没有想到，今生会是以一个出版人的身份留在这个世界上。到武汉大学我读的是"作家班"。我们考试时先交作品，作品算一半的分数，考试只算一半分数，因此，我们班里的同学个个都有写作能力。入校前，我出版过一本儿童短篇小说集，所以，我入学时的分数在我们班里是最高的。但是，同学们都很努力，上学的两年时间里，他们都发表了不少作品。我不敢懈怠，争分夺秒地读书写作。毕业后的一段时间，在当编辑之余，我的创作出现了一个井喷状态，一年里发表了很多篇小说。后来，我又开始从事文学批评，写了一些作家作品评论。再后来我又开始做古籍整理。在出版社工作四年后，承蒙领导厚爱，将我调到了湖北省新闻出版局，负责全省的出版社管理工作。

在出版社的四年，是我写作的一个高峰期。但来到政府机关后，一是日常事务多，二是我这人干一行爱一行，或者说干什么都不甘人后。因此，我将主要精力放在了行政工作上。1995年，我回到了出版社负责，又觉得肩上的担子很重，一个社几十号人的吃饭问题，还有领导的信任问题，如何把出版社办好的问题，我不能每天还去惦记着写什么，只能放弃了自己的文学爱好。偶尔有一点创作的冲动，但很快就被繁杂的日常事务给淹没了。人的一生，在一定程度上，环境决定了你的发展方向，除非，你觉得你在某一方面有特殊的才能，能排除外界的干扰，心无旁骛地做自己喜爱的事情。否则，你只能随波逐流。

当然，从出版的角度来看，我具有一定的写作和鉴赏能力，对于做好出版工作还是大有裨益的。对于一部作品的评价，我不仅有理论的判断，还可以从一位写作者的角度对作品的优劣得失作出判断，甚至，可以用我在创作实践中取得的经验，帮助作者提高作品的质量。在这方面，我做了很多的工作。因此，我是一个出版人，创作上我只能算是业余作者。

281

问：作家二月河在 2018 年底去世，《雍正皇帝》作为他的代表作之一，也是您作为责编的首次组稿作品，您和二月河先生三十年的友谊也给读者带来了很多优秀的作品。那么您是如何看待编辑和作家之间的关系的？

答：编辑与作家的关系，应当是相辅相成的关系。优秀的编辑，能够成就优秀的作家；优秀的作家，又会成就一位编辑的事业。中外出版史上，这种编辑与作家互相促进、互相帮助的事迹有很多。如叶圣陶在商务印书馆负责《小说月报》时，发现了尚在法国留学的巴金创作的中篇小说《幻灭》。当时巴金还是一个没有任何名气的文学青年，他原本希望能够为商务印书馆翻译一些作品来自费出版这本书，结果叶圣陶看了稿子后，认为巴金写出了一战之后上海青年理想破灭之际的情景，具有时代性和典型性，不仅在《小说月报》上刊载，还为其出版了单行本。受此鼓励，巴金后来写出了《寒夜》《家》《春》《秋》等一系列优秀作品。而巴金后来从事编辑工作后，又大力扶掖文学青年。曹禺创作的话剧《雷雨》，因为负责的编委不看好，在郑振铎和靳以主编的《文学季刊》放了半年而没能刊载，后来稿子到了巴金手上，巴金凭着他的艺术鉴赏力对《雷雨》给予了很高的评价，这部话剧才得以与读者见面。因此，有人认为，叶圣陶是巴金的伯乐，巴金又是曹禺的伯乐。到了"文革"后，河南作家张一弓创作的中篇小说《犯人李铜钟的故事》寄到巴金担任主编的《收获》，巴金顶着压力，刊载了这部以 20 世纪河南省信阳地区大饥荒为时代背景的小说，而从此也成就了作家张一弓。

还有如美国斯克里伯纳的知名编辑珀金斯发现与培养菲茨杰拉德、沃尔夫、海明威三位作家的经典故事，也说明了编辑与作家关系的重要性。珀金斯以自己的敬业与专业精神，发现了作家的创作才能，并帮助他们完善作品出版了菲茨杰拉德的《了不起的盖茨比》，沃尔夫的《时间与河流》，海明威的《太阳照常升起》，为美国文学史和世界文学史奉献了优秀的作品。而同时，三位作家作品的成功，也使珀金斯成了编辑这个行业的明星。因此人们称他为"天才"，有作家为他撰写传记并改编成电影《天才捕手》，使本来位居后台的编辑走上了前台，并在荧屏上展露风采。

我与二月河交往 30 年，我个人的体会是，无论是出版社的编辑还是作家，都要换位思考，用孔子的话说，叫"己所不欲，勿施于人"。出版社是一个要创造经济效益的企业，但不能不考虑作者一个字一个字爬格子的辛苦。如果出版社从作家的作品中获得了效益，一定要考虑作家的利益。我们主动将二月河的每千字稿酬25元改成6%的版税，从表面来看，出版社多支付了上百万元，但出版社赢得了作家的信任，将作家的作品留在了出版社，反过来又给出版社带来了更大的效益。当然，当初我们主动将二月河的作品的稿酬改为版税支付时，并没有想到作者什么额外的回报，我们是凭着一种朴素的做人做事的原则来处理与作家的关系的，这也应了中国的一句俗话："种瓜得瓜，种豆得豆。"

问：由您主持的《二月河文集》《张居正》等历史小说均获得了不错的反响，像这些既能够取得较好的经济效益又能成为经典的历史小说一般较少，您在主持这些历史小说出版的过程中有哪些考量？

答：一部历史小说获得成功并成为经典传之后世，一般要有三个要素：一是题材的选择。中国历史有五千年，可歌可泣的故事如恒河流沙，但并不是所有的历史都适合作为故事展开。罗贯中的经典历史小说《三国演义》，写的是东汉末年的动荡岁月，魏、蜀、吴三分天下又归于晋，波澜壮阔而又错综复杂，适合展示人物的性格。二月河的历史小说，将帝王将相作为一个个普通人物来写，不仅写他们的政治生活，也写他们的情长理短，这就打破了新中国成立以来以农民起义英雄作为历史小说主角的政治思维，为新时期的文学画廊增添了新的艺术形象。特别是三卷本的历史小说《雍正皇帝》，改变了野史中关于雍正的负面形象，塑造了一个勤于政事、肃贪倡廉、铁面无私的皇帝形象。这就给人以耳目一新的感觉。而历史小说《张居正》，写的是明代朝政经过多年的皇帝怠政和政治腐败，将致土崩鱼烂之际，张居正力挽狂澜，一手打造万历新政的特殊历史时期。二是人物的塑造。任何一部小说，只有塑造出栩栩如生的人物群像，才能达到审美预期。在二月河的小说中，无论是三位皇帝，还是书中描写的文臣武将，抑或三教九流、市井平民，都有鲜明的人物性格。如《雍正皇帝》中的师爷邬思道，虽博学多才，但命运不济，得以佑助未登基的雍正夺权，纵横捭阖，有如神助，但他深谙帝王心术，雍正夺权成功之际，即隐身告退，大隐隐于市。还有小说中的仆人狗儿，聪明伶俐、调皮有趣，后来出任封疆大吏，成为雍正的干臣。三是小说的情节与细节也很关键。小说的情节不仅是推动故事发展的关键因素，也是人物塑造的重要手段。人物的性格、故事的铺展，都要在合理的情节设置中推进。二月河与熊召政的小说，在情节的设置上都别具匠心，让读者如入山阴道上，奇花异草，让人目不暇接。小说中矛盾的冲突，一环套一环，往往叫人欲罢不能。同时，小说的细节更为重要，它是营造人物血肉的重要材料，一部小说的故事再曲折，但如果没有丰富的细节，也如一个衣服架子，没有生气。历史小说的细节的描写，在于作者对典籍的研读，对历史知识、历史文化的把握。要塑造出特定历史环境中的人物，必须营造出那个特定时代的历史文化氛围。从典章制度到日常生活、从传统文化到风俗民情，要根据不同人物的身份，再现他们的精神面貌。

因此，我在担任二月河和熊召政的历史小说的责任编辑时，是从上述三个方面来衡量小说的优劣与是否成功的。

问：您从事出版的这三十多年里，中国出版业历经了多次变革浪潮。那么在图书市场环境急剧变化的今天，您能否结合 2018 年出版业发展状况谈谈目前有哪些瓶颈需要去突破？

答：如果谈到突破，就要谈到"瓶颈"。中国的出版业，面临着来自不同方面的压力，一是品种数量的不断增长与读者需求好书之间的矛盾；二是数字化时代传统媒体与新兴媒体之间的矛盾。

中国图书的出版数量，2018 年，已经达到了 53 万种，其中新版图书 20.3 万种。如果从人均来看数量并不多，但中国是一个统一的图书市场，一年有 20 多万种新书上市，一般的书店是无法陈放的。这就造成了很多新书没有上架的机会，或者说上架的时间很短。同时，这些图书很多是重复出版，或者说仅仅在形式上有一些创新，因此，图书的重复出版是中国出版的一个瓶颈。2018 年，出版主管部门采取限制书号的方法来控制新书品种的增加，这种管理方法是否合理还值得商榷。过去主管部门曾经宏观调控多年，一个编辑一年五个书号，但后来还是放开了。通过书号来解决图书质量的问题，我觉得这还是在用计划经济的手段来处理市场经济中的矛盾，短期虽然可能会有一些作用，但不能从根本上解决问题。因为很多国家的书号并没有限制，但并不影响他们能够出版优秀的作品。解决图书重复出版的问题，一是要保护原创，鼓励原创，增加市场的有效供给；二是出版单位要从自身的效益出发，适当控制品种，精耕细作，在经营思路和管理措施上进行调整；三是在中国这个庞大的市场中，对于重复出版也不要过分担心。中国地域辽阔，人数众多，一种书如果在某个区域市场做好，就会有很大的销量。因此，从全国的角度来看，有些品种重复出版，就近销售，占领区域市场，也未尝不是一种经营策略。

数字化时代传统媒体与新兴媒体之间的矛盾，将会在一个较长时期内存在。一方面，新兴媒体在不断地扩大规模，通过技术的迭代推出新的产品，争夺读者的时间和空间。另一方面，传统媒体因为认识的问题、技术的问题、体制的问题、人才的问题，在转型升级和融合发展上进展不快，尚处于摸索阶段。因此，为适应数字化时代读者获取知识和服务方式的变化，要加快融合发展的步伐。

关于融合发展的问题，我认为，一是出版单位的领导层要提高认识，看到新兴媒体发展的趋势与前景。传统媒体虽然还有一定的市场，而且会持续较长的时间，但是，随着数字化时代的到来，"数字原住民"的队伍不断壮大，此消彼长是一个客观现实。所以，出版社要在资金和人才配置上向新兴媒体倾斜，从某些项目入手，积累经验，然后逐步扩大范围。二是要运用资本，与具有潜力的新兴媒体合作，进入新兴媒体市场。三是要密切跟踪科学技术的发展变化，特别是人工智能的不断进步，要有计划地将新兴技术用在出版的适当环节上。当然，无论是传统媒体还是新兴媒体，都与管理者的领导能力、组织能力、战略视野有密切的关系。媒体要选拔有专业背景、懂经营、会管理的复合性管理人才担任出版单位的领导，这是中国出版当前需要重视的一个首要问题。特别是大学出版社，实行社长任期制，一个社长在出版岗位刚刚摸索到经验，积累了一些资源，结果又要换到另外一个岗位上去，这对于中国大学出版社的发展是不利的。

问：知识付费是互联网催生出的新兴知识售卖模式，传统出版业如何在知识付费的时代分一杯羹？

答：知识付费是数字化时代出版服务的一个新领域，在传统媒体向数字化转型的过程中，知识付费是一个很好的途径。传统出版业要从知识付费中取得收益，就要充分发挥自己的优势。从国内大多数的出版单位来看，都已拥有一定的版权资源、作者资源，这些纸介质上的知识如果通过一定的途径和方法，可以转化为数字化的知识付费。如北京大学经济管理学院薛兆丰教授的《北大经济学》，在"得到"APP上卖得很火，据说销售收入达到了2000多万元。在此之前，同心出版社、北京大学出版社先后出版了薛兆丰的《经济学通识》，遗憾的是，传统出版社没有将薛兆丰的作品搬到互联网上，而是新兴媒体将薛兆丰的作品炒火了。这从一个方面说明，传统媒体实际上是拥有自己的版权资源和作者资源的，如果通过一定的方式，是可以将纸质出版物转换成知识付费项目的。

因此，出版单位要盘点自己的版权和作者资源，看看哪些内容适合做知识付费，哪些作者可以做知识付费。从目前知识付费的方式看，主要有三种：一种是听书，一种是有偿互动，一种是采用 AR/VR/MR 技术。这都是在纸质作品上为读者提供增值服务、提高阅读在场体验。听书这种形式目前比较普遍。出版社可以将适合的图书请人朗读，或者用读书软件制作成音频，放在听书平台上，如知名的喜马拉雅音频分享平台，目前有 4.8 亿听众，听众通过付费，就可以收听自己喜欢的图书，出版单位与平台则根据听众的付费情况按照一定的比例分成。当然，出版社也可以将这种音频文件附在自己的图书上，读者通过二维码这个"桥梁"进入后台。如中国青年出版社出版的《格兰特船长的女儿》一书，书上附有二维码，读者扫码即可进入听书频道免费听本书的音频，同时还能了解图书翻译的过程，了解凡尔纳科幻经典"海洋三部曲"的秘密线索。目前更多的一种方式是出版社创办自己的微信公众号，读者通过图书或者期刊上的二维码扫码进入公众号，与后台的专家进行交流，或者听专家的解读。如重庆的《课堂内外》杂志社，在中考前夕，让读者通过扫码进入后台，与专家沟通，五天内刊物增收几千元。该刊物公众号一年时间内粉丝数量增加了 10 倍，为杂志社每月增收几十万元。《三联生活周刊》通过"中读"客户端和"松果"APP，为读者提供知识付费服务。2018 年，《三联生活周刊》的知识付费收入达到 5000 多万元。而有的出版社则是采用 AR/VR/MR 技术为读者提供增值服务。如长江文艺出版社的科幻读物《侏罗纪世界》运用 AR 技术，通过手机扫描图片，让孩子身临其境进入远古世界，观看恐龙的一举一动。湖北科学技术出版社《医学混合现实》一书，则在 AR/VR 的基础上采用了 MR 技术。骨科医生在手术室中为病人手术时，患者家属可以在室外观看手术的过程，此外，此书还可以供医学院学生教学使用，以及通过 MR 技术进行远程医疗。人民文学出版社的《朗读者》一书，是根据中央电视台同名节目改编，图书运用 AR 技术，读者通过扫描书上的图片进入电视现场。虽然出版社不需要读者另行付费，但图书的定价比较高，前三册共 156 元。这种形式促进了图书的销售，上市 8 个月销量突破 120 万册。出版社围绕本书，还延伸开发了《朗读者手账》《朗读者台历》等产品。由于传统出版单位过去主要是从事纸质出版物的编辑出版工作，对于知识付费缺少技术和经验，因此，出版单位需要适时引进人才，成立项目组，由小到大，由少到多，积累经验，进入知识付费领域；也可以与现有的技术公司合作，共同开发知识付费项目。武汉理工大学融合出版试验室开发的 RAYS 现代纸书系统，利用大数据打造了一个线上线下互动的商业模式，为出版社知识付费项目的开发提供了一个全新的平台，出版社可以与这些技术公司合作，尽快实现知识付费。

问：在数字化环境下，新型出版技术不断出现，对编辑提出了更高的要求。您能否谈谈编辑这一职业在现今的出版业中应当如何定位，应该具备哪些职业素养？

答：我先来回答你的第一个问题：在数字化时代，面对新型出版技术的不断出现，编辑这个职业如何定位。其实，无论是工业化时代的传统媒体编辑，还是数字化条件下的编辑，对于编辑这个职业的要求，基本都是一致的。为什么说没有什么根本性的变化呢？因为编辑的功能，就是根据读者和市场的需求，对信息或者知识（或稿件的内容）进行选择和加工。传统的编辑是做这种事，新兴媒体的编辑也是做这种事，只不过，一个是在纸介质上修改与加工稿件，一个是在电脑上修改与加工稿件。在本质上没有任何区别，唯一的区别是互联网时代的编辑，在产品的内容与形式上，更要时刻以读者为中心，考虑读者的接受。这就是我们常说的互联网思维。

第二个问题是编辑的职业素养问题。在数字化时代的背景下，对编辑的要求与传统媒体时代相比，既有相同也有不同之处。相同的是，所有的编辑，都要有敬业精神，要热爱自己所从事的行业。热爱才有动力，才会发挥主观能动性。同时，无论是传统媒体还是新兴媒体的编辑，都要有一定的专业背景，为了更好地胜任工作，要掌握尽可能多的知识，做到"专"与"博"相结合。因此，无论你现在具有什么学历，编辑都要树立终身学习的态度。向书本学，向实践学，向自己所编辑的图书学。同时，编辑要动笔写写东西，具有一定的写作才能。编辑写作主要围绕自己的工作来开展，这有三个方面的好处：一是要对所编辑的图书进行宣传推广，扩大自己所编辑的图书的影响力。二是要注意提高专业水平，便于与作者沟通。没有吃透作者的原意，或者没有理解作者的写作意图，作者很难接受你的意见和建议。三是写作能提高理性思维水平，养成你不断发现问题的意识，同时，只有动笔才能提高你读书学习的质量。当然，在数字化时代，编辑也要掌握一定的数字化技术，跟上科技发展的步伐，了解读者新的需求，以便策划出新的数字化产品。同时，如果自己能够掌握一些新的技术，利用新的数字平台进行纸质图书的宣传推广，或者制作知识付费项目，无疑会让你的工作更得心应手。

问：电影《流浪地球》收获了46亿票房，也带动了图书的大卖，对于这种文学作品影视化改编的模式您有何看法？

答：影视与图书互动，一直是图书市场上最好的营销模式。20世纪末，根据二月河先生的长篇小说《雍正皇帝》改编的电视连续剧《雍正王朝》上映时，因为电视剧十分受欢迎，极大地带动了《雍正皇帝》的销售。仅电视剧播映期间，出版社正版图书就销售了25万套。这应当是中国本土影视与图书互动的第一次成功典范。后来长江文艺出版社出版的历史小说《张居正》也被改编成46集电视连续剧，虽然影响不及《雍正皇帝》，但也带动了小说的销售。因此，出版社在选择图书的稿件时，就要关注作者的图书能否被改编成影视。因为影视是拉动图书畅销的一个重要因素。如爱情小说《山楂树之恋》一书，图书上市后并没有引起市场的关注，后来由张艺谋导演、周冬雨主演的同名电影上市，图书才热销，一度占据了全国畅销书排行榜。李可撰写的职场小说《杜拉拉升职记》，本来上市之初销售也很一般，由徐静蕾改编成同名电影和电视剧后，小说持续热销，并带动了同类题材小说的销售。受到观众欢迎的影视拉动图书销售是无疑的，但是，并不是所有的影视都能拉动相关图书销售。如果影视拍摄的质量一般，或者没有很好地体现原作者的创作意图，或者上映的时间与频道不理想，也起不到拉动图书销售的作用。另外，图书与影视是否能产生共振这种效果，也取决于图书本身的质量。如果图书的文学水平比较低，即使影视在二度创作中赋予了很多新的创意，影视播映后很成功，但读者购买这本书后，觉得未尽人意，图书同样不会热销。特别是有些小说，是作者先创作影视剧，然后再改编成小说，这种影视小说往往只有情节，没有细节和心理的描写，缺少文学感染力，虽然在影视播映期间可以多少拉动一些销售，但随着影视播映的结束，此类图书很快也会退出人们的视线。因此，无论是影视还是图书，是否互动成功，质量还是最关键的因素。

问：市场调研是图书选题策划中的一个重要环节，直接关系到图书后期的发行情况，那么图书策划人该如何进行有效的市场调研呢？

答：开展市场调研，首先涉及信息的收集、分析与整理。如何收集信息，到何处去收集信息呢？我认为有如下几个方面：（1）书店（含网上书店）；（2）读者；（3）媒体（包括新媒体）；（4）作者；（5）数据调查公司；（6）排行榜；（7）评奖资讯。

在互联网不发达的时代，实体书店是图书销售信息的一个重要来源。读者购买什么书，喜欢什么书，到书店去就知道了。虽然现在有网上书店，但实体的图书比网上书店虚拟的图书给人的印象还是要深刻些。在实体书店中，我们不仅可以了解图书的销售情况，还可以看到近期上架的新书的装帧设计、纸张工艺、印刷技术的变化，这对于出版人而言也是要必须掌握的信息。同时，在当当、京东、亚马逊等网上书店，我们可以看到近期是哪些书在畅销，哪些书读者的留言评论最多，可以从中大致了解当前图书市场的阅读趋势与读者的阅读趣味。

如果是做青少年图书或者教辅类图书，到学校去做一些调查也很必要。你可以从学生那儿听到他们对图书的评价，了解他们当前最喜欢最热销的图书是什么，他们最希望看到什么图书。

媒体是获得信息的一种重要渠道。传统的报纸虽然正在式微，但传统媒体都有自己的电子报纸和公众号，从这些媒体上可以获知出版的信息。当然，一些新兴的媒体，如澎湃新闻、今日头条、新浪网等都有有关出版的信息，我们要保持经常浏览的习惯，形成一条线性的信息链，掌握出版的动态。

有些作者，不仅自己能够撰写著作，而且对图书市场也十分了解，编辑要逐步拥有自己的作者"朋友圈"，从他们那里了解写作的动态，吸取他们对图书市场的判断。目前国内还有专门的图书信息调查公司，如北京开卷信息技术有限公司。这家公司从全国的 3000 家实体书店、3000 家网上书店获取图书销售信息，然后通过计算机进行数据处理，统计图书市场的销售动态。如果出版社从该公司订购开卷的资讯，就可以从这些动态信息中，了解全国不同出版社、不同地区、不同种类图书的销售数据。现在还有一些数字公司运用大数据技术和人工智能技术，通过从网上抓取关键字，分析图书市场趋势、读者阅读热点，帮助出版社进行选题策划。

除此之外，国内外各种图书评奖信息也是编辑要关注的方面。因为获奖的图书代表了一个时期创作与出版的最高水平。编辑不仅可以从这些图书中了解图书出版的信息，还可以从中寻找到优秀的作者。

为什么我列出这么多的市场调研的方向和方法呢？因为图书选题的策划，是一种创造性的活动，每一种新书都是在前人已出版图书基础上的一次内容与形式上的突破。希望依靠某一种信息收集的方法就可以获取到有价值的选题信息，这是有局限的。所以从事出版工作的编辑要具有"天眼"，"耳听六路，眼观八方"，并且"持之以恒"，只有将获得的各种信息进行比较、筛选、淘汰，通过"沙里淘金"，才能找到我们所需要的真正有用的信息。当然，这里谈到市场调研好像很复杂，但只要做有心人，我们都会"逢山开路，遇水架桥"。

原载于《中文论坛》第 9 辑，社科文献出版社 2019 年出版

第五辑

文学天地

莫言获诺奖对文学出版传递的正能量

2012 年，瑞典文学院将诺贝尔文学奖授予中国作家莫言，这不仅让莫言本人感到"惊喜和惶恐"，也让中国所有的作家、热爱文学的读者欣喜莫名。

出生于山东高密的莫言创作勤奋，著述颇丰，新时期之初以中篇小说《透明的红萝卜》和长篇小说《红高粱家族》引起文坛青睐，后以《丰乳肥臀》《生死疲劳》《檀香刑》《蛙》等奠定了其文坛地位。他以家乡高密为原型建构自己文学地理的故乡，坚持书写乡土中国，剖析人性，用多变的艺术风格创造了丰富瑰丽的文学世界。他的想象汪洋恣肆，语言诙谐幽默，叙述视角变化多端，文体出奇制胜，用"魔幻般的现实主义将历史与现实结合在一起"，创造了属于莫言自己独特的文学世界和精神品质，所以人皆曰莫言获诺贝尔文学奖是实至名归。

莫言获奖，举国欢呼，有人言，这不仅是莫言本人的胜利，也是中国文学的胜利，实际上，我们也可以称之为中国文学出版的胜利。因为，如果没有中国的报纸、刊物和出版社，莫言的创作才能是无法呈现出来的。作为出版人，我们不仅要为莫言高兴，为中国文学走向世界高兴，还应当研究莫言获诺贝尔文学奖后将会给中国文学出版带来什么。近来社会上流行用"正能量"来评价一件事发生后产生的正面影响与作用，我们能否也借用这个词，探讨莫言获奖将会对中国文学出版产生哪些"正能量"呢？

　　首先，莫言作品获奖，使出版社在评价、选择文学作品时有了一个新的参照系。新时期以来，西方各种哲学思潮与文学思潮蜂拥而至，如叔本华的反理性主义、弗洛伊德的精神分析学说、萨特的存在主义、柏格森超越理智的直觉、索绪尔的结构主义，如西方文学思潮中的意识流小说、存在主义文学、荒诞派戏剧、表现主义诗歌等，中国的作家们几乎是将西方哲学思潮影响下的现代派文学样式轮番试验，从伤痕文学到意识流小说，从寻根文学到魔幻现实主义，从朦胧诗歌到荒诞派戏剧，一个流派代替另一个流派。有益的"拿来"是必要的，新时期的思想解放与文学创作的繁荣得益于此，但不少作家的作品，几乎都可以找到借鉴的痕迹和模仿的对象，唯独莫言，我们从他的作品中可以看到福克纳，看到马尔克斯，看到萨特，看到弗洛伊德，可见莫言吸收创造的能力之强。他吸收世界文学的营养，然后将自己独特的生命体验融汇其中，形成了别人不可模仿的异质的文学世界。编辑的本质就是选择，选择需要标准，今天的莫言就是我们的标准，那就是文学作品需要创新，需要继承中的发展，需要世界眼光、中国特色，需要大悲大悯、大爱大恨，让文学深入读者的心灵。

　　其次，莫言作品的获奖，将会激起全社会对文学作品的再度关注。新时期以来，特别是20世纪80年代，一部作品的问世，都会激起整个社会的广泛议论。从卢新华的《伤痕》到刘心武的《班主任》，从王蒙的《活动变人形》到韩少功的《爸爸爸》。但进入20世纪90年代的后半期，特别是进入21世纪，整个社会重商主义盛行，文学被边缘化、圈子化，文学阅读成为一种奢侈，过去一部小说发行几万几十万的情况少有了，真正畅销的作家屈指可数。莫言获奖，经过媒体的热炒，无论是文学读者，还是普罗大众，大家都想一睹为快。但也许不需要太长时间，人们会从莫言那儿转移到其他作家的作品身上。用诺贝尔文学奖评委马悦然的话说，"中国目前具有世界水平甚至超过世界水平的作家，并不在少数"。当人们的物质生活得到满足，当人们的精神需要寻求寄托或者需要找到寄托之处时，文学也许会再度得到社会的重视。为社会提供这种可能的就是我们出版界。出版界不仅提供物质属性的产品，更重要的是提供高质量的精神产品，这一点，出版人已经达成了共识。让我们将这种共识转化为行动，把国内具有世界级水平作家的作品奉献给中国读者，这种行动会为文学阅读、文学出版掀起新的高潮。

　　再次，莫言作品获奖，对于中国文学、中国出版"走出去"，是一个很好的契机。莫言作品获奖，让全世界的读者进一步地了解了中国文学，同时会促使他们进一步地关注中国文学。用一位诺贝尔文学奖评委的话说，"所谓的世界文学就是好的翻译"，这话有一定的道理。中国当代文学要走向世界，必须要大力向全世界准确地译介中国文学的优秀作品。这方面，中国的出版界责无旁贷。积极的推荐，制度化的版权贸易机制，是保证中国文学走向世界的根本。

最后，在出版界转企改制的背景下，莫言作品获奖，对我们反思作为企业的出版社如何运作也有积极作用。当前，转企后的出版社迫于发展的压力，大多数采取扩大品种规模或者多元化发展来寻求突破。适度地扩大品种是无可厚非的，但中国出版的新书品种逐年呈上升趋势，2011年达到20.8万种，由于独立书店的减少，民营书店的减少，加上除纸介质图书以外的多媒体的冲击，图书销售增长缓慢，这就摊薄了图书的单本利润率。莫言获奖，使他原来出版的所有的图书出现空前的销售热潮，如此盛况，又会给整个出版产业链带来多少产值呢？这就告诉我们，发现人才、培育大师、重视经典，是出版行为中事半功倍的举措。我们不能广种薄收，去靠漫无目的地增加品种来追求所谓的规模。当然，莫言是一个特例，但对于文学出版而言，少而精、追求单位面积产量，这个基本规律是不可更改的。

总之，有人解读莫言的笔名，是无法言说。那么今天的莫言，却让我们的出版人无论从什么角度，都有可以言说之处。所以，我以为，这就是莫言给我们出版界带来的不可尽言的"正能量"。

原载于 2012 年 11 月 23 日《中国新闻出版报》

从出版人角度看"茅盾文学奖"

从 1982 年至 2015 年，茅盾文学奖的评选已经历经九届，九届共评选出 43 部获奖作品（其中包括两部荣誉作品）。关于茅盾文学奖的评奖方式与获奖作品的思想内涵与艺术水准，各界评价不一。大多数人认为，这些获奖作品的思想文化内涵及艺术创新的程度，基本代表了中国当下长篇小说创作的最高水平。入选作品的选择范围、评奖程序，尽管有待改善，但基本是公开与公正的。例如第八届茅盾文学奖的评选，引入了大评委制、实名制，允许网络作品参评，并且每轮投票的结果在网上公示，较以前的评奖方式而言，增加了透明度。但是，对茅盾文学奖的产生机制与获奖作品的臧否，仍然不绝于耳。我从出版的角度，探讨茅盾文学奖产生机制的得与失。

一、从市场角度看茅盾文学奖在读者中的认知

在分析讨论茅盾文学奖之前，本文先提供历届茅盾文学奖获奖作品的市场销售抽样情况。以下销售数字，由北京开卷信息技术有限公司从全国 700 个城市的 1800 个实体书店的实际销售统计而成。抽样书店的数量由少到多，已经从最初的 1/7 扩大到目前的 1/3。因为是抽样，实际销售还应乘上三倍

至四倍才基本反映读者购买的实际情况。该抽样数字是北京开卷信息技术有限公司从 1999 年建立统计模型至 2019 年 6 月的全部统计计算结果。多数作品都先后曾由几家出版社分别出版,本统计取销量最高版本的累计开卷监控数据。

第一届茅盾文学奖(1982 年)
《许茂和他的女儿们》 周克芹 13638 册
《东方》 魏巍 9960 册
《将军吟》 莫应丰 14076 册
《李自成》(第二卷) 姚雪垠 11070 册
《芙蓉镇》 古华 31061 册
《冬天里的春天》 李国文 10470 册

第二届茅盾文学奖(1985 年)
《黄河东流去》 李凖 8153 册
《沉重的翅膀》 张洁 19144 册
《钟鼓楼》 刘心武 21313 册

第三届茅盾文学奖(1988 年)
《平凡的世界》 路遥 1955324 册
《少年天子》 凌力 14153 册
《都市风流》 孙力 余小惠 14901 册
《第二个太阳》 刘白羽 11619 册
《穆斯林的葬礼》 霍达 591180 册

荣誉奖
《浴血罗霄》 萧克 6613 册
《金瓯缺》 徐兴业 14499 册

第四届茅盾文学奖(1998 年)
《战争和人》(一、二、三) 王火 8186 册

《白鹿原》 陈忠实 691048 册

《白门柳》（一、二） 刘斯奋 11496 册

《骚动之秋》 刘玉民 12399 册

第五届茅盾文学奖（2000 年）

《抉择》 张平 18291 册

《尘埃落定》 阿来 117825 册

《长恨歌》 王安忆 93378 册

《茶人三部曲》（一、二） 王旭烽 13675 册

第六届茅盾文学奖（2005 年）

《张居正》 熊召政 44859 册

《无字》 张洁 13651 册

《历史的天空》 徐贵祥 35722 册

《英雄时代》 柳建伟 10319 册

《东藏记》 宗璞 13206 册

第七届茅盾文学奖（2008 年）

《秦腔》 贾平凹 57853 册

《额尔古纳河右岸》 迟子建 68165 册

《湖光山色》 周大新 18044 册

《暗算》 麦家 29265 册

第八届茅盾文学奖（2011 年）

《你在高原》 张炜 7629 册

《天行者》 刘醒龙 45323 册

《推拿》 毕飞宇 77041 册

《蛙》 莫言 322224 册

《一句顶一万句》 刘震云 211342 册

第九届茅盾文学奖（2015 年）

《江南三部曲》 格非 100291 册

《这边风景》 王蒙 148389 册

《生命册》 李佩甫 88478 册

《繁花》 金宇澄 302769 册

《黄雀记》 苏童 108229 册

从以上数字我们可以看出，同样是获得茅盾文学奖的长篇小说，销售数字也大不一样。多者如《平凡的世界》，少者如《你在高原》，相差甚巨。尽管有技术因素，如《你在高原》卷数多，加上刚刚出版，但有些同时获奖的也相差很大。市场的销量是否反映了读者的价值取向，它是否说明了作品本身的经典性与生命力呢？如从抽样数字看，销售量较高的有《平凡的世界》《穆斯林的葬礼》《尘埃落定》《白鹿原》《蛙》《繁花》。（需要说明的是，开卷数据1999年才建立，在此之前的图书销量没有统计在内；受开卷抽样方式所限，监测数据不能完全等同于实际销量。）对这几部作品获奖，业内外应当说没有什么争议。这就说明，优秀的文学作品经过读者的选择与时间的沉淀，无论出版时间长短，其生命力都是十分强盛的。

姚斯在《文学史作为向文学理论的挑战》一文中指出："在作者、作品与读者的三角关系中，后者并不是被动的因素，不是单纯地作出反应的环节，它本身就是一种创造历史的力量。"在这些由专家和普通读者构成的"读者"群体中，对作品的共鸣与测量，基本反映了作品的艺术感染力如何。何况这些读者，是以高度的自觉，来参与作品的二度创造的。其次，有些作品，尽管已经获奖，但读者反映冷淡，销售情况很不佳。正如茅盾文学奖三届评委、资深出版评论家雷达先生所说："茅奖也有一些作品，曾经轰动一时，时过境迁，因艺术的粗糙而少有人提及。"

当然，从获奖作品来评价一位作家的创造力与创新力，以此来评价他本人在文学界的地位，并不够科学。如有些获奖作家的其他作品，无论是思想内涵还是艺术创新的水平，都比他本人曾经获得茅盾文学奖的作品更受到理论界和读者的欢迎，但由于评奖过程中的某些缺陷，获奖的却不是作家的代表作，所以此销售数据并不能完全说明一个作家的艺术创造力的强弱。如张炜此前出版的《古船》，监测销量达到数万册，远远超过他目前获奖的《你在高原》。《古船》所透露出的历史的厚重与艺术的创新，是当代长篇小说创作中公认的佳作，但由于各种原因，《古船》在当时并没有获奖。所以，我们不能简单地以这个监测销量来整体评价一个作家的社会贡献。

二、从传播学角度看茅盾文学奖与出版的互动

茅盾文学奖虽然是众多文学评奖中的一项，但毋庸置疑，在作家和读者的心目中，茅盾文学奖的获得是作家奠定其在文学界地位的一个重要标志，因为长篇小说成功与否基本是一位作家创作能力与水平的体现。所以，茅盾文学奖的评奖过程不仅成了文学界的盛宴，也成了出版界关注的重要事件。作家创作的长篇小说获奖是其创作生涯中一块重要的里程碑，出版社出版的图书获奖也说明了其在文学作品的选择与出版中的眼光和能力。因此，文艺出版社都将自己出版的图书获得茅盾文学奖看成是实力的展示。第八届茅盾文学奖评选结果出来后，上海的《解放日报》曾刊发一则消息，《第八届茅盾文学奖揭晓文艺出版社实现上海出版界零的突破》，还有报纸在转载这条消息时加上《二十年三代人接力终成正果》，由此可见出版界和媒体对获茅盾文学奖的重视程度。

从以上获奖篇目分析得出，九届茅盾文学奖，人民文学出版社一家即有17种图书获奖（其中《暗算》2003年由世界知识出版社出版过，后作少量修改后由人民文学出版社出版。申报茅奖时由人民文学出版社申报，所以计算在此）。北京出版社（含十月文艺出版社）共有5种书获奖，作家出版社有6种书获奖，上海文艺出版社有3种书获奖，中国青年出版社与长江文艺出版社、浙江文艺出版社各有2种书获奖，中国文联、百花文艺出版社、解放军文艺出版社、海峡文艺出版社、群众出版社、广东花城出版社各有1种书获奖。不难看出，获奖图书主要集中在人民文学出版社。

人民文学出版社的长篇小说几乎届届获奖，这说明了作为一家国家级的文艺出版社，历来重视原创作品的出版、重视文化的积累。张洁在创作《沉重的翅膀》时，因外部因素精神压力很大，时任总编辑韦君宜不仅挺身而出支持她，还帮助她修改作品。所以有人说，如果没有韦君宜，不仅这本书不会获奖，张洁本人也不会成为一个知名的作家。《尘埃落定》作者阿来曾先后向四家出版社投稿，后来也是人民文学出版社的女编辑脚印慧眼识珠，才使这颗明珠没有暗投。其他茅盾文学奖获奖作品的出版过程中，也都不同程度地体现了编辑

的参与。这说明了一部好的作品，不仅作者稿件的质量至关重要，编辑智慧的投入也同等重要。编辑站在文学史的高度，站在时代的前沿，对一部作品进行理性的审美判断，并进行编辑技术的处理，才完成从作家、作品到读者的过程。

图书能否获奖，首先是要让理论界，特别是评委认可，但更重要的是需要读者和社会的认可。一部作品如果停留在少数人的圈子中，时间会将其遗忘。世界上的任何经典作品，都是通过读者的口耳相传才赋予生命力的。而出版社作为传播中介，在这方面发挥了重要作用。如这些获得茅盾文学奖的作品，曾分别由数家出版社出版，读者和图书馆珍藏、购买有些困难，人民文学出版社最先于2000年将本社出版的获奖图书统一包装为"茅盾文学奖获奖书系"，2005年，人民文学出版社经由兄弟出版社的支持，除在各社依然出版获奖图书的单行本之外，他们又统一出版了获奖作品全集。（有些社也出版了另外的合集，如长江文艺出版社于2009年出版了"茅盾文学奖获奖历史小说系列"）这些合集极大地促进了作品的传播，如很多作品列入了人民文学出版社的学生必读丛书后，销量比首次出版的出版社的销售量还要大。

所以，从传播学的角度看，出版在茅盾文学奖的生产与传播过程中，发挥了催生和养育的作用。如果将作者的稿子比喻为一粒种子，编辑就起到了浇水、施肥和展示的功能。一粒好的种子能否成为一朵美丽的花朵，出版在这里扮演了园丁的角色。当然，茅盾文学奖获奖作品对于出版而言，不仅是增加了出版的优秀品种，而且在某种程度上，也为出版社选择作品在某种程度上，提供了一种范本，或者说是一种指向。编辑在判断作品时，某种程度上会自觉与不自觉地将手头的书稿与已经获得茅盾文学奖的作品进行比较，对作者提出要求或者决定取舍。

三、从出版人的角度看茅盾文学奖的未来

茅盾文学奖的设立，本来缘于茅盾先生1981年病危之际口述的遗愿，但实际上它已经演变成了一个国家级的最高奖项。从评奖的范围、程序、评委的遴选看，都是十分庄严和隆重的。特别是第八届茅盾文学奖的评选，更是受到各界的关注。用雷达先生的话说，"茅盾文学奖基本上反映了当代中国长篇小说创作的水平"。可以说，目前在中国，还没有一个奖项可以代替它在文学界，特别是长篇小说创作中的地位。但客观来说，这43部获奖作品，从质量上看，

301

还是良莠不齐的。有些是因为时代的因素而入选，有些是因为强调主旋律而入选。如前所述，经过一段时间，当评论界和读者反思当初入选的作品时，都有一些遗珠之憾。如雷达先生在《我所了解的茅盾文学奖》中所说，"一些没有获奖的作品，其影响力也丝毫不容小视，比如张炜的《古船》，王蒙的《活动变人形》，铁凝的《玫瑰门》，还有二月河的《雍正皇帝》，唐浩明的《曾国藩》等"。

当然，一部作品的价值与能否流传于世，并不在于获什么奖。中国古典四大名著，当时并没有获什么奖项，却流传至今。《红楼梦》一书甚至是作者在世时还没有写完，经后人续补才臻于完善。但这些小说却与我们的民族、与我们的文化紧紧地焊接在了一起。反观之，我们设立这个奖项，应当尽量地减少遗憾。诺贝尔文学奖的获奖作品从今天看，大多都经历了时间的检验，成为文学经典。茅盾文学奖是中国文学界的最高奖，如何提高茅盾文学奖评奖过程的科学性，仍然值得我们探讨。作为一个出版人，我认为，要树立茅盾文学奖的权威性与公信力，可以采取以下措施：

（1）评奖周期可以从目前的四年一届延长到六至八年一届，这样选择的余地就会更大些。

（2）对于以往遗漏的作品，可以重新再次补报。

（3）评奖过程要尽量减少非文学的干预。

（4）评委要更专业，更具代表性。

任何的评奖，都是对当下的肯定，对未来的昭示，茅盾文学奖莫不如此。作为一个时期的长篇小说范本，它既是对创作的一种启示，也是对读者阅读的指引，更是对出版者的一种肯定和褒奖。为了中国的文化建设，丰富我们的精神财富，我们期待着中国的茅盾文学奖评奖更加科学与合理。

原载于《文学新观察》2011 年第 12 期，后有增补

文学出版如何走出低谷

探讨文学出版的式微，实际上离不开两个向度：文学创作与文学出版本身。因为文学创作是文学出版的源头，文学出版在一定程度上推动文学创作——两者是相互依存与相互促进的。

中国的文学创作是一种什么状态呢？新时期之初，中国文学曾经出现过一个复兴的高潮，无论是小说还是诗歌、戏剧，每一篇作品问世后都曾引起全社会的关注。《班主任》《伤痕》这些今天看来略显稚嫩的作品，曾经引起全社会的关注。《致橡树》《请举起森林般的手，制止》，曾让不同阶层的读者激动不已。随着市场经济的深入、互联网技术的发展、多种传媒的兴盛、一批作家主体意识的缺失，中国的文学创作数量虽然还在不断增长，但质量却有所下降。如从近年最为权威的茅盾文学奖的评奖结果来看，尽管千挑万选，但缺少那种史诗性的佳作。作家不乏对现实的生动描摹，但无论是展示生活的沉重还是对丑恶的批判，都缺少那种有深刻的思想性、优雅的文学品质的力作。仍然在坚持写作的作家们，面对物欲的诱惑，大多数也无法安下心来精心地打磨自己的作品。少数作家把写作当成"码字"，日书万言，不断重复自己。还有些作家，缺少中国文化的底蕴，漠视中国文学的传统，反而拜倒在西方现代派作家的石榴裙下，以模仿为能事，从一个国家模仿到另一个国家，从一个流派"借鉴"到另一个流派。人们甚至可以从作品中很明显地找到某某国家、某某作家的痕迹。诗歌的创作更是成为少数人的坚持，尽管目前也还有不少诗歌刊物，但已很少有让读者熟知的作品。德国汉学家顾彬曾经尖锐地批评中国当代文学的失落。顾彬作为一个德国汉学家在谈论中国文学时显然有些片面与极端，但顾彬的批评从另一个角度印证了中国当代文学的困窘。清华大学的肖鹰在《当下中国文学之我见》一文中曾指出："当下中国文学处于非常的低谷—— 一方面，从外部条件来看，文学遭遇了来自电子媒介艺术的前所未有的冲击，文学在文化生活的结构上被边缘化，其社会影响力跌落到微乎其微的程度。另一方面，从内部状态来看，文学的自由创作精神和理想意识严重退落，这既表明作家群体文学原创力的普遍下降，也表现为批评家群体的批评意识和批评能力的普遍下降。"

当然，当下中国文学创作不景气，并不是说作家的创作就没有一部可以值得一提的佳作。只是相对新时期而言，整体上的一种沉寂，相对中国悠久的文学传统，一种暂时的塌陷。中国文学创作的尴尬，可想而知就会影响到中国文学的出版。"巧妇难为无米之炊"这句俗语，用在这里就十分形象。

中国的文学出版并不是乏善可陈，从开卷的排行榜上，我们每月都可以看到有不少的新书出现。但我们细致分析，就会发现近年来的文学畅销书，主要集中在引进版图书、青春文学以及一些"类型化"写作的图书，如悬疑、穿越、职场等，真正的文学作品寥寥无几。文学出版质量的缺失固然与文学创作有密切的关系，但文学出版的自身也存在一定的不足。

分析文学出版质量下降的原因，主要体现在外部与内部两个方面。从外部来看，一是随着我国市场经济地位的确立，出版社的意识形态色彩减弱，图书的商品属性得到了加强。出版社由生产型向生产经营型转变，由事业向企业转变，这样，出版社就不仅面临着要重视社会效益更要重视经济效益的局面。因此，出版社的资产收益和人均创利如何成为考核的重要指标，出版社在选择出什么与不出什么方面更多地考虑的是经济效益。二是随着中国商业社会的成熟与不断发展，整个社会重商与金钱崇拜的风气日益浓厚，作为社会一员的出版社无疑也受到整个社会的浸润，在出版计划的安排与出版品种的实施上，急功近利与饥不择食也就时有所见。三是由于不同传媒手段的涌现，特别是随着数字出版技术与互联网的发展，文学阅读的时间受到挤压，纸介质图书包括文学图书的空间越来越狭小。这是科技发展的必然，但对于文学，确是致命的一击。虽然互联网技术的发展，对文学创作来说是一种革命性的"进步"，在互联网上，作者、出版者、读者融为一体，文学创作的自由与全民性，得到了体现，但互联网的优点也成了文学生产致命的缺点。作者有了写作的自由，有了发表的自由，但读者却没有了阅读经过编辑认真选择的优秀作品的机会。良莠并存、垃圾遍地，无节制的写作成了对文学及文学出版的戕害。四是图书品种与数量的持续增加，新时期之初井喷式的阅读冲动已经减弱，文学作品的单册销量锐减，消费制约生产，出版社拼命增加新书的数量，但经济效益并没有得到提高。从内部来看，文学出版的衰落在一定程度上与出版社自身也有很大关系。一是部分出版社文化使命淡漠，价值取向偏离。不管图书质量如何，不管出版后的社会影响如何，只要能为出版社带来经济效益，出版社"照单全收"。这种现象虽然与社会政治、经济的巨大变迁有关，但与出版人文化追求的缺失有密切的关系。出版社不能说每一本书都有重要的社会影响与文化积累价值，但在出版社图书结构的安排上，必须有一部分具有原创价值，具有一定思想性与艺术性的作品。日积月累，出版社的特色也就得到显现。二是出版社缺少创新意识，重复出版、跟风出版盛行。因为这种跟风与重复出版，不需要承担任何风险，不需要去"站在文学的高度"千挑万选。所以有一些在新时期风头甚健的文艺出版社放弃专业追求，大量安排出版教材教辅和生活类图书。出版的过程实际上就是一个选择的过程，选择什么与不选择什么，体现了出版人的境界。近年来，有影响的长篇小说的缺失，诗歌的冷落，黑幕文学、两性文学的流行皆缘于此。三是由于出版社目前仍属于审批制，每一个省都有相同门类的出版社，每一个省都有独立的出版需求与出版资源，尽管上下疾呼改革，但很多文艺类出版社至今仍缺少创造力，缺少影响力，甚至生存都难以为继。关键是不管出版社经营如何，目前仍然是"只生不死"。计划体制下具有行政色彩的出版社，体制的安排上先天不足，出版社内部缺少创造的冲动也就不足为奇。

文学出版路在何方？我以为，一方面，需要改善文学创作与阅读的大环境。无论是政府还是知识界，都要重视文学重塑人类心灵、人的精神世界的作用。政府要提倡阅读，通过设立全国的读书日、读书节来强调阅读在人们文化生活中的重要性，鼓励人们通过阅读来提高自身的修养与素质。同时，文学创作与文学出版都需要有真知灼见的批评，这样才能让作家与出版者保持清醒的头脑，出版有独立思考的、充满睿智的佳作。另一方面，需要作家们在拜金和拜物的狂潮中清醒过来，通过自省与努力，创作出代表中国文学高度的作品。就出版

305

自身而言，一方面，要继续加大改革力度，让出版社在竞争中形成自己的专业特色。特别是文艺出版社要回归本位，要通过出版优秀文艺作品形成自己的核心竞争力。同时，需要政府部门设立专项基金，或者通过评奖，支持纯文学出版物的出版。另一方面，出版社必须从文化建设的高度出发，拿出一部分资金，出版那些虽然暂时没有经济效益但确实具有思想性与审美性的作品。要注意扶持新人，出版那些具有潜质的新人新作，更要注意选择出版那些具有独立精神追求与思想、艺术探索的佳作。

我们相信，一个时代有一个时代的作家，一个时代有一个时代的作品，尽管中国文学出版正处于低谷，但当人们清醒过来后，一个新的文学出版的高峰会如期而至。

原载于《编辑之友》2010 年第 7 期

我的历史小说出版观

——兼答《中国图书商报》记者问

　　长江文艺出版社一直非常重视历史小说的出版发行，原因主要有几个方面。首先，历史小说有它的市场，有不少成了畅销小说，而且也是常销小说，市场生命周期比较长；同时，中国有五千年的历史，创作的空间很大，资料丰富。其次，历史小说有一个稳定的读者群，读者面相对比较宽。再次，长江文艺在历史小说出版上获得的成功，很大程度扩大了这一题材的影响，有很多作家愿意把作品放在我们这里出版。我们也非常重视推出一批又一批历史小说。我们将历史小说的出版作为长江文艺出版社的一个特色来经营。在这方面，我们提出的口号是："囊括历史小说创作精品，打造历史小说出版重镇。"从杨书案到二月河、熊召政、凌力、唐浩明，我们出版了几十部在国内有影响的历史小说，目前可以说这个目标已经基本达到了。

　　对历史概念的界定，从广义上说，就是已经过去了的都可以划入历史；从狭义上说，就是以辛亥革命为界。长江文艺出版社是依据国内史学界和文学界公认的界定，即以狭义历史概念作为历史小说界定的标准，按照时间来划分的。历史小说一般分为以下几类，第一类是比较遵循历史的，像唐浩明的《曾国藩》等，尊重历史，故事情节与人物史皆有据；第二类是在大的历史背景下遵循文学规律进行创作的，人物也可能虚构和创造，像二月河的系列作品；第三类是戏说历史，其中历史的成分相对比较少，想象的成分相对比较多。作家用当代人的观念来解读历史，如赵玫的《上官婉儿》，就是从当代女性的视角出发来诠释历史人物的。

我们是这样看待历史小说的，小说毕竟不是历史著作，如果用历史学家的眼光来衡量，很多情节都是靠不住的，但作为文学家却不这么看。首先它是小说，要把它当作一个文学作品来看，需要有曲折的情节、典型的人物形象、有特色的语言，注重展示历史的氛围，其中史料的细节要真实。在历史性与可读性中应该更注重可读性，否则作为文学作品，无法感染读者、调动读者，艺术上经不起推敲是不行的。比如赵玫的书就比较具有诗意，感情充沛，读者愿意去阅读欣赏。

关于正说与戏说，我觉得就像一个花园，如果都种一种花的话，艺术就不存在了，总是要有新的探索，总是会有不同需求的读者，大可不必去争谁高谁低，谁上谁下。作家的创作追求和审美关注都有自己的个性化，我们应该尊重这种个性化。作家可以完全按照历史来写，只要生动也行；也可以概括一下，文学色彩更强一点也行；如果是戏说的，只要读者不把它当作历史来看也行，可以从其中的人物、情感、语言，得到美的享受。我认为对这个问题的争论是没有意义的，能不能流传后世，得到读者的尊重，主要还是看作品自身的艺术表现力。而就两者之间的界限，谁都不能划清，也不必去划清。读者应该具有一定的鉴别能力。如果读者喜欢读二月河的书，遇到有疑问的地方就去翻翻清史，不是很好吗？这个区分的工作应该让媒体去引导。它是作为一个艺术形象和审美对象而表现和存在的，里面存在作者的好恶与情感。对这个问题，不应该去斤斤计较，应该留下一个百家争鸣的宽松的语境。

中国有五千年文明史，历史悠久，可写的题材很多，谁都可以去占有这段历史，但主要取决于作家的历史功底与文学功底，作家能不能够驾驭这种题材。要有丰富的历史知识，要有比较好的中国传统文化的修养，不然一写就会露出破绽，写历史小说必须有充分的准备，否则就是完全戏说了，情节是好的，血肉却没有，会成为过眼云烟。我们也不是很提倡这种戏说的创作。二月河的小说就有浓厚的历史氛围，能让人身临其境，他为什么被称为文坛的一匹黑马？就是因为他对历史小说的创作进行了一种新的探索，开创了历史小说创作的新天地。就目前而言，短期内恐怕还没有人能超越他，像他那样拥有如此多的读者。

本文系 2006 年 8 月《中国图书商报》采访稿

出版在经典建构中的重要作用

——经典、经典化与出版功能研究

　　近年来，鉴于阅读现状，社会上有一种呼声，强调读书要远离平庸，提倡阅读经典。其因有二：一是图书品种繁多，良莠不齐，人生而有涯，学而无涯，要注意提高阅读质量；二则无论高层还是有识之士，无不忧心互联网时代的浅阅读、快餐化阅读带来的弊端。对此，北京大学钱理群教授在接受腾讯网采访时曾指出："经典是时代、民族文化的结晶。……要用人类、民族文明中最美好的精神食粮来滋养我们的下一代，使他们成为一个健康、健全发展的人。"他呼吁青少年学生的阅读要从阅读经典开始，认为这是一个关乎民族精神建设的大事。国人要通过对经典的原汁原味的阅读与理解，从中了解人类文明与智慧的优秀成果，体味人类文化与文学的源远流长、博大精深。

一、关于经典阅读与经典出版

　　关于经典，从字面上来看，经，指织布机上的纵线；典，原指放置于架子上的简册。《说文解字·丌部》称："典，五帝之书也，从册在丌上，尊阁之也。"刘勰在《文心雕龙·宗经》中言："经也者，恒久之至道，不刊之鸿教也。"布鲁姆在《西方正典》中说："一切强有力的文学原创性都具有经典性。"陶东风则认为："经典是人类普遍而超越（非功利）的审美价值与道德价值的体现，具有超越历史、地域以及民族等特殊因素的普遍性与永恒性。"总之，经典要有一定的高度、广度、长度。"高度"，即思想学术价值、审美价值；"广度"，指作品影响的范围，不仅在本民族的文化语境下有影响，还要能为世界上不同民族所接受；"长度"，即指作品经过漫长时间的检验，穿越黑暗的隧道而能传之后世。

世界不同的民族，在"轴心时代"（公元前6世纪前后）均产生了一批经典。因其是人类进入文明时期的最初成果，历史学家冯天瑜先生称其为"元典"。如印度的《吠陀本集》《梵书》《奥义书》《佛经》，希腊的《荷马史诗》《理想国》《形而上学》等，希伯来的《圣经》，中国的《诗》《书》《礼》《易》《春秋》。这些作品经过后人不断地阐释与补充，成为一个民族一种文化的代表之作。之后，不同的时代、不同的领域、不同的学科、不同的体裁，又涌现了一批被后人称之为"经典"的图书。如公元前6世纪至2世纪之间春秋战国时期的《论语》《墨子》《孟子》《老子》《庄子》等。史书从《史记》《汉书》《三国志》《后汉书》"四史"发展到今天的"二十五史"。从实践中看，江山代有才人出，一个时代有一个时代的经典。从儒家倡导阅读的"四书五经"到历代学人开列的书单，以及今人遴选的"必读书目"，均反映了一个时代对经典的理解。

提倡阅读经典，是对阅读的一种科学理解。卡尔唯诺在《为什么读经典》中说："经典作品是一些能产生某种影响的书，它们要么以自己的方式给我们的想象力打下印记，要么乔装成个人或集体的无意识隐藏在深层记忆中。"从荀子的《劝学篇》到张之洞的《劝学篇》，先贤无不强调阅读经典的重要性，无不强调学以致用的必要性。同时，今天我们提倡阅读经典，则是对互联网时代泛阅读现象的一种反拨与补充。在政府和各界人士的倡导下，阅读经典已经成为一种共识。在这种背景下，出版界作为人类精神产品的提供者，开始高度重视经典作品的开发与出版。无论是中国的传统文化，还是现当代有影响的著作，抑或是域外经典作品，都成为出版社关注和竞争的对象。特别是超过版权保护期，进入公共领域的著作，更是成为大多数出版社必出之常备书。也许是物极必反，重视经典出版却演变成了重复出版，各种版本不同包装的经典名著，在一定程度上"泛滥成灾"。据开卷信息系统统计，英国女作家夏洛蒂·勃朗

311

特的《简·爱》一书，全国有 186 个版本，中国古典文学名著《红楼梦》一书，则有 500 多个版本。作为出版企业，从商业利益出发，开发经典名著无可厚非，但出版社一窝蜂地争相出版，则在一定程度上说明了出版资源的匮乏、经典名著的稀缺。

那么，何处去寻找经典呢？

近年，国内外学术界关于经典和经典化的问题有很多的讨论。1997 年 1 月，荷兰莱顿大学举行国际会议，讨论文学经典问题，会后出版学术论文集《经典化与去经典化》。2013 年 11 月，中国作家协会召开研讨会，讨论"作家作品经典化"的问题。这些会议都涉及一个问题，如何来评价经典，如何来"经典化"现有的作家和作品。

二、关于作家作品经典化的思考

关于文学的经典化，斯蒂文·托托西说："经典化产生在一个累积形成的模式里，包括了文本、它的阅读、读者、文学史、批评、出版手段（例如：图书的销量，图书馆使用）、政治等等。"童庆炳认为经典的构成有"六要素"：文学作品的艺术价值；文学作品的可阐释的空间；意识形态和文化权力变动；文学理论和批评的价值取向；特定时期读者的期待视野；"发现人"（又可称为"赞助人"）。他指出，"'读者'和'发现人'是内部和外部的中介因素和连接者，没有这两项，任何文学经典的建构都是不可能的"。这充分说明作为"阅读"和"中介者"的出版机构，在经典的建构中，承担着重要的作用。

关于出版机构和编辑建构经典的实践，出版史上已经有很多范例。如名列"五经"之首的《诗》，司马迁认为，是孔子这位大编辑家编纂修订而成的。他在《史记·孔子世家》中写道："古者诗三千余篇，及至孔子，去其重，取可施于礼义，上采契后稷，中述殷周之盛，至幽厉之缺，始于衽席，故曰'《关雎》之乱以为《风》始，《鹿鸣》为《小雅》始，《文王》为《大雅》始，《清庙》为《颂》始'。三百五篇，孔子皆弦歌之，以求合《韶》《武》《雅》《颂》之音。"虽然人们对司马迁的判断还有质疑，认为《诗》不是孔子整理的，三百五篇孔子出生以前已厘定，《论语》中他与学子的对话中曾多次提到三百五篇，以此证明孔子没有参与《诗》的修订，但这是学术探讨，一家之言，对于孔子在《诗》成为《诗经》的"经典化"过程中作出的巨大贡献学界则无异议。

西汉的刘向、刘歆父子，受命统领一批专家学者整理从全国各地征集来的典籍。这些典籍是用简牍作为载体，因时间久远，编绳朽烂，竹简混杂，内容无法衔接；同一图书，因为抄写之故，各有异同。他组织众人"广辑众本，补缺去重""校雠全文、厘定文字""编定目次、确定书名""撮其旨意、撰写叙录""杀青定稿、缮写上奏""剖判艺文、编成目录"。经过20年的努力，众人前后整理出6大类、38种、634家、13397篇、图45卷著作，为中华民族保留了西汉以前最为珍贵的文化遗产。刘向将整理时撰写的叙录编在一起，形成《别录》一书，其子刘歆在其基础上压缩为《七略》。《别录》《七略》虽已亡佚，但在《汉书·艺文志》中仍能窥其一斑。《别录》不仅开创了我国目录学、校勘学的先河，也是西汉及以前学术史的完整总结。

世界文学名著的经典化过程莫不如此。莎士比亚剧作成为经典，众多研究者认为，出版商、编辑和印刷在其中发挥了很大的作用。17世纪初，莎士比亚的才华因为缺少传播的原因，并不为知识阶层特别是贵族阶层知晓，身份卑微的剧院演员、编剧莎士比亚甚至遭到不少人的揶揄和指责，直到出版商布朗特和吉嘉德父子为他印刷了对开本的两首长诗《维纳斯和阿多尼斯》《鲁克尼斯受辱记》，莎士比亚才受到伦敦知识阶层和贵族的关注。之后，他的18个剧本多次重复印刷，英国的知识阶层广泛地阅读、批评，这才标志着诗人"经典化"的成功。因此在此之前，雅致而稀有的对开本是印刷业对作家实行"经典化"的重要表征。此前，仅有乔叟、斯宾塞、本·琼生等极少数诗人印行过对开本。而19世纪美国作家菲茨杰拉德的《人间天堂》《了不起的盖茨比》、沃尔夫的《天使，望故乡》《时间与河流》、海明威的《太阳照常升起》《永别了，武器》《丧钟为谁而鸣》等作品，之所以能够成为美国文学史乃至世界文学史的不朽经典，则得益于美国查尔斯·斯克里伯纳出版社的功劳，特别是出版社"英雄编辑"珀金斯的慧眼才得以实现的。无论是菲茨杰拉德、海明威，还是沃尔夫，当初都是籍籍无名的初学写作者，是出版社不断地将他们的作品送到读者、评论家那儿，才使他们从无名作者变成知名作家，才使他们的作品历经考验终成为传世之作。沃尔夫在长篇小说《时间与河流》的扉页上献给珀金斯的题词，也许最能说明出版社和编辑在作家经典化中的作用——"献给麦克斯韦尔·埃瓦茨·珀金斯：一位杰出的编辑，一个勇敢、诚实的人。他坚持与本书作者度过苦涩、无望和疑虑的日子，让作者在绝望之时也不放弃。"

中国当代作家作品的"经典化"过程中，出版单位也同样发挥了重要的基础作用。如作家莫言，1981年初登文坛，从在保定文联主办的《莲池》上发表处女作《春夜雨霏霏》到1985年《小说选刊》选载其短篇小说《大风》始。据统计，1985年至2009年，《小说选刊》共选载莫言中短篇小说十五篇。特别是1986年，《小说选刊》选载了他的中篇小说《红高粱》及几部中篇小说，一下将莫言推到了全国读者面前。1985年，莫言在《中国作家》发表中篇小说《透明的红萝卜》，中国作协为之召开研讨会。第二年，作家出版社将《透明的红萝卜》放在"文学新星"丛书第二辑中，以单行本的形式出版。1987年，山东师范大学召开莫言作品研讨会，会议论文汇编成《莫言研究资料》。1995年，40岁的莫言出版5卷本《莫言文集》。在此前后，莫言的作品在国内外屡获大奖，各种选本和文集相继出版，不少大学聘请莫言担任兼职教授。莫言从一个山东高密最初仅有小学学历的写作者成为一个享誉世界的作家，并最终荣获诺贝尔文学奖，出版界功莫大焉。出版界的功劳，莫言在不同的场合，多次表示由衷的感谢。

三、出版社要采取措施发挥"经典化"的功能

出版单位在作家和作品经典化的过程中发挥的基础作用和传播效能，已经毋庸置疑。但从过往的作家经典化的范例来看，仅仅印刷成出版物或者放在新媒体上，作家作品立即受到关注的时代已经过去。出版社不仅要出版经典，更要主动"建构"经典。"建构"经典是作家"经典化"的过程，需要出版单位在这个长长的链条中发挥主体作用。

任何一部具有经典意义的作品，首先是通过出版发挥中介传播的效能，才让社会充分了解其独特的魅力。出版是桥梁，是助产士，但出版并不是"照单全收"，而是通过编辑按照一定的标准选择、加工，才使其达到出版水准。所以，是否能成为经典，出版还具有评判功能。世界各个民族最初的元典，是通过一代一代人的抄写、雕刻、印刷，才可能让后人沐浴到先哲睿智的思想光辉。如贝叶上的《佛经》，羊皮上的《旧约全书》，竹简上的《诗》《书》《易》《礼》《春秋》。屈原啼唱了中国诗歌的先声，300年后经过汉代王逸的选编与解读，通过佣工的抄写才让我们领略到《楚辞》的瑰丽。再如当代作家阿来的长篇小说《尘埃落定》，题材新颖，立意深邃，因其相较以往作品的"陌生

性"，多家出版社难识"庐山真面目"，最后还是人民文学出版社《当代》杂志的周昌义、洪清波慧眼识珠，才没有让这部经典作品明珠暗投。

随着图书出版的便捷，无论是传统媒体还是新媒体，作品数量呈爆炸性增长。中国的纸介质媒体每年出版的新书达到二十余万种，新媒体上的作品更是多如繁星。何种作品具有经典性，对于读者和评论者而言往往是"乱花渐欲迷人眼"，找到经典作品犹如大海捞针。因此，出版社要掌握经典化的主动权，采取不同的措施"建构"经典。

1. 创办选刊

新时期以来，各种期刊如雨后春笋般纷纷涌现，但由于品种繁多，优秀作品散见于各种期刊之中，于是，一种以体裁划分精选优秀作品的期刊应运而生。如中国作家协会和百花文艺出版社于1980年分别创办了《小说选刊》和《小说月报》。1981年，福建省文联创办了《中篇小说选刊》。1984年，河南省文联创办了《散文选刊》，郑州市文联创办了《小小说选刊》。1990年，百花洲文艺出版社创办了《微型小说选刊》。1993年，人民文学出版社创办了《中华文学选刊》，吉林创办了《杂文选刊》。2000年，河北省作家协会创办了《诗选刊》。虽然选刊所选作品因为种种原因并非篇篇都是珠玑，或者说还有遗珠之憾，但各种体裁作品中的佼佼者，通过选刊的集中遴选，基本上尽入彀中。这些选刊不仅给出版单位带来了丰厚的利润，还对作家的经典化起到了化石点金之妙。洪子诚先生在《中国当代文学史》（修订稿）一书中指出选刊的作用："它们受到读者的欢迎，也一定程度起到'经典化'筛选的效果。"如莫言的作品多次被《小说选刊》选载。他在谈到与《小说选刊》的关系时曾说："创刊于20世纪80年代的《小说选刊》，毫无疑问已经是当今的著名刊物。现在活跃于文坛的作家，大概都与这家刊物有过联系……如果有过两三篇作品被转载，那他或她，几乎就可以堂而皇之地将作家的桂冠戴在头上了。"其实，包括莫言在内，作家们都以作品被选载为荣，他们在介绍自己的年度成果或者履历上，很多人都会写上某某作品被某家刊物选载，因为国内的各种奖项，如全国优秀中篇小说奖、全国优秀短篇小说奖、全国优秀诗歌奖，包括后来的鲁迅文学奖，很多获奖作品都出自这些选刊。如1984年至1986年两届的全国优秀短篇小说奖，所有的获奖作品《小说选刊》都无一遗漏地选载过。

315

2. 出版选本

从古至今，有识之士在某一体裁的作品达到一定的积累程度后，都会从中遴选优秀的作品，汇编成书而广泛传播。选家要么怀抱着理想，以自己的价值标准来挑选作品，借以传达自己的追求和倡导；要么从商业目的出发，将同一题材、内容、时间的优秀作品集中出版，虽然主观愿望不一，但客观上发挥了经典化的功能。如编选《昭明文选》时，梁太子萧统组织一批文人，针对先秦两汉以来文史哲综而不分的现象，对文学性强的作品作了梳理和区分。他认为经史诸子都以立意纪事为本，不属辞章之作，只有符合"事出于沉思，义归乎翰藻"标准的文章才能入选。《昭明文选》是我国第一部按体裁区分的规模宏大的文学总集，开创了中国文学史的新篇章。再如《唐诗三百首》，编者蘅塘退士从唐朝289年间的5万多首诗中选收了77位诗人的310首诗。因其诗体完备、作者广泛、朗朗上口，易于成诵，所以超过众多选本而流布甚广。到了近代，上海良友图书印刷公司出版了由赵家璧主编的10卷本文学选集《中国新文学大系》，由胡适、郑振铎、鲁迅、茅盾、周作人、朱自清、郁达夫等负责分卷编选，蔡元培撰写总序。由于编者权威，选编精当，从而为新文学创作及理论研究留下了一批珍贵的史料，其中不少作品成了中国现代文学的经典。

还有一些选本，以时间为界限，持续出版，也较好地形成了一定的文学史效应。如人民文学出版社、上海文艺出版社在20世纪80年代初曾经出版过一些年度文学选本，对于读者阅读当年度的优秀文学作品很有裨益。1995年，长江文艺出版社接续了年选的出版，与中国作协创作研究部合作，开始编选"文学作品年度选本"。其中包括中篇小说、短篇小说、散文、诗歌、报告文学，后来出版社在此基础上又扩大到微型小说、随笔、儿童文学、散文诗、杂文、青春文学、故事等20余个品种。紧随其后，1998年，漓江出版社相继出版了由不同编者遴选的年度选本。这些选本因为从沙里淘金，汇集了年度精品而广泛受到读者欢迎。长江文艺出版社的年选最初每本销售在3000册左右，到了1998年，平均达到万册以上，最多的曾销售到2万册。目前这种年度选本全国已有时代文艺出版社、辽宁人民出版社、花城出版社等十几家出版社在编纂出版。在谈到为什么编选年度选本时，文学评论家雷达在长江文艺出版社年度选本的"编选说明"中写道："每个年度，文坛上都有数以千计的各类体裁的新作涌现，云蒸霞蔚，气象万千，它们之中不乏熠熠生辉的精品，然而，时间的波涛不息，倘若不能及时筛选，并通过书籍的形式将其固定，这些作品是很容易被新的创作所覆盖和湮没的。观诸现今的出版界，除了长篇小说热之外，专题性的、流派性的选本倒也不少，但这种年度性的关于某一文体的庄重的选本，则甚为罕见。也许这与它的市场效益不太丰厚有关。长江文艺出版社出于繁荣和发展文学事业的目的，不计经济上一时之得失，与我部合作，由我部负责编选，由他们负责出版，向社会、向广大读者隆重推出这一套选本，此举实属难能可贵。"2009 年，在新中国成立 60 周年之际，长江文艺出版社请王蒙担纲《新中国六十年文学大系》的主编，由中国作协创研部的研究员们负责各卷的编选，选编了中篇小说、短篇小说、小小说、散文、诗歌、报告文学、散文诗、儿童文学、文学评论等 9 种选本。这些选本总结了 60 年来中国文学除长篇小说以外主要的文学体裁的创作成果。那些经过 60 年漫长的时间迭次洗礼的作品，最后集结在"大系"中，留下中国文学一甲子的记忆。

3. 编纂丛书

丛书，是指由很多书汇编成集的一套书，按一定的目的，在一个总名之下，将各种著作汇编于一体的一种集群式图书，又称丛刊、丛刻或汇刻等。形式有综合型、专门型两类。从出版的角度，丛书具有完整性与系统性，方便读者阅读；从"经典化"的角度来看，丛书还具有"择优汰劣"的作用。中国丛书的编纂始于宋代，盛于清代。宋人俞鼎孙、俞经的《儒学警悟》可算为丛书的鼻祖。清代《四库全书》共收书 3503 种，共 36304 册，约 9.12 亿余字，分经、史、子、集四部，是中国古代丛书之最。到了近代，商务印书馆和中华书局相继编纂了按"经、史、子、集"划分的《四部丛刊》《四部备要》。当代有影响的丛书编纂，始于 20 世纪 80 年代，如四川人民出版社策划的"走向未来"丛书，湖南人民出版社策划的"走向世界"丛书。前者包括社会科学和自然科学各个方面的著作，代表了改革开放之初中国知识分子思想解放的前沿思考，后者则集中了近代中国一批睁眼看世界的官员和学子出访世界各国时的文字心得。除此之外，展示改革开放以来文学创作成绩的，还有长江文艺出版社编纂出版的大型文学丛书——"跨世纪文丛"。

20 世纪 80 年代，伴随着思想解放的深入，文学创作空前繁荣，作家作品无论是题材，还是表现手法，都呈现出百花齐放的局面。一批被雪藏的老作家焕发新生，一批年轻作家脱颖而出，总结文学创作成果，推出文学选本便应运而生。1992年，由中国社会科学院文学所研究员陈骏涛主编的"跨世纪文丛"第一辑出版，收录了王蒙、苏童、格非、叶兆言、刘恒、贾平凹、池莉、陈染、余华、刘震云、陈村等人的作品。"跨世纪文丛"前后出版了七辑，共收录了66位作家的作品集，凡新时期以来国内有影响的作家作品，基本都"一网打尽"。入选这套文丛的作家，很多是第一次出选集，不少作品带有与传统现实主义截然不同的先锋色彩。这套丛书出版至今已30年，今天来看很多作品都还具有一定的经典意义，成为入选作家的代表作。所以国内专家称赞丛书是"新时期文学的一座丰碑"，是对20世纪90年代文学创作的一次确认。"在文学史、出版史、文学研究史上都是有重要价值的。"当时，不少作家把加盟'跨世纪文丛'作为表明自己身份的一种标志。如张抗抗的作品被收进第四辑后，她在《越海之舟》一文中写道："我已经出版过多种小说集。但自从得知"跨世纪文丛"横空出世，便在心里认为：自己若不跨入'跨世纪文丛'，一定是跨入那个新世纪的莫大遗憾……由于'跨世纪文丛'收入了几乎所有我喜欢的当代作家的中短篇小说……更由于'跨世纪文丛'在如今商业气息甚嚣尘上的流俗文化中坚守了至今痴心不改、初衷不改的纯文学品格。"

4.出版评点本

评点、注释、疏证、正义、章句经典作品，是中国学术界和出版界的传统。无论是最早对《春秋》进行演绎补充的《春秋左传》《春秋公羊传》《春秋谷梁传》，还是对文学总集《楚辞》进行补充注释的《楚辞章句》，以及唐太子李贤注释的《后汉书》，都是通过一代又一代人的解读与评判，使其完成经典化的过程的。如明清时期的通俗小说，本被士人认为不能登大雅之堂。《汉书·艺文志》曾曰："小说家者流，盖出于稗官。街谈巷语，道听途说者之所造也。"但通过李贽、金圣叹、张竹坡、毛宗岗等批评家的评点，明清小说的社会意义、艺术价值得到肯定，明清小说得以从"小道"成为文学上乘。如毛宗岗本《三国演义》《李卓吾批评忠义水浒传》，脂砚斋本《红楼梦》，李渔评点的《新刻绣像批评金瓶梅》等，风行一时。这种评点本虽然没有形成系统的理论批评，但有助于读者对小说的阅读理解，扩大作品的影响力。今天，一些当代作家的作品也相继出现了评点本。如贾平凹、陈忠实、金庸、二月河、孙皓晖、唐浩明等的作品，皆有今人的评点本出版。贾平凹在长江文艺出版社出版《土门》《浮躁》《白夜》《高老庄》评点本时在"前言"中写道："参加这次评点的肖云儒、费秉勋、孙见喜、穆涛诸先生都是著名的学者、教授和作家，他们有兴趣做这项工作，并十分地严肃认真，着实让我感动，向他们致以谢意。"

5. 加大图书的对外翻译工作

作为人类文明成果的中国作品，要成为世界经典，让各民族分享中国经典的价值，只有通过翻译才能达到目的。同时，很多作品，如果能受到异域读者的重视，也会加快在中国经典化的进程。中国经典译介到国外最早而且版本最多的是《老子》，17 世纪末，比利时传教士卫方济将《老子》部分译成拉丁文在欧洲出版。斯达尼斯拉·于连在 1842 年出版了法文版《道德经》全译本。据统计，截至 2016 年，全球有 500 多个版本，销量仅次于《圣经》。西方不少政治家、哲学家、军事家、文学家都曾多少受到《老子》思想的影响。列夫·托尔斯泰正是通过斯达尼斯拉·于连译本知晓了老子的思想，并深刻影响了他晚年的处世方式。但是，《老子》引起西方的重视源于传教士希望从中找到上帝的痕迹，起因并非重视东方的文化。因为语言、政治、经济、文化背景诸多因素，中国的图书走向世界十分缓慢。据国家统计局发布的版权贸易数据，1995 年到 2005 年十年间，中国版权贸易输入与输出之平均比例为 10.17:1，引进远远大于输出。2016 年，这个比例已经缩小到 2:1。这缘于中国政府近年来力推的经典翻译工程和出版社与"一带一路"沿线国家版权的合作。在中国的图书市场上，引进版的管理类图书和文学类图书曾连续多年占据国内图书排行榜。如美国作家丹·布朗创作的长篇小说《达·芬奇密码》，2004 年在中国上市，连续三年高踞全国畅销书排行榜榜首。让中国当代作品走向世界，成为世界性的经典，必须重视对外翻译工作。莫言获诺贝尔文学奖，则得益于他的作品很多被译介到国外。他的第一个中短篇小说集《爆炸》1992 年就在美国出版，之后几乎年年都有作品在世界上翻译或获得各种奖项。其实，中国作家获诺贝尔奖比较少的原因，有汉学家认为，是评委懂得中文的太少，中国作品翻译到西方的太少。西方学者评价陈忠实时曾说："从作品的深度和小说的技巧来看，《白鹿原》肯定是大陆当代最好的小说之一，比之那些获得诺贝尔文学奖的小说并不逊色。"因此，出版单位要积极主动将本单位最为优秀的作品译介到国外，这样才能引起重视。长江文艺出版社北京图书中心出版的长篇小说《狼图腾》被译成 30 多种语言，在全球 100 多个国家发行，小说被改编成电影由中法合拍，这与责任编辑安波舜不懈地向外国出版商推介《狼图腾》是分不开的。2005 年，小说在中国图书市场产生一定影响后，他就用英语做成《狼图腾》推广文案，主动选择国外的主流媒体发表书评。如德国的《南德意志报》、意大利的《意大利邮报》、英国的《泰晤士日报》、美国的《纽约时报》等，并且放弃国内的版权代理机构而直接与外国出版商联系，实现了《狼图腾》一书价值的最大化。

6. 通过评奖来确认经典价值

评奖是一次价值判断，也是一次去粗取精的过程。虽然任何奖项都带有一定的意识形态色彩，或者受到当时政治形势的左右，但如果是确有价值的作品，往往会通过评奖这种筛选过程而被人发现。目前，国家级的出版奖有"五个一工程"奖、中国出版政府奖、中华优秀出版物奖、韬奋出版奖，同时还有一些省部级的奖项，如中国作家协会设立的茅盾文学奖、鲁迅文学奖。尽管入选作品因为种种因素并不都能称之为经典，但具有思想性与艺术性的优秀作品还是不会遗漏。如被人认为是新时期最重要收获之一的长篇小说《白鹿原》，虽然因为作品中关于"翻鏊子"的一番话曾引起争议，但评委们想方设法，以"修订本"的名义让其入选。其实陈忠实也打算修改这部作品，但当时并没有动手。这部以"修订本"名义入选茅盾文学奖的长篇小说，开创茅盾文学奖评选先河。虽然有专家和刊物认为此举并不公平，但大多数评委们认为如果《白鹿原》这部作品不能入选茅盾文学奖，会让这个奖项的含金量受损，评委们也都会终生遗憾。当然，评奖并不是评判作品是否经典的唯一标准，如二月河先生的长篇历史小说《雍正皇帝》，评论家丁临一认为："《雍正皇帝》可以说是自《红楼梦》以来，最具思想与艺术光彩、最具可读性，同时也最为耐读的中国长篇历史小说，称之为 50 年不遇甚至百年不遇的佳作并不夸张。"该书两次参评茅盾文学奖，但最终以一票之差而落选。不过，《亚洲周刊》将此书评为"20 世纪中文小说 100 强"之一，足见经典是不会被湮没的。

除了政府机构设立的奖项外，出版单位自己通过设立奖项，来推动作品的"经典化"，也不失为一种策略。上述香港《亚洲周刊》组织专家评选"20世纪中文小说 100 强"即为一例。评选时，编辑部先提供 500 种图书的书目，聘请中国、新加坡、马来西亚及北美的知名专家组成评委会。经过多轮淘汰，最终评出在世界华文圈产生了广泛影响的 100 部作品。由于参评专家权威，因而评奖结果得到各界认可。再如人民文学出版社，先后设立了"当代长篇小说年度奖""春天文学奖""年度翻译文学奖"。长江文艺出版社设立了"九头鸟长篇小说奖"。这些由出版社自己设立的奖项表明了出版社为寻找经典而付出的努力，也确实让人们发现了一些好作品。如作家张一弓虽然写了很多作品，但专家认为新闻烙印太重，而入选长江文艺出版社第一届"九头鸟长篇小说奖"的《远去的驿站》，从历史的角度写出了时代与人性的复杂，代表了作家创作的新高度。这部长篇小说后来入围茅盾文学奖终评，并获得了中宣部"五个一工程"奖、国家图书奖。姜戎的《狼图腾》也曾入选第二届"九头鸟长篇小说奖"，后此书获得"曼氏亚洲文学奖"。同时，不同的协会及学会还设立了各种体裁的年度排行榜，如中国小说学会、中国散文学会每年评选小说排行榜、散文排行榜，通过排行来确认作品的经典意义。

7. 加大发行力度

为了让更广大的读者包括专家学者了解作品，出版社必须加大作品的发行力度。当然，作品是否具有经典价值，要接受读者包括专家学者的检验。因此，出版单位要尽可能地扩大发行，只有充分地占有市场，读者才有可能更好地了解作品的内容。如余华的长篇小说《活着》，1993 年由长江文艺出版社出版后，因为印数很少，在国内很长一段时间没有产生大的影响。作品虽由张艺谋改编成电影，但由于电影在国内没有放映，对图书也没有产生推动作用。后来此书的法文版、意大利文版、日文版、荷兰版、英文版相继在国外出版，并获得意大利格林扎纳·卡佛文学奖（1998 年），香港"博益"15 本好书奖（1990 年），《活着》才逐渐在国内产生影响并大量印刷发行。该书作者因此获法兰西文学和艺术骑士勋章（2004 年），作品入选香港《亚洲周刊》评选的"20 世纪中文小说 100 强"，入选中国百位批评家和文学编辑评选的"九十年代最有影响的 10 部作品"。

也许有人会说，图书的销量并不能说明图书是否经典，有些十分畅销的大众普及读物与经典无关。畅销书是不能与经典画等号的，但如果具有经典价值的图书能够畅销，则增加了读者和专家的关注，而使"经典化"成为可能。在中外出版史上，畅销书成为经典传世的不乏其书。如司汤达的《巴马修道院》、丹尼尔·笛福的《鲁滨逊漂流记》、巴尔扎克的《悲惨世界》、安徒生的《安徒生童话》、中国的市井小说《红楼梦》《西游记》《三国演义》《水浒传》

《儒林外史》等，出版后都曾一度洛阳纸贵，家喻户晓。图书的畅销并不代表其媚俗，反是彰显其价值的最好机会。如当初曾被道学家斥为"淫书"的《红楼梦》，几度被禁，但近代研究该书还成了一门显学。

8. 要加大作品的宣传推广力度

中国目前一年有几十万种新书上市，一部再有价值的作品，如果不进行宣传和推广，都可能会被淹没在书海中。特别是互联网时代，信息泛滥，图书众多，一本书的学术价值和艺术价值如果不能很好地被挖掘，读者则无从知晓，专家也不会引起注意。图书宣传的方式本文不再详述，但如果彰显作品的经典意义，一般性的广告、出版消息，无论是传统媒体还是新媒体，采取大众狂欢的方式来推广作品，不会产生很好的效果，相反还会降低作品本来的经典价值，而沦为一种大众普及读物。突出作品的经典意义，只有召开专家座谈会，或者请专家撰写有分量的文章，对作品的内涵进行深入解读，然后通过文字的形式，在报刊上发表，或者进入大学的课堂，这对作品"经典化"才会产生催化作用。

专家研讨会上正面的评价是必须的，但如果讨论缺乏真诚的批评，一味地赞扬，不仅不利于读者对作品的理解，也不利于作家的成长。写一篇几千元酬劳的"红包评论""实质是市场规则对艺术原则的侵蚀和扭曲"，对于作品的经典化也毫无意义。如果有人提出尖锐的批评，或者撰文反对，相信作品的价值会越辩越明。如张一弓在新时期之初发表的中篇小说《犯人李铜钟的故事》，巴金主编的《收获》冒着风险刊发后，也曾引起巨大争议，但作品直面现实，敢于反映历史创伤的无畏精神最终得到认可，小说获得了首届全国中篇小说奖。张贤亮的《灵与肉》《男人的一半是女人》等作品出版后，也有批评家认为性的描写太多，但作家反思历史、面对伤痕的真实描写赢得了读者和专家的认可。再如熊召政获茅盾文学奖的长篇历史小说《张居正》出版后，也有专家撰文对其提出尖锐的批评，认为有些情节与史实不符，出版社出版研究论文集时，特意将这篇持不同观点的文章收入其中，那位专家知道后，十分赞许出版社和作者的"胸怀"。

近年来由于大众媒体的兴起，传统纸介质媒体对读者的吸引力在下降，如果通过延伸产业链，将作品改编成不同的艺术形式，如电影、电视剧，扩大受众范围，则会加快作品经典化的步伐。虽然电影、电视剧属于大众传媒，但电影的放大效应会进一步促使读者阅读纸介质出版物。当然，如果电影电视剧拍摄得十分低劣，对于纸介质出版物也可能会带来负面效应。如人民文学出版社出版的周梅森的长篇小说《人间正道》，电视剧放映前图书销售还不错，但电视剧放映后，销售反而下降。当然，如果作品是经典，往往会进行多轮的改编，如《巴马修道院》《悲惨世界》《红楼梦》《三国演义》等中外名著，都经过了多轮的不同艺术形式的改编。

结　语

关于经典的界定，仁者见仁，智者见智，很多被称为"经典"的作品随着时间的流逝，人们最后发现其并不具有经典意义，而另外一些不被人重视的作品却浮出水面，显示出了作品的内在价值。考察中外经典诞生的过程，这是一种符合事物认识规律的客观现象。专家认为，真正的"文学经典"都要经历过反反复复的"去经典化""再经典化"的拉锯式的演变过程，或者说，所谓文学的"经典化"从来不是一次性的、一劳永逸的，而是持续的、接受各种力量考验的保值、增值或者减值的动态过程。王国维也指出："凡一代有一代之文学：楚之骚，汉之赋，六代之骈语，唐之诗，宋之词，元之曲，皆所谓一代之文学，而后世莫能继焉者也。"如在特定历史时期中十分有影响的作品，因为特定的历史原因，随着时间的推移，逐渐退出了人们的视线。还有些作品，因为某些政治原因，或者阅读趣味的变迁，当时并不为人看好的作品，又重新发现其价值。如沈从文的边地小说，张爱玲的女性小说，周作人、林语堂等的散文，时隔几十年，再度进入读者和研究者视野。有人统计过，如果一个作家去世20年后还有人阅读其作品，在一定程度上该作品能够属于经典之列。

同时，经典也是在不断丰富完善的。如儒家经典《诗》《书》《礼》《易》《春秋》，在战国时与墨家、法家等作为一家之言而对待，汉代经董仲舒等人提议，汉武帝"罢黜百家，独尊儒术"，将儒家思想确定为主流意识形态，儒家著作才被称为"五经"而对待，但后来发展到唐代，将《春秋》分为"三传"，即《左传》《公羊传》《谷梁传》；《礼经》分为"三礼"，即《周礼》《仪礼》《礼记》。这六部书再加上《易》《书》《诗》，并称为"九经"，也立于学馆，用于开科取士。晚唐文宗开成年间，除了"九经"之外，加上了《论语》《尔雅》《孝经》，成了"十二经"。宋代又将《孟子》收录，就成了如今的"十三经"。再如《史记》，按当时正统观念看来，《史记》是离经叛道

323

之书。司马王允说："昔武帝不杀司马迁，使作谤书，流于后世。"魏明帝说："司马迁以受刑之故，内怀隐切，非贬孝武，令人切齿。"除此之外，史学在汉代还没有独立的地位，这种文化背景也影响到《史记》作为经典的建构过程。直到东汉中期以后，《史记》才渐渐受到重视。《汉书·司马迁传》载："迁死后，其书稍出。宣帝后，迁外孙平通侯杨恽祖述其书，遂宣布焉。"魏晋之后，史学摆脱经学的束缚，在学术领域形成一门独立的学科，《史记》的史学价值与文学价值才得到人们的认识。

总之，出版社要有历史意识与经典意识。一部作品是否能成为经典，虽然并不是出版者单方面一厢情愿的结果，但是，作为出版单位，在市场经济和新技术带来的双重挤压下，要承担出版人传承文明的神圣职责，我们一定要坚守本位，不做金钱的奴隶、商品的附庸。我们要赢得尊敬，就要多出好书，就要让好书成为经典传之后世，这是时代赋予我们这一代人的责任，这需要全体出版工作者为之努力。

参考文献

①〔美〕哈罗德·布鲁姆.西方正典 [M].江宁康，译，南京：译林出版社，2005：18.

②陶东风.文学经典与文化权力（上）——文化研究视野中的文学经典问题 [J].中国比较文学，2004（3）.

③冯天瑜.中华元典精神 [M].上海：上海人民出版社，2014：22.

④〔意〕卡尔唯诺.为什么读经典 [M].黄灿然，李桂蜜，译，南京：译林出版社，2006：3-6.

⑤〔加〕斯蒂文·托托西.文学研究的合法化 [M].马瑞琦，译，北京：北京大学出版社，1997：44.

⑥童庆炳，陶东风编.文学经典的建构、解构与重构 [M].北京：北京大学出版社，2007：80.

⑦肖东发等，中国出版通史 [M].北京：中国书籍出版社，2008：164-168.

⑧〔美〕A·司各特·伯格.天才的编辑 [M].彭伦，译，桂林：广西师范大学出版社，2015：324.

⑨洪子诚.中国当代文学史（修订稿）[M].北京：北京大学出版社，2007：255.

⑩莫言.我与《小说选刊》[2004-01-02].http：//vip.book.sina.com.cll.

⑪雷达.中国文学作品年度精选 [M].武汉：长江文艺出版社，1996：1.

⑫陈骏涛，陈墨.陈骏涛口述历史：主编跨世纪文丛及其它 [J].名作欣赏.2015（10）：67-68.

⑬张抗抗.越海之舟 [N].中国图书商报，1998-02-06.

⑭贾平凹.关于我的小说评点本 [N].中华读书报，2003-03-01.

⑮寿鹏寰. 西方学者评《白鹿原》: 不比获诺贝尔奖小说逊色 [N]. 法制晚报, 2016-05-03

⑯丁临一.《雍正皇帝》横空出世, 京都文坛好评如潮 [N]. 北京青年报, 1996-02-01.

⑰杨晓华. 岂能因红包而评论 [N]. 中国文化报, 2014-11-07.

⑱王国维. 宋元戏曲史自序 [M]. 上海: 上海古籍出版社, 1998: 1.

⑲范晔. 后汉书·蔡邕传 [M]. 武汉: 崇文书局, 2017: 1471.

⑳陈寿. 三国志·魏志·王肃传 [M]. 北京: 中华书局, 1959: 418.

原载于《出版科学》2017 年第 6 期

出版在经典建构中的重要作用

文学经典化、普及化中媒介传播的效应研究

——以二月河长篇历史小说《雍正皇帝》为例

文学经典反映了一个时代人类精神的面貌，体现了作者在特定文化背景下的生命体验和想象生成。但是，文学作品在经典化过程中，不仅受到文学作品本身内部质量的制约，也受到外部诸因素的影响，其中媒介的影响最为显著。如加拿大学者斯蒂文·托托西指出："经典化产生在一个累积形成的模式里，包括了文本、它的阅读、读者、文学史、批评、出版手段（例如，图书的销量，图书馆使用）、政治等等。"本文以二月河先生的 3 卷本历史小说《雍正皇帝》为例，讨论其在经典化过程和普及化过程中媒介所起到的效能。

一、纸介质出版物的问世，
为《雍正皇帝》的阅读和研究提供了言说的基础

《雍正皇帝》第一卷于 1991 年出版，最后一卷出版于 1994 年，前后历时三年。而向二月河约稿，则早在 1987 年 8 月。这是我从事出版工作第一次外出组稿。第一卷《九王夺嫡》出版前，出版社对二月河长篇小说的销售前景并没有信心，一是因为二月河虽然在黄河文艺出版社出版了《康熙大帝》的前三卷，

但在图书市场上并没有产生多大影响,用二月河本人的话说,"名气"还只是"区域性的"。二是 1988 年农村读物出版社出版了由王云高、计红绪创作的同名长篇历史小说《雍正皇帝》。这本《雍正皇帝》虽然有中央电视台综合频道的同名电视剧配套播放,但在图书市场上也没有引起反响。所以二月河的《雍正皇帝》未付印前,出版社就通过省新华书店率先向全国征订,目的是试探一下市场的反应。出乎意料的是,各地报来征订数有 1.17 万册,这让出版社有了信心。

美国学者麦克·马斯特将媒介分为三个阶段,即口传文化阶段、印刷文化阶段和电子媒介文化阶段。1994 年中国虽然开始接入世界互联网,但从《雍正皇帝》的出版历程看,完全还处于印刷文化阶段。3 卷本《雍正皇帝》的排版印刷,还处于"铅与火"的活字印刷时期。如果用加拿大学者马歇尔·麦克卢汉的分类,印刷术属于"热媒介",它储存信息的能量超过口语文化,这种"热媒介",给读者理解知识与延伸人类的认识,带来了方便,拓宽了道路。果如其然,随着 3 卷本小说的陆续出齐,《雍正皇帝》在读者中的口碑效应已经显现。到 1995 年 9 月我到长江文艺出版社担任社长时,二月河的《雍正皇帝》各地书店已在陆续添货。据统计,从 1995 年到第四届茅盾文学奖评选时,正版加上盗版,3 卷本《雍正皇帝》累计销售不下 30 万套。至此,作为一部纸质印刷本长篇小说,从传播的角度来看,阅读者应当已达到上百万人次。这对于普及和研究这部长篇小说,打下了较好的文本基础。

二、不同媒介关于《雍正皇帝》一书的消息和评介,进一步扩大了小说的影响力

二月河的《雍正皇帝》出版后,媒体对二月河的作品研究基本持沉默态度。针对这种现象,评论家张志忠在 1996 年 5 月 11 日的《作家报》上曾撰文指出:"当代文坛尤其是评论界似乎掉进了一个怪圈里,要么是漠然无视,要么是一惊一乍,二月河的《雍正皇帝》在问世之初所受的冷遇,突然间的大红大紫就令人感到不解。"

《雍正皇帝》第一卷出版后,除了我在 1992 年第二期《小说评论》上发表《不同凡响的艺术魅力——读二月河历史小说〈雍正皇帝·九王夺嫡〉》一文,基本没有评论家关注二月河这部作品。业内普遍认为,二月河的小说,充其量是"通俗历史小说",他们不屑于浪费笔墨评价一个地方业余作者的一部通俗小

说。二月河开始受到评论界关注，始于 1995 年。第四届茅盾文学奖初评读书班第四届茅盾文学奖评委蔡葵在评注本《雍正皇帝》的序言中曾写道："评论界对它们的关注则稍为滞后，也许原先认为它们不过是一般的畅销书。记得是在 1995 年 10 月第四届茅盾文学奖初评读书班上，大家才惊喜地发现《雍正皇帝》是一部难得的佳作。"

1996 年元月，中国作家协会创作研究部、长江文艺出版社联合在北京文采阁召开了二月河《雍正皇帝》作品研讨会，与会专家分别从小说的情节、语言、人物形象、历史氛围、文化意蕴等方面进行探讨。会后，中央电视台、《人民日报》《光明日报》《中国新闻出版报》《文艺报》《中华读书报》《中国图书商报》《中国青年报》《长江日报》等媒体对这次研讨会分别从不同角度进行了报道。《北京青年报》标题十分醒目——《〈雍正皇帝〉横空出世，京都文坛好评如潮》。报纸用半版的篇幅发表了评论家蔡葵、丁临一、白烨和胡平的笔谈。专家们高度评价了《雍正皇帝》的艺术价值，认为小说是"现代乃至近代以来，历史小说创作的最为重大的收获"。接着，中央电视台请上述四位专家做了十二分钟的专题节目。评论家丁临一给出了《雍正皇帝》是"五十年不遇，甚至是百年不遇""《红楼梦》之后，就是这部《雍正皇帝》"的评价。胡平后来撰文说："《雍正皇帝》起初以为只是一部普通的通俗读物，经过认真翻阅，才发现是一部不可多得的相当有分量的长篇小说。此作通过雍正夺嫡继位、励精图治、抱恨东逝三个人生阶段中一系列惊心动魄的政治斗争，全方位、多侧面地展现了从康熙末年到雍正王朝半个多世纪间中国政治、经济、军事、文化及民族生活的全景画卷。"湖北电视台也制作了一个关于《雍正皇帝》的专题节目，约请评论家陈美兰、张国光、蔚蓝等人谈该书杰出的艺术成就。

随着大众媒体对二月河及《雍正皇帝》的评介与宣传，《雍正皇帝》一书犹如一道美丽的风景线，呈现在中国文学界和读者的眼前。专家对小说的高度评介，引起了众多研究者的关注，也唤起了海内外读者的阅读兴趣。

三、根据小说改编的电视连续剧的热播，为《雍正皇帝》的普及化打开了通向不同阶层读者的大门

根据二月河小说改编的 44 集电视连续剧《雍正王朝》首播以及此后年年的重播，印证了麦克卢汉关于新媒介中的技术是人的力量的延伸的理论。

《雍正王朝》的艺术探索与成功实践，使这部电视剧成了电视发展史上的一座里程碑事件，更让出版界从此惊叹于影视对纸介质出版物销售的拉动作用，还在读者中掀起了一股对明清历史关注的热潮。从传播的用度来看，媒介用电子的速度为小说走进不同阶层的读者和实现经典化起到了推波助澜的牵引作用。

首先，纸介质印刷品出版物的艺术魅力征服了投资人和编剧，他们从书中看到了作者独特的历史观和小说情节的张力。电视剧从改编到拍摄、播出历经数年，曾经经历了资金短缺和播出渠道匮乏等一系列困难，终于于1999年1月3日在中央电视台综合频道黄金时间开始播出根据二月河《雍正皇帝》改编的44集电视连续剧《雍正王朝》。电视剧播放前，出版社主动印了4万套《雍正皇帝》，结果只发出去了1万多套。电视剧开播前三集，市场上并没有什么反应，到了第五集，由于故事情节的紧凑，人物命运的跌宕起伏，演员演技的传神与灵动以及对历史的重新解读与认识，这部电视剧播放期间出现"万人空巷看电视"的局面，电视收视率达到14.06%，在首都北京的收视率达到19%。

与此同时，《雍正王朝》电视剧的版权陆续输出到境外，"横扫台湾、香港、东南亚市场和海外华人地区，覆盖面之广，同样无剧能及，甚至成为台湾地区重播次数最多的内地电视剧"。

1999年，中国虽然已经加入了全球互联网，但由于当时只能通过电话线、调制解调器才能进入，因此网络并没有完全普及到普通百姓家中。电视媒介以其即见即视的视觉特点，迅速赢得了广大的观众。这些观众不满足于每天仅播出一集的速度，急于想知道剧中人物的命运，便寻找原著探寻故事发展的脉络。或者不满足于电视对情节的删改，想从小说中看到丰满完整的历史事实。于是，从纸质媒介开始，到电视媒介的互动，又回到纸质媒介的闭环开始形成。因为电视剧的拉动，1999年，《雍正皇帝》一书正版销售达到25万套，多次登上全国畅销书排行榜。

从某种程度上来看，互联网普及前信息传播的"霸主"是电视无疑。今天虽然再无法复制电视一统天下的时代，但每年央视四频道和央视十一频道至少依然重播两次《雍正王朝》。电视所代表的大众文化和流行文化，纸介质出版物所代表的雅文化和精英文化，通过不同媒介之间的互相渗透与影响，达到了双赢局面。这在《雍正王朝》影视剧的高收视率与《雍正皇帝》小说的热销互动之间得到了充分的印证。

四、大量研究论文的撰写和发表，
为《雍正皇帝》的经典化提供了学理上的支撑

关于经典的建构，文学史家和理论家、批评家从不同角度阐释可能的途径。童庆炳综合各派的观点，认为一部作品能否成为经典有六个要素，其中"文学作品可阐释的空间"和"文学理论和批评的观念"很重要。而《雍正皇帝》出版近三十年来，畅销不衰，与专家和学者在媒介上的热烈讨论有重要的关系。

《雍正皇帝》出版之后，正如评论家张志忠所言，在一段时间内备受冷落。在中国知网查询，1995 年第四届茅盾文学奖评选之前，仅有 4 篇研究文章。1999 年电视剧播放之前，只有 18 篇研究文章。直到第四届茅盾文学奖评委们从数百种图书中发现了这部图书的独特价值，到终评时因一票之差与茅盾文学奖擦肩而过的遗憾传出，再到被改编成 44 集电视连续剧热播，才最终引起了评论界的关注。从 1999 年开始，一大批学术论文相继发表。在中国知网上输入关键词"二月河"作全文检索，有研究文章 2596 篇；输入关键词"二月河历史小说"作全文检索，有研究文章 1544 篇；输入关键词"二月河历史小说《雍正皇帝》"全文检索，有研究文章 1166 篇。如果按年度来区分，学术论文主要集中在电视剧《雍正王朝》播放之后。

在这些研究文章中，以二月河历史小说为研究对象或在研究中涉及二月河的硕士和博士论文，有 975 篇，其中有博士论文 280 篇，硕士论文 695 篇。研究论文中涉及二月河最多的是华中师范大学、河北大学、山东师范大学。在相关刊物上检索，有关二月河小说研究的文章，《小说评论》上有 33 篇，《文学评论》上有 27 篇，《当代文坛》上有 24 篇，《红楼梦学刊》上有 23 篇。研究二月河的作者中，有国内的重要文学批评家，如雷达、曾镇南、童庆炳、白烨、吴秀明等。南阳师范学院中文系的教师刘克发表的研究文章最多，共有 26 篇。他的研究课题《全球化语境下的本土性创作——二月河历史小说论》，列入了"河南省哲学社会科学规划项目"。这些研究文章，主要围绕着小说的历史观、历史真实与艺术真实、雅与俗三个方面来讨论。

如关于二月河历史小说中作者的历史观，齐裕焜认为："作者摒弃了狭隘的大汉族主义观念，以开放的心胸，选择了最能表现历史发展的重大事件，公允、客观地肯定康熙、雍正、乾隆这三位杰出历史人物的历史作用，逼真地再现了当时惊心动魄的斗争和经济繁荣的景象。"当然，也不乏对作品的批评声音，如王增范说他曾经调查了河南省的十几位文学界的"专业"人士，他以"我们"的姿态评价二月河的历史小说："二月河的创作有严重的缺陷……我们看到的只不过是对封建帝王的由衷的崇拜、赞叹、敬仰和惋惜，是对明君盛世的由衷崇拜和缅怀……把一个黑暗落后专制的社会描绘得绚烂雍容、金光四溢，似乎是同一历史时期内全世界文明的顶点。"

在历史真实与艺术真实的关系处理上，大多数专家认为这部小说的成功就在于将历史真实与艺术真实很好地结合在一起。胡平在谈到《雍正皇帝》时说："长期以来我们看惯了两种历史小说：一种是由历史学家写的充满史实而缺少情趣的小说，一种是由小说家写的不乏想象力而缺少实感的小说。现在有了《雍正皇帝》，便令人大喜过望。"为什么让他"大喜过望"呢？他说："很长时间没有读到过这种作品了，那是真正的小说。读小说是一种享受，这部小说给人带来的享受是全方位的，要什么有什么。"作家在作品中是如何体现历史真实的呢？白烨认为，"作者是以忠实历史的态度，去全方位地恢复历史和再现历史"。蔡葵也认为，"它是那种真正意义上的历史小说。它通过丰富生动的细节描写，展现出康熙雍正时期富有生活气息的民俗风情、人间百态，从而营造出了一种极其浓厚的历史氛围"。

在雅与俗的问题上，大部分专家认为小说雅俗共赏。一方面，二月河以严肃的态度和忠实的立场，展现了封建社会末期是如何由晚霞般灿烂辉煌走向黑暗的历史过程，通过对宫廷上下权力斗争的描写，揭露封建社会政治黑暗与文化上的反人性，体现了作者的批判精神。因而，小说在思想史和文化史上是有贡献的，所以称它是一部严肃的文学作品。同时，小说大雅若俗，在小说的叙事方式上，采用大众喜闻乐见的章回体，情节张弛有致，疏密得体，体现了中国古典小说的美学风范；借鉴话本小说的艺术形式，运用俚语、俗语和民间谜语、民间故事、笑话，结合武侠、公案小说的表现方法，充分发挥文学想象和形象思维，刻画出了一批栩栩如生的人物，丰富了中国历史小说的画廊。同时小说采取拟古的语言，大量使用诗词歌赋，用来渲染环境和表现人物的性格，更说明作品的内在精神气质与文化内涵。胡平在谈到这个问题时说："这部印有墨线插图的章回体小说，起初混在一大堆通俗读物里面没有人理睬，但是当有人一页页翻下去时，竟爱不释手，读完后目瞪口呆的感觉难以形容……二月河对创作主题的深刻把握显示出他是一位正统的纯文学作家，而他的创作方式又显示出他是一位充分学者化的纯文学作家。"

这些不同观点的批评，尽管有些十分尖锐，或者说偏离了文学批评的范畴，作者一度也曾感到百口莫辩，但通过众声喧哗的大范围讨论，作品的优劣与经典价值反而为更多的人所知晓——这充分彰显了批评在文学经典化过程中的发酵作用。

其实，作品在形式上是通俗的、大众的，让人喜闻乐见的，并不证明或者意味着受大众欢迎的作品就不是经典。世界文学宝库中的许多经典，如《简·爱》《三个火枪手》《巴黎圣母院》等，都既是大众的、畅销的，也是经典的。正如哈罗德·布鲁姆所言："莎士比亚就是世俗经典，或者说是俗世的圣经，考察前人或后辈是否属于经典作家都须以他为准。"试想，如果一部作品束之高阁，和之者寡，知之者少，又怎能保证其会成为超越时空的经典呢？

五、理论专著和教科书对二月河《雍正皇帝》的研究，从文学史角度肯定了小说的经典价值

从文学的经典化过程来看，一部作品能够进入大学课堂、写进文学史、影响一代代的读者，是作品能够成为经典的重要环节和标志。

张炯主编的3卷本《中华文学发展史》中，写到近代历史小说的创作状况，他将吴因易和二月河作为同一时代的作家来进行研究。他认为二月河的小说，特别是《雍正皇帝》，"人物形象鲜明，情节跌宕起伏，历史细节丰富，生活氛围浓郁，语言典雅中见平白晓畅，雅俗共赏"。

齐裕焜在《中国历史小说通史》中将二月河、颜廷瑞、吴因易的帝后系列小说列为一节进行研究。他对二月河小说的评价，已散见于一些报刊。在这本书中他指出："以正史为基本线索，重要人物和重大事件基本上是于史有据的，而非主要人物和事件上又充分发挥了艺术虚构和创造的能力，展示了清代社会风俗和人文景观，使作品具有宏伟的'史诗'规模；采用通俗小说的形式和笔法，作品可读性强。"当然，他也认为小说还存在语言粗俗等方面的不足。

吴秀明是研究历史小说的专家，他在《中国当代长篇历史小说的文化阐释》一书中，对二月河的小说进行了全方位的分析。他肯定二月河的小说不是一般的大众化小说，"而是努力站在国家、民族和百姓的文化立场，用唯物史观予

以观照把握"。因为二月河认为凡是在历史上作出贡献的人，都应当大书特书，而康熙雍正乾隆正是这样为华夏文明作出了积极努力的帝王。在"权力叙事与文化重建"一节中，吴秀明分析认为二月河小说中描写的"宫斗"其实是作者"站在整个社稷民生和社会稳定高度来审视封建帝王个人作为的历史认识"。他肯定二月河在历史真实与艺术真实的关系上，更注重大众化叙事的艺术风格，"为历史叙事的雅俗共赏作了卓有成效的成功尝试"。

於可训在高校中文教材《中国当代文学概论》中认为，《雍正皇帝》与《曾国藩》《白门柳》等三部历史小说是新时期历史小说的重要收获。他认同二月河在《新年杂想》一文中关于"落霞三部曲"的定位，"雍正这十三年是这段长河中的'冲波逆折'流域。宏观地看，是嵌在历史大悲剧中的一幕冲突的悲剧"。因此，於可训认为二月河写出了雍正希望有所作为与整个官僚制度和皇族之间的悲剧性冲突；雍正为王朝的利益所做的努力和背后所隐含的个人私欲之间的悲剧性冲突；雍正在道德与情感方面的悲剧性冲突。

2015 年，河南大学出版社出版了由程光炜、吴圣刚主编的《二月河研究》一书。该书内容分为四个部分：即作家"自述·访谈·印象记""研究论文选辑""作品年表""研究资料索引"。这是研究二月河作品比较集中的一部专著。全书收录的资料以 2014 年 7 月为限，但其中还有早期的少量作品没有收入。

除此之外，坊间还有专章和专节介绍二月河的历史小说艺术成就。

六、国内外的评奖和译介，使《雍正皇帝》在儒家文化圈和华人社会中产生了广泛的影响，推动小说成为世界性的经典读本

《雍正皇帝》自出版以来，在国内外获得了不少奖项，如河南省优秀文艺成果奖、湖北省优秀畅销书奖、"八五"全国优秀长篇小说奖、姚雪垠长篇历史小说奖、北美"最受海外欢迎的华文作家作品"之一，等等。

二月河的历史小说以中文简体字出版之后，台湾巴比伦出版社、香港明窗出版社即引进版权，在台湾地区和香港地区出版繁体字本。随即，中国台湾及东南亚读者成立了"二月河读友会"，定期交流阅读二月河作品的心得体会。韩国、马来西亚、泰国、越南相关出版社先后引进了二月河的历史小说，以韩文、马来文、泰文、越南文在当地出版。

正如张炯在《中华文学史》中强调的，二月河小说由于鲜明的艺术特色，

得到了海内外华人的欢迎，为新时期历史小说赢得了声誉。

结 语

二月河的历史小说，从图书开始，到期刊、报纸、广播、电视等媒介的共同传播，在普及的基础上，终于促成了小说的经典化。《雍正皇帝》第一卷出版到现在，已经近三十年了，尽管任何经典都有一个建构与解构的过程，但在可以预见的时间内，二月河的小说不会退出读者的视野。同时，我们还看到，在《雍正皇帝》经典化的历程中，文本是最重要的因素之一，纸介质出版物是传播的基础与源头，但不同的媒介依据其自身的特点，在传播过程中发挥着各自不同的放大与催化作用，形成一个错综交织的传播网络。虽然它们各自的功能与作用不能互相取代，但从媒介的传播效果来看，二月河的小说受到如此广泛的关注，20世纪末电视的广泛传播起到了至关重要的作用。因为在前互联网时代，电视是大众获取信息最重要的工具。特别是一部成功的电视连续剧，其影响力不是几篇文章可相提并论的。当然，我们不能否认其他媒介的共同参与，它们在作品经典化的过程中，通过自身渠道与传播特点，潜移默化地影响着读者。这种不同媒介的共振形成的合力，才使一部作品从不同角度被人审视，方能让时间与空间留存下它的独特魅力。

当然，我们还应看到，《雍正皇帝》虽然诞生和传播在前互联网时期，但从21世纪初开始，《雍正皇帝》也已进入了数字化阅读的阵营。特别是这几年，在大大小小的网站和阅读平台上，都有二月河的历史小说供人欣赏。这在一定程度上也促成了二月河小说的普及，为小说的经典化发挥了更具时代特点的传播功能。可以预见得到，在未来的数字化阅读时代，作品的普及与经典化，新的传播媒介将会发挥更为重要的作用。

参考文献

① 〔加〕斯蒂文·托托西 . 文化研究的合法化 [M]. 马瑞琦，译，北京：北京大学出版社，1997：44.

② 二月河 . 我与我的两个责任编辑 [J]. 光明日报，2007-11-23.

③ 〔美〕麦克·马斯特 . 第二媒介时代 [M]. 范进晔，译，南京：南京大学出版社，2001.

④张志忠.《雍正皇帝》是评论的一面镜子 [J]. 当代作家评论，1996（4）.

⑤蔡葵. 评注本雍正皇帝 . 序 [M]// 二月河 . 雍正皇帝，武汉：长江文艺出版社，2009.

⑥胡平. 我所经历的第四届茅盾文学奖评奖 [J]. 小说评论，1998（1）.

⑦颜鹏. 大众文化背景下的历史题材创作：雍正皇帝与电视剧雍正王朝的比较分析 [M]// 二月河研究，开封：河南大学出版社，2015：211.

⑧幽若. 历史正剧《雍正王朝》，当年如何做到雅俗共赏，收视大爆？ [EB/OL] 2019-02-12 https://www.lovove.com/55034

⑨童庆炳. 文学经典建构诸要素及其关系 [J]. 北京大学学报，2005（5）.

⑩齐裕焜. 二月河"清帝系列小说"得失谈 [J]. 福建师范大学学报，2000（2）：40.

⑪王增范. 二月河清帝系列小说的缺陷 [J]. 中州学刊，2006（6）.

⑫胡平. 评《曾国藩》与《雍正皇帝》的竞领风骚 [J]. 当代文坛，1997（4）.

⑬刘学明·长篇历史小说《雍正皇帝》研讨会纪要 [J]. 当代作家，1996：3.

⑭〔美〕哈罗德·布鲁姆. 西方正典 [M]. 江宁康译，南京：译林出版社，2005：17.

⑮张炯主编. 中华文学发展史——近世史 [M]. 武汉：长江文艺出版社，2003：508.

⑯齐裕焜. 中国历史小说通史 [M]. 南京：江苏教育出版社，1999：398.

⑰二月河. 新年杂想 [M]// 匣剑帷灯——二月河作品选 [M]. 武汉：长江文艺出版社，1998：228.

原载于《中国出版》2020 年第 5 期